高等院校应用型人才培养"十四五"规划旅游管理类系列教材

旅游大数据分析

鲁 力 ◎ 编 著

Analysis of Tourism Big Data

华中科技大学出版社
http://press.hust.edu.cn
中国·武汉

内 容 提 要

本书共八个章节,第一章简要介绍大数据与旅游大数据的基础知识和目前旅游大数据的研究应用趋势。第二章至第八章主要介绍旅游大数据研究中常用的方法,包括线性回归、逻辑回归、固定效应和随机效应模型、时间序列、聚类分析、决策树与随机森林、支持向量机。除第一章外,其余各章均包含理论基础、R语言实战、经典文献导读三个部分,首先介绍相关方法的基本原理,而后基于R语言对该方法的使用与操作进行实战演示,最后以文献导读的形式带领学生学习旅游大数据方向的前沿研究和经典论文。各章节难度由浅入深,由简入繁,力求逐步激发读者兴趣,引导读者思考。

本书可作为旅游管理专业、统计学相关专业及其他有关专业的本科生或研究生数据分析课程的教材,也可作为从事旅游大数据方向研究的人员及相关专业工作人员的参考用书。

图书在版编目(CIP)数据

旅游大数据分析/鲁力编著.—武汉:华中科技大学出版社,2023.8
ISBN 978-7-5680-9783-3

Ⅰ.①旅… Ⅱ.①鲁… Ⅲ.①旅游业-数据处理 Ⅳ.①F59-39

中国国家版本馆 CIP 数据核字(2023)第 157523 号

旅游大数据分析　　　　　　　　　　　　　　　　　　　　　　　　鲁　力　编著
Lüyou Dashuju Fenxi

策划编辑:	王　乾
责任编辑:	张　琳
封面设计:	原色设计
责任校对:	李　琴
责任监印:	周治超

出版发行:华中科技大学出版社(中国·武汉)　　电话:(027)81321913
　　　　　武汉市东湖新技术开发区华工科技园　　　邮编:430223

录　　排:华中科技大学惠友文印中心
印　　刷:武汉科源印刷设计有限公司
开　　本:787mm×1092mm　1/16
印　　张:14.25
字　　数:340千字
版　　次:2023年8月第1版第1次印刷
定　　价:59.80元

本书若有印装质量问题,请向出版社营销中心调换
全国免费服务热线:400-6679-118　竭诚为您服务
版权所有　侵权必究

出版说明

党的十九届五中全会确立了到2035年建成文化强国的远景目标,明确提出发展文化事业和文化产业。"十四五"期间,我国将继续推进文旅融合,实施创新发展,不断推动文化和旅游发展迈上新台阶。2019年和2021年先后颁布的《国家职业教育改革实施方案》《关于深化本科教育教学改革 全面提高人才培养质量的意见》《本科层次职业教育专业设置管理办法(试行)》,强调进一步推动高等教育应用型人才培养模式改革,对接产业需求,服务经济社会发展。

基于此,建设高水平的旅游管理专业应用型人才培养教材,将助力旅游高等教育结构优化,促进旅游专业应用型人才的能力培养与素质提升,进而为中国旅游业在"十四五"期间深化文旅融合、持续迈向高质量发展提供有力支撑。

华中科技大学出版社一向以服务高校教学、科研为己任,重视高品质专业教材出版。"十三五"期间,在教育部高等学校旅游管理类专业教学指导委员会和全国高校应用型本科旅游院校联盟的大力支持和指导下,在全国范围内特邀中组部国家"万人计划"教学名师、近百所应用型院校旅游管理专业学科带头人、一线骨干"双师双能型"教师,以及旅游业界精英等担任顾问和编者,组织编纂出版"高等院校应用型人才培养'十三五'规划旅游管理类系列教材"。该系列教材自出版发行以来,被全国近百所开设旅游管理类专业的院校选用,并多次再版。

为积极响应"十四五"期间我国文旅行业发展及旅游高等教育发展的新趋势,"高等院校应用型人才培养'十四五'规划旅游管理类系列教材"应运而生。本套教材依据文旅行业最新发展和学术研究最新进展,立足旅游管理应用型人才培养特征进行整体规划,对高水平的"十三五"规划教材进行修订、丰富、再版,同时开发出一批教学紧缺、业界急需的教材。本套教材在以下三个方面做出了创新:

一是紧扣旅游学科特色,创新教材编写理念。本套教材基于旅游高等教育发展新形势,结合新版旅游管理专业人才培养方案,遵循应用型人才培养的内在逻辑,在编写团队、编写内容与编写体例上充分彰显旅游管理应用型专业的学科优势,有利于全面提升旅游管理专业学生的实践能力与创新能力。

二是遵循理实并重原则,构建多元化知识结构。在产教融合思想的指导下,坚持以案例为引领,同步案例与知识链接贯穿全书,增设学习目标、实训项目、本章小结、关键概念、案例解析、实训操练和相关链接等个性化模块。

三是依托资源服务平台,打造新形态立体教材。华中科技大学出版社紧抓"互联网+"时代教育需求,自主研发并上线的华中出版资源服务平台,可为本套教材作立体化教学配套服务,既为教师教学提供便捷,提供教学计划书、教学课件、习题库、案例库、参考答案、教学视频等系列配套教学资源,又为教学管理提供便捷,构建课程开发、习题管理、学生评论、班级管理等于一体的教学生态链,真正打造了线上线下、课内课外的新形态立体化互动教材。

本编委会力求通过出版一套兼具理论与实践、传承与创新、基础与前沿的精品教材,为我国加快实现旅游高等教育内涵式发展、建成世界旅游强国贡献一份力量,并诚挚邀请更多致力于中国旅游高等教育的专家学者加入我们!

华中科技大学出版社

2021 年 11 月

前言

党的二十大报告提出,坚持以文塑旅、以旅彰文,推进文化和旅游深度融合发展。加快发展数字经济,促进数字经济和实体经济深度融合,打造具有国际竞争力的数字产业集群。文旅产业的高质量发展更加强调与数字产业深度融合,这对我国旅游业发展提出了新要求,带来了新机遇。顺应时代要求,把旅游业培育为最具影响力的幸福产业,是新时代赋予旅游业发展的重要使命。

随着数字信息网络技术的迅速发展,如今旅游业进入了数字驱动时代,逐步实现了全产业链、全产业要素的全面数字化,呈现出客户肖像化、产品个性化、品牌IP化、体验沉浸化等产业特征。近年来,在线旅游平台的兴起和智慧景区的建设使旅游产业的相关数据迎来了爆发式增长,旅游大数据分析技术在用户画像、需求预测、流量控制、时空分布分析、舆情分析等领域得到了广泛应用。同时,旅游大数据相关学术研究的推动也对旅游人才培养的质量提出了更高的要求。

四川大学旅游学院在国内同行中起步较早,现已形成了从本科、硕士到博士的完整培养层次。为了顺应行业对旅游大数据人才的需求,我院在旅游管理专业获批国家级一流本科专业建设点后,对本科生培养方案进行了调增,增设了"旅游大数据分析"这门课程,因此需要根据课程内容编写一本专门的教材,系统介绍与旅游大数据相关的各种技术方法及其在学术研究中的应用。

在教学实践中,编者通过对近年来的旅游大数据相关文献的收集整理,筛选确定了目前被旅游领域内相关学者广泛应用的各种技术、方法,并选择其中应用较为广泛、代表性较强的方法,包括以回归分析、固定效应模型、时间序列分析等为代表的传统统计研究方法,以及随着计算机信息系统的升级和算法程序的开发逐步应用于旅游大数据研究中的随机森林、支持向量机等机器学习方法进行介绍。虽然深度学习(各种神经网络模型)也已经开始被用于旅游研究中,但考虑到教材受众主要为具有一定统计学知识基础的旅游学专业本科生,而深度学习涉及知识较广,理解难度较大,实际操作十分复杂,因此本教材暂未编入相关内容。

本教材由四川大学旅游学院的鲁力副教授根据近年来自编的教学讲义改编,在教材出版过程中,研究生彭俊霖、贾志伟、代勇、王妍和刘哲在案例整理、图表制作、代码编辑等方面进行了辅助。由于编写人员经验有限,本教材难免存在不足之处,敬请读者批评指正。

鲁 力
2023 年 8 月

目 录

Contents

第一章　旅游大数据　1

第一节　认识大数据　/2

第二节　认识旅游大数据　/5

第三节　旅游大数据的种类　/9

第二章　线性回归　16

第一节　理论基础　/17

第二节　R语言实战　/27

第三节　经典文献导读　/44

第三章　逻辑回归　55

第一节　理论基础　/56

第二节　R语言实战　/69

第三节　经典文献导读　/72

第四章　固定效应和随机效应模型　75

第一节　理论基础　/76

第二节　R语言实战　/85

第三节　经典文献导读　/93

105　第五章　时间序列

第一节　理论基础　　　　　　　　　　　　　　　　　/106
第二节　R语言实战　　　　　　　　　　　　　　　　/120
第三节　经典文献导读　　　　　　　　　　　　　　　/132

142　第六章　聚类分析

第一节　理论基础　　　　　　　　　　　　　　　　　/143
第二节　R语言实战　　　　　　　　　　　　　　　　/155
第三节　经典文献导读　　　　　　　　　　　　　　　/160

165　第七章　决策树与随机森林

第一节　理论基础　　　　　　　　　　　　　　　　　/166
第二节　R语言实战　　　　　　　　　　　　　　　　/177
第三节　经典文献导读　　　　　　　　　　　　　　　/184

190　第八章　支持向量机

第一节　理论基础　　　　　　　　　　　　　　　　　/191
第二节　R语言实战　　　　　　　　　　　　　　　　/197
第三节　经典文献导读　　　　　　　　　　　　　　　/206

214　参考文献

第一章

旅游大数据

学习目标

数据的实用性体现在社会经济发展的方方面面。大数据已经成为继物质、能源之后的又一种重要战略资源,助力各行各业的发展。旅游业迎接数据化时代的变革,海量信息的层层加码促使旅游大数据的产生,本章将介绍数据和大数据的概念,同时对旅游大数据的基本概念做出简单的介绍,通过本章的学习,使学生达成以下目标。

(1)知识目标:了解数据和大数据的基本概念;了解旅游大数据的产生和分类;初步了解旅游大数据的各种研究方法。

(2)能力目标:掌握目前旅游大数据在社会上的实际应用及发展趋势。

(3)素养目标:认识在当前文旅融合的政策背景下,旅游大数据可能以哪些方式助推数字经济的发展。

案例引导

党的二十大报告指出坚持以文塑旅、以旅彰文,推进文化和旅游深度融合发展的精神理念,各省市文化与旅游相关部门和企业均在积极建设文旅融合背景下的"精准旅游",探究旅游目的地"靠什么吸引人""住什么地方舒适""游客喜欢看什么东西"等各种命题,旨在推动旅游产业提档升级。

我们可以从数据中找到想要的答案,从数据中发现既有的趋势,还可以根据已有数据做出有效的决策,数据也分大小,从"精准旅游"中找到旅游目的地"靠什么吸引人""住什么地方舒适""游客喜欢看什么东西"的趋势离不开大数据,"精准"可以概括为两个方向:"靠什么吸引人""住什么地方合适"是大数据精准化定制,定制可根据不同业务需求进行设计开发,通过大数据的结果去解决一些行业应用难点;"游客喜欢看什么东西"是大数据精准化预测,比如通过搜索引擎搜索同样的内容,每个人的结果却是大不相同的。与此同时互联网也会利用大数据推荐算法等模型来进行推送。再比如精准营销、百度的推广、淘宝的喜欢推荐,或者游客到了某个地方旅游,会收到该地自动推荐的周边消费设施等。在当今的信息化社会,要做出这些精准的决策都需要经过海量的大数据分析处理,将海量混

杂的数据,利用各类手段统一协调成一个有机整体,然后从不同的可视化分析结果里发现一些关键点。

数据、大数据和旅游大数据之间有理论的联系也有实际的区别,本章将介绍数据、大数据的基本概念,以及旅游大数据的基本概念和实际应用。

第一节 认识大数据

数据和大数据之间的区别是什么?简而言之,数据分析是支持大数据分析的基础。我们使用的很多数据分析由于数据量小而不能称为大数据分析,从数据到大数据,不仅是量的积累,更是质的飞跃。海量的、不同来源的、不同形式的、包含不同信息的大数据可以容易地被整合、分析,原本孤立的数据变得互相联通。明确数据和大数据的基本概念才能明白数据所展示的因果关系。

一、数据

数据(data)是事实或观察的结果,是对客观事物的逻辑归纳,是用于表示客观事物的未经加工的原始素材。符号、文字称为数字数据。数据可以是连续的值,比如声音、图像,称为模拟数据;数据也可以是离散的,在计算机系统中,数据以二进制信息单元0、1的形式表示。它不仅指狭义上的数字,还可以是具有一定意义的文字、字母、数字符号的组合、图形、图像、视频、音频等,也是客观事物的属性、数量、位置及其相互关系的抽象表示。例如,"0,1,2,……""阴、雨、气温""学生的档案记录、货物的运输情况"等都是数据。

在计算机科学中,数据是所有能输入计算机并被计算机程序处理的符号的介质的总称。计算机存储和处理的对象十分广泛,表示这些对象的数据也随之变得越来越复杂。数据是信息的载体,也是一种具体的表现形式,在当今信息和通信技术的不断升级与扩张的背景下,数据已成为国家层面的战略资源,同时也是一种新型的生产要素,数据对于旅游行业的高质量发展及转型的催化剂功能逐渐展现出来。

二、数据的分类

数据可以根据自身性质、表现形式、记录方式和数字化方式进行分类。

按自身性质,数据大致可以分为以下几类:定位的,如各种坐标数据;定性的,如表示事物属性的数据(居民地、河流、道路等);定量的,反映事物数量特征的数据,如长度、面积、体积等几何量,以及重量、速度等物理量;定时的,反映事物时间特性的数据,如年、月、日、时、分、秒等。

按表现形式,数据可以分为以下几类:数字数据,如各种统计或测量数据,数字数据在某个区间内是离散的值;模拟数据,由连续函数组成,是指在某个区间连续变化的物理量,可以分为图形数据(如点、线、面)、符号数据、文字数据和图像数据等,如声音的大小和温度的变化等。

按记录方式,数据可以分为地图、表格、影像、磁带、纸带等。

按数字化方式,数据可以分为矢量数据、格网数据等。在地理信息系统中,数据的选择、类型、数量、采集方法、详细程度、可信度等,取决于系统应用目标、功能、结构和数据处理、管理与分析的要求。

三、大数据的产生

互联网应用程序(如社交媒体平台)的不断增长,产生了不同格式的数据,包括结构化和非结构化数据。第二代互联网始于2004年,基于Web 2.0的应用程序提供了生成大量数据的高效平台。这些互联网数据被认为是重要的大数据,可以从不同的来源获得,包括互联网、传感器、交易和物联网。

"大数据"(BD)的概念出现在20世纪90年代末的计算机科学文献中,与科学可视化相关(Cox和Ellsworth,1997)。Doug Laney在2001年给出了BD的第一个定义,他将BD的三个主要特征确定为3V,即体积Volume(数据大小)、速度Velocity(数据生成、修改和传输的速度)和多样性Variety(数据可以采用不同的格式/结构)。后来,通过引入价值Value(通过BD分析从数据中提取有价值知识的过程)和真实性Veracity(与数据可靠性相关的数据管理),完善了定义模型,从而形成了5V框架(Bello Orgaz等,2016)。

大数据或称巨量资料,指的是所涉及的资料量大到无法通过主流软件工具在合理时间内达到撷取、管理、处理并整理成为帮助企业经营决策等更积极目的的资讯。大数据是一个主要描述数据集的术语,这些数据集如此庞大、非结构化和复杂,需要先进和独特的技术来存储、管理、分析和可视化。同时,随着大数据处理工具的不断优化,过去被认为没有价值的海量半结构化以及非结构化数据的处理与分析利用已经成为可能。大数据不是一种新技术,也不是一种新产品,而是一种新现象。在维克托·迈尔-舍恩伯格及肯尼思·库克耶所著的《大数据时代》中,大数据不采用随机分析法(抽样调查)这样的捷径,而是对所有数据进行分析处理。

当前,我国数字经济全面开启,大数据已经从一个新兴的技术产业成为融入经济社会发展各领域的要素、资源、动力、观念。我国高度重视推进大数据发展,党的十九届四中全会提出将数据作为生产要素参与分配,《关于构建更加完善的要素市场化配置体制机制的意见》和《建设高标准市场体系行动方案》都明确提出加快培育数据要素市场。

随着加快培育数据要素市场的提出,大数据的发展迎来了全新阶段。2021年11月,工信部正式发布《"十四五"大数据产业发展规划》,该规划总体分为5章,具体内容可以概括为"3个6",即6项重点任务、6个专项行动、6项保障措施。"十四五"时期是我国工业经济向数字经济迈进的关键期,大数据产业将步入集成创新、快速发展、深度应用、结构优化的高质量发展新阶段。

同时,在大数据技术推动下,个人信息的应用已经由商业和经济领域,逐步扩大到政治、社会治理和公共政策等领域,并在国家安全与主权、人民生活等方面产生越来越大的影响。前瞻产业研究院2020年8月发布的《2020年中国数字经济发展报告》显示,2015年提出"国家大数据战略"以来,我国的数字经济市场规模迅速扩大,截至2019年底,数字经济的总体规模达到了35.8亿元,占GDP的36.2%。2021年上海数据交易所成立,其面向全球开展

大数据综合交易,这"可能是第四次工业革命的变革性事件之一"。党的二十大报告也提出,加快发展数字经济,促进数字经济和实体经济深度融合,打造具有国际竞争力的数字产业集群。

大数据的产生是一个逐步发展的过程,现在的大数据是一个庞大的概念,大数据不仅代表数据量大,更是代表了一系列数据价值化技术的总称。目前大数据正经历由概念向产业化过渡这一过程,基于大数据的场景化分析是大数据的主要应用之一,未来大数据将应用到更多的智能体中,为智能体提供决策支撑服务。人工智能的研究也逐渐以大数据为基础展开,大数据的应用领域将得到拓展。大数据本身正在成为推动科技发展的重要驱动力,可以说未来谁掌握了大数据,谁就掌握了主动权。

四、大数据的处理

大数据作为一个较为抽象的概念,数量巨大只是其中的一个表面特性。大数据是网络信息时代的客观存在,其产生的意义并不在于掌握庞大的数据量,而在于对这些数据进行专业存储和处理,并从中挖掘和提取所需要的知识和信息。技术突破来源于实际的产品需求,如果将大数据比作一种产业,那么降低存储成本、提升运行速度和计算速度、对数据进行多维度的分析加工、实现并提升数据的价值,是大数据产业实现盈利的关键,也是大数据产生的真正原因,目前大数据处理已经在许多领域有了不可或缺的作用。

(一)云计算促使存储成本大幅下降

以往存储数据的成本非常高,许多大型的互联网公司各自为政,为了保证数据的存储安全性和传输通畅性,需要进行定期维护和数据清理,机房部署成本和人力成本很高。新型的数据存储服务出现后,衍生了很多新的商业模式,集中建设数据中心,大大降低了单位计算和存储的成本。现在建造网站已经不需要购买服务器和聘用管理人员,通过大数据云计算的商业模式即可获得资源,而存储成本的下降,使得人们愿意将久远的历史数据保存下来。有了这些数据的沉淀,人们才会想着如何加以利用,通过时间对比,发现其价值与关联。

(二)大数据系统优化设备运行计算的速度

20世纪90年代,传输一个20MB的文件需要花费约一天的时间,如今仅需数秒即可完成传输。计算机性能的提升为海量数据提供了计算的便利,大大提高了清洗、挖掘、分析原始数据的运行效率,使得数据的价值得到进一步提升。

(三)大数据AI推动人类脑力劳动的解放

"AlphaGo"赢得人机大战,以及Siri、微软小冰等智能对话,其背后都有大数据的支撑。也就是说,大数据让计算机变得更加智慧,大数据为计算机注入了人类的思想,大数据带来了智慧的价值,从而有效解放了人类的脑力劳动。在数据规模极其庞大、数据结构愈加复杂的时代,许多应用场景都包含了大量具有相互联系的不同实体;而这些实体之间的关系可以通过图上的节点、边及刻画这些点和边的属性数据来直观表达。各类基于数学模型的智能分析技术和数据存储查询技术受到业界更多的关注与重视,在其他不同的场景之下,图模型还被应用于交通网络、通信网络、合作关系网、金融交易、用户商品推荐等诸多领域,人类在日常生活中不断得到大数据的助力,解放双手,减少脑力劳动。

大数据的量级,决定了大数据处理及应用的难度。需要利用特定的技术工具来处理大数据。因此大数据相关技术的发展是其充分利用的基础。大数据技术与机器学习、深度学习、人工智能和互联网等技术有着紧密的联系,相比之下,大数据技术在海量数据的处理和分析上展现出更强的能力。目前对于此类大数据的处理方法,是在合适工具的辅助下,对数据进行抽取和集成,对结果按照一定的标准统一存储,然后利用合适的数据分析技术对存储的数据进行分析,从中提取有益的知识并利用恰当的方式将结果展现给终端用户。总的来说,分为数据获取与集成、数据分析以及数据解释。现代大数据的上述特点,决定了大数据处理流程的每一步都要进行调整和发展,这样才能得到满意的结果。

第一,由于大数据的规模庞大,经过数据清洗的有效数据通常符合统计规律,统计学理论被迅速引入到大数据的处理领域中,其中信度系数检验、关联性分析、数据离散度分析、聚类分析、主成分分析等被广泛应用到大数据处理的过程中。

第二,除了传统的数据分析技术之外,遗传算法、神经网络、语义网络、分布式数据库管理等处理技术已经成熟。

第三,专业的数据挖掘软件、数据推送技术快速发展。大数据具有数据量大、数据类型多、处理速度快的特点,需要经济高效、创新的信息处理形式。

第二节 认识旅游大数据

在这个信息化的社会,大数据已成为商业化创新的重要一环,各行各业都处在潜移默化的信息化改造进程中,旅游业的产业链构成数据信息网络已成为大方向的趋势,旅游大数据的产生离不开每一个个体的努力。你记得何时开始订酒店只需通过一部手机就可以完成?喜欢的主题乐园和景区信息是如何推送到你的手机上?每日推出的廉价机票是否潜藏着数学规律?旅游大数据助力旅游业发展,重塑行业业务模式,旅游大数据的蓝海领域正在不断被开发……

一、旅游大数据

旅游业依靠数据蓬勃发展。旅游业的研究需要大量及时更新的相关数据来支持和帮助决策。例如社交媒体是旅游目的地数据的主要来源之一,游客和旅游企业使用社交媒体来交流、查找或传递相关数据,游客可以通过大量的旅游目的地数据为旅行前、旅行中和旅行后的不同阶段提供决策依据,旅游企业也可以及时汇总旅游目的地的舆论危机数据并做出回应。

总的来说,旅游大数据是指旅游从业者及消费者所产生的数据,包括:景区、酒店、旅行社、导游、游客、旅游企业等产生的管理或业务数据;旅游行业所产生的管理或者业务数据;旅游行业基础资源信息库;互联网数据、旅游宏观经济数据、旅游气象环保数据、交通数据、网络舆情数据等。其中,游客的数据最为重要、应用价值最大。

二、旅游大数据的应用与实践

在数字化转型时代,大数据在改变全球旅游业,为旅游业带来重大挑战和机遇。旅游业可以通过大数据获得有价值的信息,以预测游客需求,做出更好的决策,管理知识流和与客户的互动,并以高效的方式提供最佳服务。同时可以提高生产力,提高客户满意度,开展个性化营销活动,实现更高效的运营。

(一)旅游大数据在旅游目的地的应用与实践

旅游目的地通常利用大数据调整和优化管理、服务与营销业务,一般包括:

1. 精准营销

如黄山风景区利用旅游大数据统计分析不同游客游览轨迹、停留时长、消费能力等,对游客进行"个性化"分类,实现智能化管理,为旅游产品精准营销提供科学依据。基于旅游大数据分析的结果,旅游目的地可以依托新媒体平台打造全新的营销业态模式,实现旅游目的地与用户之间的信息定向精准推送,提高旅游目的地各类营销活动的成功概率。

2. 舆情监测

旅游大数据的舆情监测系统可以实时监控旅游目的地的舆情发展,有利于旅游目的地工作人员及时掌握舆情的发展态势,及时对各方媒体的报道、网络话题与潜在的游客情感倾向因素进行全面分析,及时解决舆情隐藏的负面影响,快速响应游客的诉求,以最快的方式通过官方媒体渠道发声,及时化解和消除已经产生或者即将产生的矛盾。例如"泰山风景区酒店价格过高导致游客挤厕所过夜"事件在互联网上不断发酵的时候,泰山风景区工作人员快速判断舆情的走向,对游客的情感因素进行重点分析,找到突破口,使得舆论逐步向理性方向发展。

3. 人流监测

大数据监控系统利用移动通信、地理信息等数据,统计衡量旅游目的地人群流量变化动态,监控人员流向、流速并及时调整车辆运营班次,制定预警等级,倒如故宫博物院利用大数据平台,掌握客流、车流情况,实时分时段预约售票,游客可选择不同时段入园,错峰科学游玩,从而使安全得到了保障。

(二)旅游大数据在酒店行业的应用与实践

旅游大数据对酒店行业中的满足顾客需求、优化自身服务、提升管理效率有明显作用,主要应用方面包括:

1. 预订程序

游客在入住酒店前针对酒店方面的搜索、浏览、预订等行为生成的数据可以反映整个市场的需求和偏好。飞猪未来酒店通过预订者的芝麻信用数据与阿里巴巴电商数据,对满足信用等级的游客推出"信用住"方案,支持零押金入住,快退房后付费,简化了以往烦琐的入住程序,提高了入住效率与用户体验。

2. 酒店内部管理

从前台业务、直销渠道、移动化管理到中央预订系统(CRS)、客户关系管理(CRM)、结算中心等中台业务,以及酒店人、财、物配置等更深层次的后台业务,大数据不仅能反映酒店的经营情况,还使得酒店内部办公、业务管理与领导决策分析更加数字化、精细化与智能化。

3. 口碑营销

通过游客对酒店的在线点评等方式进行数据统计分析,了解游客对酒店产品的态度,改进酒店产品的不足,助力酒店进行有针对性的优化。运用大数据声誉管理工具对酒店进行口碑营销,让更多的游客对酒店的区位、价格、服务等有更为全面的了解。

(三)旅游大数据在企业管理的应用与实践

通过对旅游大数据的分析,旅游企业可以调整和优化企业的运营管理,根据当前形势和环境做出更好的商业决策,主要应用方面包括:

1. 提高对游客的服务质量

旅游大数据可以给旅游企业带来大量数据信息,通过建模的方式将各种信息分门别类,进行有效整理,旅游企业各部门依据信息做好管理和服务,满足游客的多元化需求,真正做到个性化服务,使服务变得更全面,更好地满足人们对于旅游的需求。同时也可以根据目标客户需求来制定多种不同发展战略,这样可以在更好满足客户需求的同时也促进了企业自身的发展壮大。

2. 有效改善旅游企业经营管理

在经过旅游大数据分析之后,数据挖掘对于旅游信息具有非常重要的影响。数据挖掘可以有效助力旅游企业快速发展,企业管理会变得更加井然有序。旅游大数据产生的有效市场分析可以更好地完成旅游企业对旅游市场的判断,有助于旅游企业在激烈的市场竞争中脱颖而出。

3. 及时更新旅游企业的营销策略

在传统旅游行业之中,旅游策略单一,目标群体模糊,很多旅游企业难以根据市场需求来转型升级。通过旅游大数据,企业可以更好地掌握游客的生活习惯,了解游客的喜好,针对游客制定出个性化专业产品并且根据销售数据的趋势对旅游企业的销售情况进行分析,有效掌握当前旅游产品供求状况,进而优化旅游企业的营销策略。

三、旅游大数据存在的问题及发展趋势

旅游大数据的运用给旅游行业的发展带来了巨大的推动作用,信息的流通促进了旅游业的价值流动。传统的旅游业因为难以打破信息壁垒,往往较难准确判断游客的真实需求,无法及时有效地提供服务。旅游大数据可以有效收集、整合旅游监管数据、移动运营商数据、旅游行业数据等,打破信息壁垒,对游客信息进行多维度的精准分析和有效预测,进而促进旅游企业向信息化、智慧化、"互联网+"化转型发展。虽然大数据正在完善客户的体验,但是目前旅游相关的行业和部门在大数据的利用方面仍没有取得实质进展。

(一)旅游大数据存在的问题

1. 旅游大数据建设缺乏规划和运营思维

目前,旅游大数据的实施尚无严格意义上的顶层设计,缺乏自上而下的系统性规划,这一方面与长期以来旅游企业无法提供高质量、因地制宜、切实可行的规划方案有关,另一方面也与政府主管部门旅游大数据人才匮乏有关。

2. 旅游大数据的商业模式不清晰

旅游大数据平台所关注的数据类型和来源都相对多元化,目前在公安、市政、气象、交通等本地数据整合不完善的情况下,第三方的数据(运营商、在线旅游平台、消费等网络数据)成为现有旅游大数据中心最主要的数据来源。然而在数据定价、数据采购成本、中心运营成本等方面,使用方、运营方、数据提供方仍存在诸多认识差异。使用方往往认为除大数据中心建设成本外,数据运营成本能省则省,对于数据采购成本和运营成本认知不足,在数据标准、规范性及服务迭代等方面仍有提升空间,容易出现定价策略模糊、数据成本虚高、企业对外数据出口多头等情况。

3. 学术研究与行业应用之间的结合不足

旅游大数据基础性应用场景主要包括游客行为分析、口碑舆情分析、市场需求分析、游客画像、行业交易趋势等,并由此产生与各行业需求相匹配的具体业务单元模块,如产业监测、市场经济运行监测、节假日实时监测、营销态势感知、游客满意度监测、行业监管等。囿于数据可获得性,更多学术研究往往聚集在用户生成内容数据层面,以网络抓取数据和游客行为分析作为主要方向,涉及领域多以单一微观问题为主。

4. 数据孤岛现象突出

旅游大数据的来源主要包括运营商数据、互联网公司数据、政府数据、景区及旅游企业数据等。但是,各级政府及各家旅游大数据公司在数据源开放方面较为保守,数据共享及开放不足,数据孤岛现象突出,旅游大数据应用价值难以发挥。为此,在数据源开放方面,各级地方政府应身体力行,各政府部门根据实际情况开放自身数据,形成旅游大数据共享示范,促进旅游大数据的繁荣发展;各家旅游大数据企业应摒弃门户之见,根据不同数据的保密程度,实现数据的开放共享;另外,我们应当重视各个方面数据的汇总处理,防止单个数据来源引发决策的风险。

5. 人才培养机制尚不满足市场需求

目前旅游大数据呈现出的是处于多学科交叉领域的特殊性,但从业人员却大多是单一专业背景,多以旅游、地理、计算机为主。切入旅游大数据行业的IT公司对旅游业务层面的理解不充分,对于数据的解读和分析也往往处于简单的数据加总求和与统计分析层面,缺乏对于数据与旅游管理、决策的深刻思考和理解。无论是数据的可视化,还是基础的分析报告,在管理决策的效用都不足。旅游从业者缺乏对数据的敏感度,对于技术实现的逻辑性、准确性、有效性等认知不足,对于数据建模、指标选择、维度划分等理论性较强的知识掌握不够。

(二)旅游大数据的发展趋势

传统旅游业与大数据的融合,海量的数据中蕴含着巨大的价值。旅游大数据由旅游信息数据整合形成,旅游大数据将重构文化资源和旅游市场,高科技化的"数字旅游"时代正在来临。

1. 旅游大数据正在成为各级政府谋划旅游发展,制定发展规划,加强市场监管必不可少的政策工具

借助旅游大数据平台,协助旅游监管部门实现旅游信息互通和行业协同办公,增强旅游行业监管效果,综合提高公共旅游服务质量。政府致力于建立旅游经济监测与预警系统,实时掌握旅游客流动态数据,客流实时疏导,预防及远程指挥突发事件处理。

2. 旅游大数据正在成为旅游产业从高速度增长走向高质量发展的新动能

不断完善的旅游大数据智能系统会自动对各区县景区投诉情况进行实时排名,结合景区舆情信息,综合给出旅游舒适度指数,同时展示实时舆情热词、旅游出游动机分析、景区全景对比分析等决策者比较关心的数据。未来的智慧景区借助旅游大数据会更加及时将用户旅游轨迹动态实时呈现,实时监控各景区客流量,合理调配客流。对网络舆情实时监测,针对负面舆情及时预警处理。通过对景区流量、线路,以及用户画像多维度分析,不断提升旅游目的地的管理及运营能力。

3. 旅游大数据正在成为游客消费决策和消费评价的重要因素,同时也正在成为影响消费行为和品牌建构的关键指标

旅游企业充分利用旅游大数据平台,尽可能掌握游客来源地、年龄、兴趣偏好、消费偏好等信息,进一步根据智能标签对游客进行细分并准确找到游客兴趣点,深度分析游客的喜好与购买习惯,通过更加智能的 AI 算法,以短信推送、矩阵 App 推送、行为轨迹数据应用即时自动推送至各大服务应用,研究精准营销,触达用户的潜在需求,旅游大数据将为地区旅游消费的提升做出更大的贡献。

第三节 旅游大数据的种类

由于数据来源不同,与旅游业相关的大数据主要分为三大类。

(1)用户生成内容(UGC)数据:由用户产生的数据。根据分享内容的不同,UGC 数据分为在线文本数据和在线照片数据。

(2)设备数据:通过设备被动收集的 GPS 数据、移动漫游数据、蓝牙数据、RFID 数据、Wi-Fi 数据等。

(3)事务数据:用户与机器执行网上交互活动时产生的数据,包括网页搜索、网页访问、在线预订数据等。事务数据会记录所有与用户相关的在线操作,如网页搜索、预订和购买以及网页访问(Li 等,2018)。

一、UGC 数据

社交媒体的发展为用户提供了一个可以自由分享信息的平台,用户可以通过平台分享他们的旅游体验。旅游领域的 UGC 数据是指由旅游者创作并通过网络发布的文本、图片、音频、视频等内容,具有获取简便、语义丰富的特点。UGC 数据是目前旅游大数据相关研究中使用最广泛的数据类别,主要有两种类型,即在线评论和游记的在线文本数据,以及照片分享网站上发布的在线照片数据。

(一)在线文本数据

随着互联网和社交媒体的飞速发展,游客积极分享他们对住宿、景点或服务的想法和建

议，无论是正面的还是负面的。这使得研究人员能够分析评论游客的个人资料和特征等方面的信息，以及游客的期望是否与真实体验相符。

旅游者在线评价具有时效性、样本大、碎片化的特性，是旅游大数据的主要来源之一。

1. 研究内容

应用于旅游大数据研究的在线文本数据主要包括两种类型，即在线评论和游记。

在线评论数据和游记数据的研究主题因所表达的信息内容不同存在差异。在线评论包含了丰富的信息，在整个购买行为周期中充当了重要的新信息媒介，改变了游客评估、选择和分享旅游体验的方式。在线评论数据主要表达游客对旅游产品的态度，例如探索游客满意度的影响因素。除此以外，还可以评价和改善酒店的口碑、增加餐厅网页浏览量、改善景点管理水平等。

另外，在线评论数据也被广泛运用于旅游目的地感知形象研究和旅游情感分析中。如根据情感评价词前的副词和转折词区分情感强度（刘逸等，2017），或基于情感分析的结果计算情感倾向以便于了解网络舆情。除此以外，还有学者在研究影响在线评论有用性的因素（Hu等，2017）。

游记包括游客在游览完旅游地后发布的旅行见闻、感受及旅游地相关信息等内容。它是游客的亲身经历，并且是从游客的角度来看待旅游目的地，具有真实性、实效性和亲切感，反映了游客较为真实的态度和观点。目前，关于游记的研究内容主要涉及游客、旅游目的地形象构建、旅游营销等方面。例如，多数研究显示，游客的旅游空间行为与一般大众旅游市场空间行为存在差异（Carson，2008）；郭风华等（2015）得出游记对旅游目的地形象塑造和传播同样具有重要影响的结论；旅游企业也能自己撰写游记，将目的地信息以图文并茂的形式表达出来，传递旅游资讯，推荐游览线路和住宿餐饮，并通过游记回复功能与读者即时交流，从而达到宣传推广的效果。

总的来说，作为旅游大数据的重要组成部分，游记、在线评论和其他文本信息正被用于揭示游客的心理状态、行为模式和社交网络结构，从而为旅游管理带来了新的愿景。

2. 数据特征

旅游研究中的在线评论数据通常来自不同的社交平台，如 TripAdvisor、携程、去哪儿等。在国外 TripAdvisor 规模最大、使用最为广泛，携程则是目前国内最大、受众最广的在线旅行社平台。

旅游网站的开放为旅游研究提供了丰富且海量的在线文本数据。目前国内研究常用网络信息采集软件进行在线文本数据的抓取，如火车头采集器和八爪鱼采集器，也有研究使用网络爬虫工具如 GooSeeker、BeautifulSoup、PhantomJS、Web Spider 等。这些数据抓取软件和爬虫工具的出现，大大降低了在线文本数据获取的难度和成本。

(二) 在线照片数据

除了在线文本数据外，其他 UGC 数据也会在社交媒体上发布和传播，尤其是照片。游客上传的照片包含了用户、地点和时间等丰富有用的信息，为研究游客行为、旅游推荐（如旅游景点和旅游计划）和旅游营销提供了新的视角。因此，在线照片数据在旅游研究中获得越来越多的关注。

1. 研究内容

在研究内容上,在线照片数据可用于分析游客行为、提出旅游建议等方面。在分析游客行为方面,根据凝视理论,图片在一定程度上可以反映游客对于旅游目的地的感知偏好及其行为特征。Vu 等人(2015)使用地理标记的照片探索游客在香港的活动;Lu 等人(2017)对不同照片分享网站上重叠游客的行为进行了比较研究。在提出旅游建议方面,Lu 等人(2010)为了找到有效的旅行路线,提出了多种旅行路线推荐系统,目的是从大量照片中提取旅行路线。

2. 数据特征

旅游研究的照片大数据主要来源于三个照片分享网站或平台:Flickr、Panoramio 和 Instagram。这些分享平台向开发者提供了下载照片的程序接口,开发者可以更加便利地从不同接口获取和收集这些平台上已发布的照片及包含在照片中的拍摄时间和经纬度等属性信息而且数据获取成本低。在线照片数据包含的用户、时间、地理位置信息等在游客时空行为等相关研究中发挥了非常重要的作用。三大平台中,Flickr 是旅游研究在线照片数据的主要来源。

二、设备数据

进入 Web 2.0 时代后,物联网已经渗透到旅游活动的全流程中,各种传感器设备被开发并用于跟踪并收集游客的移动和环境条件信息,提供了大量的时空大数据。不同设备被动记录的相关大数据可被视为一类,即设备数据。

(一)GPS 数据

GPS 是利用卫星信号准确测定待测点位置的系统。GPS 数据作为一种定位数据,能有效观测到游客移动,具有精度高、回应率高、数据格式便于后续处理和分析等诸多优势,因此成为目前旅游研究中运用最广的追溯技术。

1. 研究内容

GPS 数据对于游客时空行为模式的研究非常有效,因此 GPS 数据最常用在游客时空行为模式挖掘及后续的旅游规划研究中。为了探索游客的空间行为,黄潇婷等人(2016)根据游客时空分布特征和旅游时空行为模式,对香港海洋公园的产品设计提出建议;赵莹等(2018)探究了主题公园内的演艺活动对游客时空行为的影响;Zheng、Huang 和 Li(2017)使用 GPS 跟踪数据预测了个人游客的下一个目的地。

2. 数据特征

目前 GPS 采集游客移动信息的主要数据渠道有两个:志愿者携带 GPS 记录器和智能手机 GPS 移动应用程序。前者是最主要的数据来源,所得数据回应度和精度都比较高,但存在样本量较小且研究成本过高的问题,而且数据带有样本偏差和目标导向。智能手机 GPS 移动应用程序预算更低,也较为灵活,Ayscue 等(2016)通过 iPhone 的 GPS 和地图工具箱获得了 GPS 数据,并认为移动 GPS 数据有助于更好地了解居民对旅游的态度。

(二)其他设备数据

相较 GPS 数据,移动通信数据、蓝牙数据、RFID 数据、Wi-Fi 数据、气象数据的相关研究则较少。蓝牙跟踪与 GPS 相比,具有高性价比和便利性,可以用于拥挤的室内场景。但是蓝牙无法提供设备的所有移动信息且研究区域的覆盖范围有限。此外,使用蓝牙数据可能会导致未经宣布和同意的情况下泄露游客的隐私信息。Wi-Fi 数据可以作为蓝牙的替代,但是与蓝牙数据一样面临覆盖范围小和隐私问题,目前研究较少。

移动通信数据由电信运营商收集,包括实名身份数据、用户的实时上网行为、位置以及社交数据等,具有全面性、多维性、中立性、完整性的特点,对于旅游全流程研究有很大价值。但是鉴于隐私问题,游客和移动网络运营商都不希望共享信息,因此移动漫游数据尚未在旅游研究中广泛使用。

RFID 已被证明在改善服务操作方面是有用的。RFID 数据在旅游研究中主要用于数据可行性分析和旅游推荐。关于数据可行性分析,Hozak(2012)讨论了 RFID 数据在旅游业中的应用。在旅游推荐方面,也有学者提出了一种基于 RFID 的旅游信息系统,用于用户识别。

气象数据包括温度、湿度、降水等信息,其相关要素变化能影响游客的出游行为决策,同时也可对旅游气候舒适度与气候风险进行精准评估。目前研究中使用的气象数据大部分来自气象监测站点的统计数据,大多关注气候舒适度的时空特征和气候舒适度评价。刘俊等(2019)结合微博签到数据和气象数据,提取出全国 293 个城市的桃花观赏日期数据集及时空格局,为赏花游客出行提供了数据和模型依据。同时,已有一些学者开展了气候变化对未来旅游业可能造成的影响的模拟研究。Amelung 和 Moreno(2012)模拟了 2080 年未来气候变化对欧洲国际户外旅游支出的影响;Scott(2007)等使用全球气候模型对加拿大的多个国家公园以及美国东北地区的 103 个滑雪场可能在未来受到的气候变化的影响进行了预测模拟。

三、事务数据

整个旅游过程涵盖了一系列操作,如网络搜索、网页访问、在线预订和购买等,从而产生相应的网络搜索数据、网页访问数据、在线预订数据等交易数据,以了解游客行为和改进旅游营销。事务数据就是指"用户"与"机器"在交互过程中所产生的数据(邓宁和牛宇,2019)。

(一)网络搜索数据

旅游服务的特殊性使得旅游决策往往伴有较高的风险,游客会采取各种方式优化决策,其中最主要的方法就是旅游信息搜索。网络搜索数据是从搜索引擎、微博、Facebook 和 Twitter 等社交媒体源生成的。游客主动进行信息检索所留下的痕迹,可以反映出游客的真实兴趣。

1. 研究内容

网络搜索数据主要用于旅游预测研究,侧重于旅游市场旅游需求的最基本因素,包括游客量、游客流量和酒店需求,预测可以帮助旅游业做出战略性商业决策。旅游业和酒店业的现有文献表明,互联网搜索查询数据已成为提高旅游预测准确性的重要变量(Song 等,2019)。Huang 等人(2017)使用百度指数预测北京故宫博物院每日游客量,并指出结合搜索查询数据可以显著提高预测性能。Volchek 等人(2019)也证明,搜索查询数据可以加强对伦敦五家博物馆游客的预测。除此以外,Xiang 和 Pan(2011)分析了游客对美国城市的搜索查询与城市吸引力之间的关系。

2. 数据特征

谷歌和百度指数是旅游研究中使用较为普遍的网络搜索数据来源。百度指数是目前国内旅游大数据研究最常使用的网络搜索数据来源,百度搜索引擎平均每天搜索量可以达到上百亿次,而其他地区的研究则倾向于谷歌。旅游预测大多采用月度数据,虽然数据频率可选择每月和每周,但考虑到旅游业对突发性因素的敏感性,高频数据(百度指数中的周和日数据)很容易受到这些不确定因素的干扰,很难真实反映稳定的游客行为特征,因此相关研究也多使用月度数据。

(二)其他事务数据

目前国内旅游研究使用最多的事务型数据是网络搜索数据,相比之下,网页浏览数据和在线预订数据受数据可得性的限制,在旅游研究中的使用较少。现有的利用网页浏览数据的实证研究主要关注影响网站流量的因素,如庞璐和李君轶(2014)利用大众点评网站,研究顾客点评对餐厅网页浏览量的影响,并进一步探究了哪些口碑因素是吸引消费者浏览餐厅网页的关键因素。Ghose 等(2012)利用美国酒店预订数据集(销售价格和数量),结合社交媒体数据,通过随机系数混合结构模型,推断出酒店位置和服务特征的重要性。

四、旅游大数据方法概述

数据与方法相互支撑,多源数据类型与多元数据属性的不断涌现,客观上要求数据分析方法与技术集成化和综合使用。目前,多类型定量方法结合的量化研究在旅游大数据应用研究中占主导地位,其中应用较为广泛、代表性较强的方法有以下几种。

1. 线性回归

线性回归是旅游大数据相关的定量研究中常见的一种方法,相关文献或以线性回归方法为主线展开研究,或与其他研究方法结合运用展开研究。在以线性回归方法为主线的文章当中,研究数据多使用单一类型的二手大数据,数据类型主要为在线文本数据、在线预订数据等。

2. 逻辑回归

随着许多领域对数据质量的要求越来越高,数据分析也从低频数据分析向高频数据分析跨越,通常,我们获得的数据都为离散数据,无法完全捕捉数据的信息。在函数型数据分析中,函数型 Logistic 回归是函数型线性回归模型的一个重要应用。它根据响应变量为二分类数据、协变量为函数型数据建立回归模型,利用样本曲线的信息来预测某件事情发生的可能性,通过函数型变量随时间的变化预测二元响应变量的变化。在涉及类别因变量的实证研究中,逻辑回归是常用的统计方法。

3. 固定效应模型

固定效应模型(fixed effects model,FEM)和随机效应模型(random effects model,REM)在旅游大数据研究中运用较为广泛,绝大部分文章采用单一的 FEM 或 REM 就能满

足对研究问题的分析需要,部分文章则将 FEM 和 REM 与 OLS 等方法进行最优比较。由于 FEM 和 REM 本身的特点,其分析的数据类型被限制为面板数据。

4. 时间序列

在旅游研究领域,时间序列分析主要作为预测旅游需求的一种工具,可以预测景区、酒店接待人次及特产需求等,而由于人工智能等技术的发展和疫情的冲击,现有的时间序列模型优化进展受阻,最新论文数量相对较少。但其中涉及的数据类型依然广泛,包括百度、谷歌等搜索引擎搜索数(SQD)、酒店客房登记、景区官网提供的游客访问量等事务型数据,也包含少量 UGC 数据。

5. 聚类分析

聚类分析是数据挖掘、模式识别等研究方向的重要研究内容之一,在识别数据的内在结构方面具有极其重要的作用。层次聚类算法出现于 1963 年,这是非常符合人的直观思维的算法,现在还在使用。K-means 算法是所有聚类算法中知名度最高的,其历史可以追溯到 1967 年,此后出现了大量的改进算法,也有大量成功的应用,是所有聚类算法中变种和改进型最多的。EM 算法诞生于 1977 年,它不光被用于聚类问题,还被用于求解机器学习中带有缺失数据的各种极大似然估计问题。Mean Shift 算法早在 1995 年就被用于聚类问题,和 DBSCAN 算法、OPTICS 算法一样,同属于基于密度的聚类算法。

6. 随机森林

随机森林是集成学习中的一种方法,由多棵决策树组合而成。因为随机森林导出的结果是由多棵决策树按照"少数服从多数"的原则而得到的,因此结果更加稳健。在研究中,随机森林主要用于识别、预测以及分类。一般而言,随机森林借助常见的变量,便能获得较为精准的结果。在旅游业或者酒店业处于白热化竞争的环境之下,有效预测消费者的偏好能够提高竞争力,有助于开展精确营销,这也是随机森林广泛运用到实践和学术研究中的重要原因之一。

7. 支持向量机

支持向量机在旅游研究领域的运用通常可分为单一运用型与混合运用型,部分文章以构建 SVM 分类器为研究主线,亦有文章选择与其他方法结合以丰富研究,使之更科学、更充实,其中,IPA 分析、回归分析比较常见。

接下来的章节我们将详细介绍旅游大数据的几种常用研究方法,让读者阅读完本教材后,可以掌握相应数据分析能力。

 本章小结

本章首先概述了数据及其分类,介绍了大数据的产生、处理方法,其次介绍了旅游大数据的应用、当前存在的问题及发展趋势,让读者对旅游大数据有基本的认识,最后根据数据的来源,详细阐述了旅游大数据的种类,并对旅游大数据应用研究中所用的方法进行概述,为后续方法的学习打好基础。

关键概念

数据　大数据　旅游大数据　旅游大数据的应用　旅游大数据的种类　UGC 数据　设备数据　事务数据

复习思考题

一、选择题(二维码在线答题)

二、简答题

1. 简述数据、大数据的概念。
2. 简述当前旅游大数据存在的问题。
3. 以数据来源为依据,简述旅游大数据的种类。
4. 简述旅游大数据运用的主要方法。
5. 本章简要介绍了大数据在景区、酒店、旅行社的应用,请进一步思考大数据在旅游业其他方面的应用。
6. 在旅游大数据应用研究中,除了本章所介绍的常用方法,是否还包括其他较为重要的数据分析方法?如有,这些方法适用于什么类型的数据?

第二章

线性回归

学习目标

回归分析是一个广义的概念,通常指那些用一个或多个预测变量来预测响应变量的方法。回归分析包含的类型较多,包括线性回归、逻辑回归、多项式回归、岭回归等,本章将介绍其中最为基础的线性回归。通过本章的学习,使学生达成以下学习目标。

(1)知识目标:了解线性回归的基本思想,掌握线性回归模型的形式,对线性回归模型有清晰的理解;掌握回归模型参数的估计方法,熟悉回归系数与回归方程的假设检验、回归模型的诊断方法,掌握模型选择的基本思想。

(2)能力目标:能够在实际案例中对线性回归模型及模型中的参数进行合理解读;能够使用 R 语言完成线性回归模型的构建、诊断、解读与预测。

(3)素养目标:提升创新意识与实践应用能力,能够利用线性回归方法解决实际问题;加深对旅游大数据处理方法的认识,形成严谨的、批判性的逻辑思维。

案例引导

共享经济是依托互联网平台将社会闲置、分散的资源进行优化配置,通过资产权属、组织形态、商业模式、消费方式等的系统集中创新,提高资源利用效率,以更好满足多样化需求的经济活动总和。我国共享经济发展到现在约二十年,特别是近年面对复杂严峻的国际环境等多重考验,仍然保持了良好的发展势头,不仅体现了我国以人为本和可持续发展的新型经济形态,也反映出人们崇尚最佳体验与物尽其用的现代消费观和发展观。如今,共享经济已成为社会服务行业最重要的一股力量,在住宿、交通、生活服务及旅游领域,优秀的共享经济公司不断涌现。

途家是一家全球公寓民宿预订平台,2022 年 6 月 3 日,海外平台 Airbnb 启动迁移计划,帮助中国地区房东将房源信息、点评等数据一键迁入其他平台,当天下午,途家已接入 Airbnb 九成以上优质房源。作为中国民宅分享的引领者,途家致力于为房客提供丰富优质的、更具家庭氛围的出行住宿体验,又为房东提供高收益且有保障的闲置房屋分享平台。游客可以通过途家网搜索知名旅游城市的度假公寓,在线查询周边情况并预订

(图 2-1)。途家的公司理念是从个人而不是从酒店租住一间房屋,将空置的房屋出租,可以获得额外的现金,并且房租通常比酒店便宜,正因如此,诸如途家等共享住宿平台的定价也成为学界和业界热衷探讨的话题。那么,对于这类共享住宿平台上的每间闲置房产,哪些因素或属性会影响它们的价格?这些因素和属性又分别在多大程度上影响它们的价格?

图 2-1　途家网某地房产的出租价格及评分情况

在旅游大数据的研究中,除了共享住宿平台客房的定价模式外,景区的OTA在线评论、游客的满意度等也是许多学者重点关注的对象,想要对这些问题进行透彻的分析,往往需要借助系统而严谨的研究方法。不妨先来思考以下几个问题:

通过旅游公司的广告支出来预测其销售收入;

通过酒店的交通便捷程度与房间平均价格预测酒店的日均营业额;

通过餐饮企业的库存周转率预测其企业业绩……

在旅游学中,有许多实际问题涉及两个变量之间的相互关系,因此,我们希望找到一个最佳的统计模型,能够准确地描绘变量与变量之间的对应关系,并利用该统计模型实现对某个变量的取值的预测。本章将要介绍的线性回归分析能够帮我们解决这个问题。

第一节　理论基础

在进行具体介绍之前,我们先简单了解两个问题:

(1)回归分析主要用来解决什么问题?

(2)回归分析有哪些分类?

假定因变量与自变量之间存在着某种关系,如果能找到一个恰当的数学模型将这种关系表达出来,就可以利用这一模型根据给定的自变量来预测因变量,这就是回归分析要解决

的问题。回归分析按照涉及的自变量的多少,可分为一元回归分析和多元回归分析;按照因变量的多少,可分为简单回归分析和多重回归分析。

根据回归模型中所包含的自变量的个数和次数,本节理论基础部分将依次介绍一元线性回归、多元线性回归、广义线性回归,以及在此基础上衍生而来的模型选择的问题。

一、一元线性回归

一元线性回归主要研究一个自变量和一个因变量之间的线性关系。

(一)一元线性回归模型

在统计学中,线性相关系数 r 描述的是两个数值变量之间线性关系的强弱,但我们还希望有一个描述它们如何一同变化的度量或模型,也就是回归模型。回归模型重点考察一个特定的变量(因变量),而把其他变量(自变量)看作影响这一变量的因素,并通过适当的数学模型将变量间的关系表达出来,进而通过一个或几个自变量的取值来预测因变量的取值。

1. 回归模型的理解

如果可以用一个线性方程来表示因变量 y 与自变量 x 之间的关系,那么这个描述 y 如何依赖 x 和误差项 ε 的方程便称为回归模型(regression model)。一元线性回归模型可表示为

$$y = \beta_0 + \beta_1 x + \varepsilon$$

式中,β_0 和 β_1 为模型的参数,$\beta_0 + \beta_1 x$ 反映了由于 x 的变化而引起的 y 的线性变化。ε 为误差项的随机变量,它是除 x 以外的其他随机变量对 y 的影响,是不能由 x 与 y 之间的线性关系所解释的 y 的变异。对于误差项 ε,我们需要做出以下假定。

(1)正态性。

ε 是一个服从正态分布的随机变量,且期望值为 0,即 $E(\varepsilon) = 0$。这意味着由于 β_0 和 β_1 都是常数,因而有 $E(\beta_0) = \beta_0$,$E(\beta_1) = \beta_1$。因此对于一个给定的 x 值,y 的期望值为 $E(y) = \beta_0 + \beta_1 x$。

(2)方差齐性。

对于所有的 x 值,ε 的方差 σ^2 都相同。这意味着对于一个特定的 x 值,y 的方差也都等于 σ^2。

(3)独立性。

对于一个特定的 x 值,它所对应的 ε 与其他 x 值所对应的 ε 不相关。因此,对于一个特定的 x 值,它所对应的 y 值与其他 x 所对应的 y 值也不相关。这表明,对于任意一个给定的 x 值,y 都服从期望值为 $E(y) = \beta_0 + \beta_1 x$,方差为 σ^2 的正态分布,且对于不同的 x 的值都有相同的方差。

2. 参数的最小二乘估计

对于 x 与 y 的 n 对观测值,可能有多条直线可以描述这些点之间的线性关系,究竟哪条直线更适合用来描述 x 与 y 之间的关系呢?德国科学家高斯提出利用最小化图中垂直方向的残差平方和来估计参数 β_0 和 β_1,这种方法称为最小二乘法或最小平方法(method of least squares)。最小二乘法就是通过两个数值变量寻找一条回归线,使得这两个变量散点图(因

变量用纵坐标表示,自变量用横坐标表示)中所有的点到该线的竖直距离(即残差)的平方和最小的方法,如果回归线是直线,则称为线性最小二乘回归(linear least-squares regression)。简言之,最小二乘回归直线就是使残差平方和最小的直线,如图 2-2 所示。

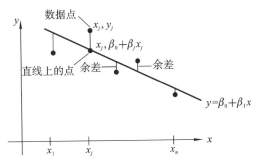

图 2-2 最小二乘法的示意图

一条由数据产生的回归直线称为拟合直线(fitted line),直线上对应于 x_j 的纵坐标称为因变量 y 的拟合值(fitted value),用 $\hat{y}_j$ 表示,而原始的 y_j 与拟合值之间的差 $y_j - \hat{y}_j$ 称为残差(residual)或余差,用 e_j 表示。

根据最小二乘法,由于一条拟合直线 $\hat{y} = \beta_0 + \beta_1 x$ 是由截距 β_0 和斜率 β_1 确定的,因此只要求出使残差平方和 $\sum_{i=1}^{n}(y_i - \hat{y}_i)^2$ 最小的 β_0 和 β_1 即可。求 β_0 和 β_1 的值需要微积分的知识,但通过 R 计算 β_0 和 β_1 只需要 R 函数($\text{lm}(y \sim x)$)就可以了,因此这里并不要求读者手算。

(二)模型评估和检验

根据回归直线,我们可以用给定的 x 值来预测对应的 y 的取值。但是预测是否足够准确还取决于回归直线对观测数据的拟合程度。各观测点越是紧密围绕回归直线,说明该回归直线的拟合程度就越高,预测精度自然也就越高。此外,在建立回归模型之前,我们事先假定了 x 与 y 是线性关系,但这种假设是否成立还有待进一步检验才能确定。因此,在建立一元线性回归模型以后,我们仍需对模型进行评估和检验。

1. 模型的拟合优度

回归直线与各观测点之间的接近程度称为回归直线对数据的拟合优度(goodness of fit)。评价拟合优度的一个重要统计量是判定系数(coefficient of determination),它是对回归模型拟合优度的度量。为了说明它的含义,需要考察因变量取值 y 的误差。

随着自变量 x 的取值变化,y 的取值也在变化,y 的取值的这种变化波动称为变差,变差的大小可以用实际观测值 y 与其均值 $\bar{y}$ 的差 $(y - \bar{y})$ 来表示,而 n 次观测值的总变差可由这些变差的平方和来表示,称为总平方和(total sum of squares),记为 SST,即 $\text{SST} = \sum(y_i - \bar{y})^2$。

从图 2-3 可以看出,每个观测点的变差都可以分解为两部分:$y - \bar{y} = (\hat{y} - \bar{y}) + (y - \hat{y})$,两边平方后对所有点求和,最终整理后可以得到:

$$\sum(y_i - \bar{y})^2 = \sum(\hat{y}_i - \bar{y})^2 + \sum(y_i - \hat{y}_i)^2$$

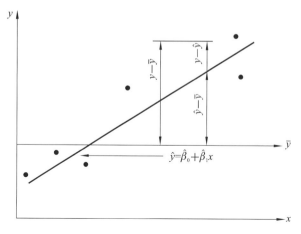

图 2-3 变差分解示意图

上式左边称为总平方和(SST),它可以分成两部分。其中 $\sum(\hat{y}_i - \bar{y})^2$ 是回归值 $\hat{y}_i$ 与均值 $\bar{y}$ 的离差平方和,称为回归平方和(regression sum of squares),记为 SSR,它反映了 y 的总变差中由 x 的变动引起的 y 变动的部分,是可以由回归直线来解释的 y 的变异部分。另一部分 $\sum(y_i - \hat{y}_i)^2$ 是实际观测值与回归值的离差平方和,称为残差平方和(residual sum of squares),记为 SSE,它反映了除了 x 对 y 的线性影响之外的其他随机因素对 y 的影响,是不能由回归直线来解释的 y 的变差部分。三个平方和的关系为:

$$总平方和(SST) = 回归平方和(SSR) + 残差平方和(SSE)$$

回归直线的拟合程度取决于回归平方和(SSR)占总平方和(SST)的比例,比例越大,说明各观测点越贴近回归直线,直线拟合得越好。回归平方和与总平方和的比例称为判定系数,记为 R^2,即 $R^2 = \dfrac{SSR}{SST}$。R^2 的取值范围是 $[0,1]$,R^2 越接近 1,回归直线的拟合程度就越高,R^2 越接近 0,回归直线的拟合程度就越低。

2. 模型的显著性检验

(1)回归方程的 F 检验。

回归方程的 F 检验用于检验自变量 x 和因变量 y 之间的线性关系是否显著。检验统计量的构造是以回归平方和(SSR)和残差平方和(SSE)为基础的。将 SSR 除以其相应的自由度(SSR 的自由度是自变量个数 k)后的结果称为回归均方(mean square),记为 MSR;将 SSE 除以其相应的自由度(SSE 的自由度为 $n-k-1$)后的结果成为残差均方,记为 MSE。如果两个变量之间的线性关系不显著,则 MSR 与 MSE 的比值的抽样分布服从分子自由度为 k、分母自由度为 $n-k-1$ 的 F 分布,即

$$F = \frac{MSR}{MSE} \sim F(k, n-k-1)$$

当原假设 $H_0: \beta_1 = 0$ 成立时,x 与 y 之间的线性关系不显著,此时 MSR 与 MSE 的比值应该接近于 1;当原假设不成立时,MSR 与 MSE 的比值将趋于无穷大,也就是说,较大的 MSR 与 MSE 的比值会导致拒绝原假设,也就是可以断定 x 与 y 之间存在较为显著的线性关系。

F 检验的具体步骤如下。

①提出假设。

H0：$\beta_1 = 0$（x 与 y 之间的线性关系不显著）

H1：$\beta_1 \neq 0$（x 与 y 之间的线性关系显著）

②计算统计量 F 的值。

③确定显著性水平 α，并根据分子自由度和分母自由度求出统计量 P 值，如果 $P < \alpha$，则拒绝原假设，说明 x 与 y 之间存在较为显著的线性关系。

(2) 回归系数的 t 检验。

回归系数的 t 检验简称为 t 检验，主要用来检验自变量 x 对 y 的线性影响是否显著。在一元线性回归中，自变量的个数只有一个，此时回归系数的 t 检验与回归方程的 F 检验是等价的，其检验假设为：

H0：$\beta_1 = 0$（x 对 y 的影响不显著）

H1：$\beta_1 \neq 0$（x 对 y 的影响显著）

t 检验的统计量的构造是以回归系数 β_1 的抽样分布为基础的，先前的统计研究证明，$\hat{\beta}_1$ 服从正态分布，且期望值为 β_1，标准差的估计量为

$$s_{\hat{\beta}_1} = \frac{s_e}{\sqrt{\sum x_i^2 - \frac{1}{n}\left(\sum x_i\right)^2}}$$

将回归系数标准化，就可以得到用于检验回归系数 β_1 的统计量 t，即

$$t = \frac{\hat{\beta}_i}{s_{\hat{\beta}_i}} \sim t(n-2)$$

接下来，确定显著性水平 α，并根据自由度 $df = n-2$ 计算出统计量 P 值，若 $P < \alpha$，则拒绝原假设 H0，表明 x 对 y 的影响显著。

(三) 利用模型进行预测

在对回归模型进行评估和检验之后，便可以利用回归模型根据给定的自变量 x 的值来预测因变量 y 的值，这也是回归分析的主要目的之一。对因变量 y 的预测可以分为点估计和区间估计。所谓点估计，实际上就是把 x 的一个给定值 x_0 代入回归方程求出 y 的一个预测值 $\hat{y}_0$，这一过程借助 R 就可以轻松完成。区间估计建立在点估计的基础之上，目的是求取 y 的一个估计区间。估计区间有两种类型，即平均值的置信区间和个别值的预测区间。

1. 平均值的置信区间

平均值的置信区间（confidence interval）是指对 x 的一个给定值 x_0 求出 y 的平均值的估计区间。一般来说，根据回归模型直接求出的点估计值 $\hat{y}_0$ 往往并不会精准地等于 $E(y_0)$，因此我们要用 $\hat{y}_0$ 来推断 $E(y_0)$ 的区间。根据参数估计的原理，y 的平均值的置信区间等于点估计值±估计误差，即 $\hat{y}_0 \pm E$，而 E 是由所要求的置信区间的分位数值和点估计量 $\hat{y}_0$ 的标准误差构成的。我们用 $s_{\hat{y}_0}$ 表示 $\hat{y}_0$ 的标准差的估计量，则有

$$s_{\hat{y}_0} = s_e \sqrt{\frac{1}{n} + \frac{(x_0 - \overline{x})^2}{\sum_{i=1}^{n}(x_i - \overline{x})^2}}$$

因此,对于给定的 x_0,平均值 $E(y_0)$ 在 $1-\alpha$ 置信水平下的置信区间为

$$\hat{y}_0 \pm t_{\alpha/2} \, s_e \sqrt{\frac{1}{n} + \frac{(x_0 - \overline{x})^2}{\sum_{i=1}^{n}(x_i - \overline{x})^2}}$$

当 $x_0 = \overline{x}$ 时,$\hat{y}_0$ 的标准差的估计量最小,此时估计是最准确的。x_0 偏离 $\overline{x}$ 越远,y 的平均值的置信区间就越宽,估计的效果也就越差。

2. 个别值的预测区间

个别值的预测区间(prediction interval)是对 x 的一个给定值 x_0 求出 y 的一个个别值的估计区间。与置信区间类似,y 的个别值的预测区间等于点估计值±估计误差,即 $\hat{y}_0 \pm E$,其中 E 是由所要求的置信水平的分位数值和点估计量 $\hat{y}_0$ 的标准误差构成的。我们用 s_{ind} 表示估计 y 的一个个别值 $\hat{y}_0$ 时的标准差的估计量,则有

$$s_{\text{ind}} = s_e \sqrt{1 + \frac{1}{n} + \frac{(x_0 - \overline{x})^2}{\sum_{i=1}^{n}(x_i - \overline{x})^2}}$$

因此,对于给定的 x_0,y 的一个个别值 y_0 在 $1-\alpha$ 置信水平下的预测区间为

$$\hat{y}_0 \pm t_{\alpha/2} \, s_e \sqrt{1 + \frac{1}{n} + \frac{(x_0 - \overline{x})^2}{\sum_{i=1}^{n}(x_i - \overline{x})^2}}$$

对比两个区间,我们可以发现 y 的个别值的预测区间要更宽一些(计算公式的根号内多了一个1),而估计 y 的平均值比预测 y 的一个个别值要更加准确。对于两个区间,当样本量越大时,预测区间就越窄,精确度也就越高。

二、多元线性回归

当线性回归分析涉及两个或两个以上的自变量时,称为多元线性回归。现实生活中,一种现象常常是与多个因素相联系的,由多个自变量的最优组合共同来预测或估计因变量,往往比只用一个自变量进行预测或估计更有效。因此多元线性回归比一元线性回归的实用意义更大。

(一)多元线性回归模型

设因变量 y 是一个可观测的随机变量,它受到多个(大于等于2)自变量 $x_1, x_2, \cdots, x_k$ 和随机误差项 ε 的影响。描述因变量 y 如何依赖自变量 $x_1, x_2, \cdots, x_k$ 和随机误差项 ε 的方程称为多元线性回归模型(multiple linear regression model)。其一般形式可表示为

$$y = \beta_0 + \beta_1 x_1 + \beta_2 x_2 + \cdots + \beta_k x_k + \varepsilon$$

式中,$\beta_0, \beta_1, \beta_2, \cdots, \beta_k$ 是模型的参数,ε 是误差项,反映了除 $x_1, x_2, \cdots, x_k$ 对 y 的线性影响之外的随机因素对 y 的影响,是不能由 $x_1, x_2, \cdots, x_k$ 与 y 之间的线性关系所解释的 y 的变差。在多元线性回归当中,对 ε 同样有三个假定。

(1)正态性。

ε 服从正态分布,且期望值为0。

(2)独立性。

对于自变量 $x_1, x_2, \cdots, x_k$ 的一组特定值,其所对应的 ε 与 $x_1, x_2, \cdots, x_k$ 任意一组其他值所对应的 ε 不相关。

(3)方差齐性。

对于自变量 $x_1, x_2, \cdots, x_k$ 的所有值,ε 的方差 σ^2 都相同。

多元线性回归模型中的参数 $\hat{\beta}_0, \hat{\beta}_1, \hat{\beta}_2, \cdots, \hat{\beta}_k$ 仍然可以采用最小二乘法来估计,使拟合直线的残差平方和达到最小,也就是 $\sum(y_i - \hat{y}_i)^2$ 最小,由此得到求解 $\hat{\beta}_0, \hat{\beta}_1, \hat{\beta}_2, \cdots, \hat{\beta}_k$ 的标准方程组为

$$\begin{cases} \frac{\partial Q}{\partial \beta_0}\big|_{\beta_0 = \hat{\beta}_0} = 0 \\ \frac{\partial Q}{\partial \beta_i}\big|_{\beta_i = \hat{\beta}_i} = 0, i = 1, 2, \cdots, k \end{cases}$$

多元线性回归的原理与一元线性回归类似,但建模过程的计算上要复杂得多,借助统计软件可以很轻松地完成。

(二)模型评估和检验

同一元线性回归模型一样,在建立了多元线性回归模型以后,我们仍需对模型进行评估和检验。

1. 模型的拟合优度

多元线性回归模型对观测点的拟合优度可以用多重判定系数来评估。多重判定系数 (multiple coefficient of determination)是多元线性回归中回归平方和占总平方和的比例,即

$$R^2 = \frac{\text{SSR}}{\text{SST}}$$

它表示在因变量 y 的总变差中能够被与多个自变量的线性关系所共同解释的比例。

在多元线性回归当中,随着自变量个数的增加,R^2 也会变大,也就是说,如果在多元线性回归模型当中增加一个自变量,即使这个自变量在统计上并不显著,R^2 也会增大。因此,为了避免因自变量增加而高估 R^2,统计学家提出了调整的多重判定系数(adjusted multiple coefficient of determination),记为 R_a^2,计算公式为

$$R_a^2 = 1 - (1 - R^2) \times \frac{n-1}{n-k-1}$$

由于 R_a^2 的值不会由于模型中自变量的增加而越来越接近于1,因此在多元线性回归中,常常用调整的多重判定系数来评价回归方程的拟合优度。

2. 模型的显著性检验

与线性回归类似,对回归模型的检验同样有回归方程的 F 检验和回归系数的 t 检验。不同的是,在一元线性回归中,由于模型中只含有一个自变量,因此这两种检验是等价的,而在多元线性回归当中,这两种检验不再等价。

回归方程的 F 检验。回归方程的 F 检验主要是检验因变量和多个自变量的整体线性关系是否显著,也就是说,自变量中只要有一个变量和因变量的线性关系显著,F 检验就显著。F 检验的主要步骤如下。

(1)提出假设。

H0：$\beta_1 = \beta_2 = \cdots = \beta_k = 0$

H1：$\beta_1, \beta_2, \cdots, \beta_k$ 至少有一个不等于 0

(2)计算检验统计量 F。

$$F = \frac{\text{MSR}}{\text{MSE}} \sim F(k, n-k-1)$$

(3)确定显著性水平 α，并根据分子自由度和分母自由度求出统计量 P 的值，如果 $P < \alpha$，则拒绝原假设，说明 y 与自变量整体之间存在较为显著的线性关系。

回归系数的 t 检验。t 检验是对每个回归系数分别进行检验，以判断各个自变量对因变量的影响是否显著。t 检验的具体步骤如下。

(1)提出假设。对每一个参数 $\beta_i (i = 1, 2, \cdots, k)$ 有

H0：$\beta_i = 0$

H1：$\beta_i \neq 0$

(2)计算检验的统计量 t。

$$t = \frac{\hat{\beta}_i}{s_{\hat{\beta}_i}} \sim t(n-k-1)$$

(3)确定显著性水平 α，并根据自由度 $n-k-1$ 求出统计量 P 的值，如果 $P < \alpha$，则拒绝原假设，说明回归系数 β_i 显著。

(三)共线性诊断和自变量筛选

当一个回归模型中含有多个自变量时，这些自变量可能会提供冗余的信息，也就是说，这些自变量可能彼此相关。这种自变量之间的相关会给回归分析带来干扰，因此需要对自变量之间的相关性进行识别并处理，筛选合适的变量来建立一个"最优"的回归方程。

1. 多重共线性识别

当回归模型中含有两个或两个以上的自变量彼此相关时，称该回归模型中存在多重共线性(multicollinearity)。在回归分析当中，多重共线性的存在会给问题的分析带来许多麻烦。当自变量之间存在高度的相关关系时，可能会导致回归的结果混乱，甚至把分析引入歧途。因此，当存在多重共线性时，对回归系数的解释要慎重。

识别多重共线性的方法有很多种，这里简单介绍以下三种。

(1)用容忍度(tolerance)和方差扩大因子(variance inflation factor，VIF)来识别多重共线性。某个自变量的容忍度等于 1 减去以该自变量为因变量，其余 $k-1$ 个自变量为该变量的预测变量所得到的回归模型的判定系数，即 $1 - R_i^2$。容忍度越小，多重共线性就越严重。通常认为容忍度小于 1 时，存在严重的多重共线性。方差扩大因子等于容忍度的倒数，即方差扩大因子为 $\frac{1}{1-R_i^2}$。方差扩大因子越大，多重共线性就越严重，一般认为当方差扩大因子大于 10 时，存在严重的多重共线性。

(2)对模型中各对自变量之间的相关系数进行显著性检验。如果有一个或多个相关系数显著，就表示模型中所使用的自变量之间显著相关，因而可能存在多重共线性。

(3)考察各回归系数的显著性。若模型的 F 检验显著，而几乎所有的回归系数的 t 检验

都不显著,则表示模型中可能存在多重共线性。

总而言之,当识别到模型中存在多重共线性时,应该采取相应的措施。比如,将一个或多个自变量从模型中剔除,使保留的自变量尽可能不相关。当然,如果我们在建立模型之前就能有选择地确定进入模型的自变量,就可以很好地避免多重共线性的问题。

2. 自变量选择与逐步回归

在建立多元线性回归模型时,我们不需要引入更多的自变量,除非确实有必要。同时,我们也不能遗漏重要的自变量,如果在变量选择中遗漏了这些关键的自变量,回归模型的拟合优度和预测效果就会较差。因此,选择合适的自变量在多元线性回归问题中十分重要,对自变量的选择目标是选出对因变量解释度高的自变量,同时剔除解释性较低的无关自变量。

逐步回归法是避免多重共线性的有效方法之一,其基本思想是将变量一个一个地引入。每引入一个新的自变量之后,都会对已选入模型的所有变量重新进行考察,将检验认为不显著的变量剔除,以保证所选择的自变量中每一个变量都是显著的。按这个方法不停地增加变量并考虑剔除以前增加的变量的可能性,直至不能再引入新的变量为止(或者增加变量已经不能使 SSE 显著减小)。逐步回归法的特点是:在前面步骤中增加的自变量在后面的步骤中有可能被剔除,而在前面步骤中剔除的自变量在后面的步骤中也可能重新进入到模型中。

总的来说,逐步回归法的最终目的是希望通过自变量筛选来构建一个"最优"的回归模型。所谓"最优"的回归模型,一般需要满足以下两个条件。

(1)模型能够反映自变量与因变量之间的真实关系。

(2)模型所使用的自变量数量要尽可能少。

(四)哑变量回归

在前面讲到的回归分析中,不管是一元线性回归还是多元线性回归,所含的自变量都是数值变量。但在某些实际问题中,涉及的自变量还可能包括类别变量。这些自变量的取值本身是由文字描述的,因此若想将它们置于回归模型中,需要将文字转换成代码来表示,这种代码化的类别自变量称为哑变量(dummy variable)。在回归模型中含有哑变量时称为哑变量回归或虚拟自变量回归。

进行哑变量回归时,首先需要将哑变量引入回归模型中。当类别自变量只有两个取值时,可在模型中引入一个哑变量;当类变量含有两个以上的取值时,则需要在模型中引入一个以上的哑变量。总的来说,如果类别变量有 n 个取值,则需要在模型中引入 $n-1$ 个哑变量。对于有 n 个水平的类别自变量,引入的哑变量表示为:

$$x_1 = \begin{cases} 1, \text{取值 1} \\ 0, \text{其他取值} \end{cases}, x_2 = \begin{cases} 1, \text{取值 2} \\ 0, \text{其他取值} \end{cases}, \cdots, x_{k-1} = \begin{cases} 1, \text{取值 } k-1 \\ 0, \text{其他取值} \end{cases}$$

例如,如果想将性别这个变量引入回归模型,可以引入下面的哑变量:

$$x = \begin{cases} 0, \text{男性} \\ 1, \text{女性} \end{cases}$$

对于变量的取值,将哪个取值指定为 1 哪个指定为 0 是任意的。

三、广义线性回归

前面我们所了解到的一元线性回归和多元线性回归,描述的都是自变量与因变量之间的线性关系,但在很多实际问题当中,两个变量之间的关系并非线性的。在绘制反映变量之间相互关系的散点图之后,我们有时会发现一条回归直线很难对各个观测点进行很好的拟合,这个时候我们可以对回归模型进行某种变化,比如增加某个高次项,使它能够更好地贴合各个观测点。这种从线性到非线性的推广,就是广义线性回归所解决的问题。

广义线性模型(generalized linear model)是线性回归模型的推广,由 Nelder 与 Wedderburn 于1972年首次提出,它使因变量的总体均值通过一个非线性连接函数而依赖线性预测值,同时还允许因变量概率分布为指数分组族中的任意一种。许多广泛应用的统计模型均属于广义线性模型,如 logistic 回归模型、Probit 回归模型等。

广义线性模型在两个方面对经典线性模型进行了推广。首先,在一般线性模型中,要求因变量是连续的且服从正态分布,在广义线性模型中,因变量的分布可扩展到非连续的分布,如二项分布、Poisson 分布、负二项分布等。其次,在一般线性模型中,自变量的线性预测值就是因变量的估计值,而在广义线性模型中,自变量的线性预测值是因变量的函数估计值。

在接下来用 R 进行回归分析时,主要涉及的广义线性回归模型有三种。

(1)加入平方项。

$y = k_1 x + k_2 x^2 + b$,在这个广义线性回归模型当中,x 每增加1个单位,y 平均增加 $k_1 + 2k_2 x$ 个单位,y 的增速在增加或放缓。

(2)加入交乘项。

$y = k_1 x_1 + k_2 x_2 + k_3 x_1 \cdot x_2 + b$,在这个广义线性回归模型当中,加入的交乘项 $k_3 x_1 \cdot x_2$ 能够更好地描述 x_1 与 x_2 之间存在的替代或互补关系。

(3)进行对数变换。

$$\ln(y) = kx + b$$
$$y = k \cdot \ln(x) + b$$
$$\ln(y) = k \cdot \ln(x) + b$$

总的来说,当两个变量之间的关系并非简单的线性关系时,广义线性回归模型比简单的线性回归模型往往更具有解释力。从简单线性回归推广到广义线性回归后,模型可以无限复杂,包含无限多的自变量,这就涉及下面的模型选择的问题。

四、模型选择

上文中我们提到,广义线性模型可以无限多无限复杂,那么我们如何从众多的模型中挑选出一个最好的模型呢?

首先我们应该思考一个好的模型的标准是什么。界定一个好的模型一般有两种方式,即解释力强或预测力强。所谓解释力,就是回归模型对已有数据的解释能力,而预测力则是回归模型对未来数据的预测能力,换句话说,解释力与预测力的区别主要在于数据的范畴。评估模型的解释力标准包括 R^2、调整后的 R^2 以及 F 统计量等,而评估模型的预测力的标准则有 Cp、AIC、BIC、AUC 等。

关于回归模型的数据预测能力,一个重要的评价指标是预测误差,其计算方法为 $\frac{1}{n}\sum_{i=1}^{n}(y_i - y_i')^2$,其中 $y_i - y_i'$ 为真实值与预测值之间的误差。预测误差越小,模型的数据预测能力越强。

计算预测误差的方法有两种：直接法和间接法。直接法是指实际运用一批新的数据直接计算预测误差的值，而间接法通过找到某个指标来推断预测误差的值。直接法的过程相对比较复杂，它要求我们再随机收集一批新的数据，来计算回归模型在这些新数据中的预测能力。由于收集数据的成本很高，常用的做法是将已有的数据分成两个部分，一个部分用来构建回归模型，另一个部分用来计算模型的预测误差。间接法则需要寻找一个类似于 R^2 的统计量，用它来估测预测误差。常用的间接统计量包括马洛斯的 Cp 或 BIC，其中计算 Cp 不需要收集任何新数据，仅根据已有数据和模型的信息就可以计算，其计算公式为：

$$Cp = \frac{1}{n}(SSE + 2d \cdot \hat{\sigma}^2)$$

其中，n 代表数据的个数，SSE 指残差平方和，d 代表自变量的个数，$\hat{\sigma}$ 是模型的均方误。

Cp 具有如下两个性质：①随着数据量的增大，Cp 值会无限趋近于真实的预测误差；②Cp 越小，模型的预测误差就越小，模型的预测精度越高。

另一个标准是贝叶斯信息标准 BIC（Bayesian information criterion）。贝叶斯方法认为，不存在频率学派所说的"客观概率"，所谓的概率是主观判断和后验数据的信息之和。BIC 的计算公式为：

$$BIC = \frac{1}{n}(SSE + k \cdot \ln(n) \cdot \hat{\sigma}^2)$$

其中，k 是我们要计算的参数个数，其值等于自变量个数加 1。BIC 的值越小，回归模型的预测力就越强。

第二节 R 语言实战

上一节的内容大致介绍了线性回归分析和回归模型选择的理论基础，在接下来的方法操作实战部分，我们将用 R 中自带的数据为大家演示如何分析变量间的相关关系，如何构建线性回归模型，以及如何选择最优的预测模型。

一、一元线性回归

在一元线性回归部分，我们使用 R 包 quantreg 中的数据框 engel 作为原始数据进行回归分析代码实操。该数据集是一组比利时家庭的年收入（income）和年食物开支（foodexp）的情况，有 235 个观测值和 2 个变量。

首先我们先安装并调用 quantreg 数据包，然后调取数据，对其进行描述性统计分析，进行初步的数据探索。

```
# 调取数据并进行数据探索
install.packages("quantreg")
library(quantreg)
data(engel)
str(engel)
summary(engel)
```

调取出数据并对数据进行初步的了解之后,我们以 income 为自变量,以 foodexp 为因变量绘制散点图,来看看两个变量之间是否存在明显的线性关系。

```
# 绘制散点图
plot(engel$income, engel$foodexp)
```

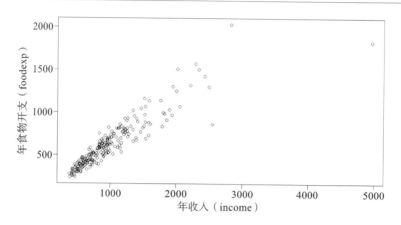

图 2-4　income 和 foodexp 的散点图

从散点图 2-4 中可以看出,变量的观测点大致聚集在一条直线周围,说明变量之间存在较为明显的线性关系,我们接下来以 income 为自变量,以 foodexp 为因变量构建线性回归模型,然后用 abline()函数绘制出回归直线,以便直观感受回归直线对观测点的拟合程度。

```
# 构建回归模型并绘制回归直线
model1=lm(foodexp~income, data=engel)
summary(model1)
abline(model1, col="red")
```

在 R 语言中,lm()函数用来建立线性回归模型,而 summary()函数则具体展示拟合模型的详细结果。拟合模型的详细结果如下:

```
> summary(model1)

Call:
lm(formula = foodexp ~ income, data = engel)

Residuals:
    Min      1Q  Median      3Q     Max
-725.70  -60.24   -4.32   53.41  515.77

Coefficients:
             Estimate Std. Error t value Pr(>|t|)
(Intercept) 147.47539   15.95708   9.242   <2e-16 ***
income        0.48518    0.01437  33.772   <2e-16 ***
---
Signif. codes:  0 '***' 0.001 '**' 0.01 '*' 0.05 '.' 0.1 ' ' 1

Residual standard error: 114.1 on 233 degrees of freedom
Multiple R-squared:  0.8304,    Adjusted R-squared:  0.8296
F-statistic:  1141 on 1 and 233 DF,  p-value: < 2.2e-16
```

其中 147.47539 为所估计的回归方程的截距项，0.48518 为斜率项，模型的判定系数 R^2 为 0.8304，画出的回归直线如图 2-5 所示。

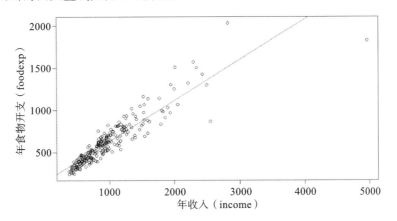

图 2-5　用 abline( )函数绘制的回归直线

在构建线性回归模型以后，需要对模型的三大基本假设进行检验。在理论基础部分我们提到，线性模型有三大基本假设：线性假设、同方差假设和正态假设。在 R 中，模型检验的代码操作十分简单。我们首先来检验线性假设。

```
# 绘制残差分布图
plot(model1, 1)
```

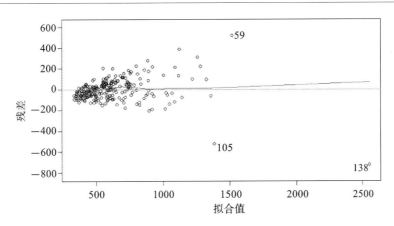

图 2-6　模型 1 的残差分布图

我们需要观察的是图 2-6 中的这条曲线是否足够接近纵轴为 0 的这条水平直线，如果足够接近，说明残差的期望值大致等于 0。这条曲线代表的其实就是残差的期望值。我们可以得出结论：模型的线性假设是可以得到满足的。

接下来我们继续用这幅图来检验同方差假设。同方差假设要求残差均匀地分布在 x 轴两侧，但图中的散点略微呈发散趋势，说明模型并未充分满足同方差假设，我们可以通过数据变换来解决这个问题。

下面检验正态假设。

```
# 绘制Q-Q图
plot(model1, 2)
```

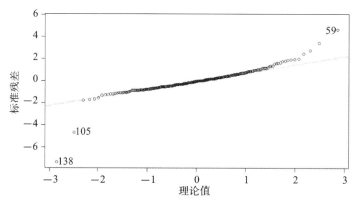

图 2-7　模型 1 的 Q-Q 图

正态假设要求因变量的残差应呈正态分布,在图 2-7 中,该假设体现为这些数据点均落在图中的虚线上。通过观察图片我们可以得出结论:模型大致满足正态假设。

在进行了模型的检验之后,我们才能利用该回归模型进行因变量的预测。现在用个别值的预测区间来预测 income 为 1000 时 foodexp 的值。

```
# 利用模型预测因变量的取值
new=engel[1, ]
new[1]=1000
predict (model1, new, interval ="prediction", se.fit =TRUE, level =0.95)
```

在这里我们重新制作了一条数据,并将该数据的 income 值改为 1000,将其代入回归模型,预测结果如下:

```
> predict(model1,new,interval = "prediction",se.fit = TRUE,level = 0.95)
$fit
       fit      lwr      upr
1 632.6538 407.3603 857.9474

$se.fit
[1] 7.447839

$df
[1] 233

$residual.scale
[1] 114.1079
```

根据 R 返回的结果可知,foodexp 的预测值为 632.6538,下界为 407.3603,上界为 857.9474。预测的标准误为 7.447839。

二、多元线性回归

在本节中的代码实操中,我们使用 datarium 包中的 marketing 数据集来进行多元线性回归分析。首先安装 datarium 程序包并调取数据,然后用 str()函数和 summary()函数对数据进行简单的探索。

```
# 调取数据并进行数据探索
install.packages("datarium")
Library(datarium)
data("marketing", package ="datarium")
str(marketing)
summary(marketing)
```

该数据集反映了销售收入与 youtube 广告投入、facebook 广告投入和报纸（newspaper）广告投入的关系，共有 200 个观测值。在构建多元线性回归模型之前，我们先调取 dplyr 程序包和 GGally 程序包，并用 ggpairs() 画图，以便我们了解变量的分布情况以及变量之间的关系。

```
# 绘制变量之间的相关关系图
library(dplyr)
library(GGally)
marketing %>%select(youtube, facebook, newspaper, sales) %>%ggpairs()
```

得到的结果如图 2-8 所示。

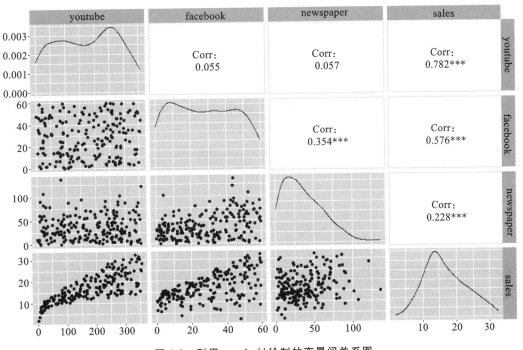

图 2-8　利用 ggpairs() 绘制的变量间关系图

图 2-8 中，变量关系图不仅描绘了每个变量的分布状况，还提供了变量之间的散点图和相关系数，十分直观，它给我们提供了一个初步印象：sales 和 youtube 的相关关系最强，与 facebook 的相关关系次之，与 newspaper 的相关关系最弱。有了这样的一个初步印象，我们

依然利用 lm() 函数来构建多元线性回归模型。在代码中,对于这三个自变量我们只需要用"+"衔接即可。将模型命名为 model2,并用 summary() 函数进行总结。

```
# 构建多元线性回归模型
model2=lm(sales~youtube +facebook +newspaper, data=marketing)
summary(model2)
```

模型拟合的详细结果如下:

```
> summary(model2)
Call:
lm(formula = sales ~ youtube + facebook + newspaper, data = marketing)
Residuals:
     Min      1Q  Median      3Q     Max
-10.5932 -1.0690  0.2902  1.4272  3.3951
Coefficients:
             Estimate Std. Error t value Pr(>|t|)
(Intercept)  3.526667   0.374290   9.422   <2e-16 ***
youtube      0.045765   0.001395  32.809   <2e-16 ***
facebook     0.188530   0.008611  21.893   <2e-16 ***
newspaper   -0.001037   0.005871  -0.177     0.86
---
Signif. codes:  0 '***' 0.001 '**' 0.01 '*' 0.05 '.' 0.1 ' ' 1

Residual standard error: 2.023 on 196 degrees of freedom
Multiple R-squared:  0.8972,    Adjusted R-squared:  0.8956
F-statistic: 570.3 on 3 and 196 DF,  p-value: < 2.2e-16
```

需要注意的一点是,残差的最小值为 -10.5932,而最大值为 3.3951,说明数据集中可能存在个别离群点(outlier)。在回归系数方面,newspaper 的回归系数并不显著,说明因变量 sales 与 newspaper 线性关系强度很弱。调整后 R^2 的值为 0.8956,表示因变量 sales 的总变差中有 89.56% 能够被 sales 与三个自变量的线性关系所共同解释。在三个自变量中,youtube 广告投入对销售收入的贡献是最大的,这对管理者的实际决策有借鉴意义。

就像我们通过分析后发现的,在多个自变量中,并不是每一个自变量都能解释因变量,那么我们如何判断每个变量的解释力呢? Chow test 能够帮我们判断新增的自变量对于减少残差平方和的贡献,可以帮我们解决这个问题。

```
# 判断每个变量的解释力
library(car)
Anova(model2)
```

console 返回的结果如下:

```
> Anova(model2)
Anova Table (Type II tests)

Response: sales
          Sum Sq  Df  F value  Pr(>F)
youtube   4403.5   1 1076.4058 <2e-16 ***
facebook  1960.9   1  479.3252 <2e-16 ***
newspaper    0.1   1    0.0312 0.8599
Residuals  801.8 196
---
Signif. codes:  0 '***' 0.001 '**' 0.01 '*' 0.05 '.' 0.1 ' ' 1
```

我们可以看到，youtube 对减少残差平方和的贡献最大，facebook 次之，而 newspaper 的贡献微乎其微。最后一栏 Pr(>F) 反映的是剔除该变量之后模型解释力变化的程度，可以看到添加或剔除 newspaper 对模型的解释力几乎没有影响。现在让我们看看剔除掉 newspaper 以后的模型：

```
# 构建不包括 newspaper 的回归模型
model3=lm(sales~youtube +facebook, data=marketing)
summary(model3)
```

console 返回的结果如下：

```
> summary(model3)
Call:
lm(formula = sales ~ youtube + facebook, data = marketing)

Residuals:
     Min       1Q   Median       3Q      Max
-10.5572  -1.0502   0.2906   1.4049   3.3994

Coefficients:
            Estimate Std. Error t value Pr(>|t|)
(Intercept) 3.50532    0.35339   9.919   <2e-16 ***
youtube     0.04575    0.00139  32.909   <2e-16 ***
facebook    0.18799    0.00804  23.382   <2e-16 ***
---
Signif. codes:  0 '***' 0.001 '**' 0.01 '*' 0.05 '.' 0.1 ' ' 1

Residual standard error: 2.018 on 197 degrees of freedom
Multiple R-squared:  0.8972,    Adjusted R-squared:  0.8962
F-statistic: 859.6 on 2 and 197 DF,  p-value: < 2.2e-16
```

剔除掉 newspaper 以后的 model 3 相比于 model 2 不仅调整后 R^2 有所提高，残差标准误也降低了，说明 model 3 的解释力和拟合优度比 model 2 更好。

通过上述分析，我们可以得出结论：youtube 广告投入对销售收入的贡献是最大的，facebook 广告投入的贡献次之，而报纸广告投入对销售收入的贡献最小。仅含有 youtube、facebook 两个自变量的回归模型比同时含有 youtube、facebook 和 newspaper 三个自变量的回归模型的解释力和拟合优度更好，也就是说，报纸广告投入对于提升销售收入作用有限，应该考虑削减开支。

三、广义线性回归

下面我们依然使用 marketing 数据进行广义线性回归的代码操作。在理论基础部分我们提到，广义线性模型实际上不是线性的，但它保留了线性的格式，其作用是让模型的解释力和预测力变得更强。观察 youtube 和 sales 的散点图可以发现，一条抛物线可能比一条直线更好地拟合各个观测点，因此在这一部分的代码实操中，我们要在多元线性回归模型的基础上添加一些高次项，看看模型对数据的拟合程度是否有所提升。

我们首先将 youtube 和 youtube 的平方项加入回归模型中，并用 summary() 函数对模型进行总结。

```
# 构建含平方项的回归模型
model4=lm(sales~youtube+I(youtube^2), data =marketing)
summary(model4)
```

在上述代码中,I()函数可以理解为"isolated",也就是说把 youtube 的平方项当成一个全新的变量进行计算并代入回归模型。得到的结果如下:

```
> summary(model4)
Call:
lm(formula = sales ~ youtube + I(youtube^2), data = marketing)
Residuals:
    Min      1Q  Median      3Q     Max
-9.2213 -2.1412 -0.1874  2.4106  9.0117
Coefficients:
                Estimate Std. Error t value Pr(>|t|)
(Intercept)    7.337e+00  7.911e-01   9.275  < 2e-16 ***
youtube        6.727e-02  1.059e-02   6.349 1.46e-09 ***
I(youtube^2) -5.706e-05  2.965e-05  -1.924   0.0557 .
---
Signif. codes:  0 '***' 0.001 '**' 0.01 '*' 0.05 '.' 0.1 ' ' 1

Residual standard error: 3.884 on 197 degrees of freedom
Multiple R-squared:  0.619,    Adjusted R-squared:  0.6152
F-statistic: 160.1 on 2 and 197 DF,  p-value: < 2.2e-16
```

对比 model 1 可以看到,虽然二次项的检验并不显著,但模型的调整后 R^2 增加了,增加的二次项让模型对因变量的解释能力提高了一些。现在用 lines()函数作出代表 model 4 的抛物线,看看它对散点的拟合程度如何。

```
# 绘制拟合抛物线
plot(marketing$ youtube, marketing$ sales)
cc=marketing
cc[,1]=seq(0,350,length.out=200)
dd=predict(model4,cc)
lines(cc[,2],dd,col="red")
```

前面用到的 abline()函数只能作直线,因此我们用 lines()函数,用以点代线的方式绘制出这条抛物线。在以上代码中,我们先绘制出散点图,再将 marketing 进行复制并命名为 cc,然后我们用 seq()函数制造一个含 200 个数的等差数列,并用 predict()函数预测这 200 个点在抛物线中的数值,最后用 lines()函数将 200 个点拼凑出一条抛物线,得到的结果如图 2-9 所示。

这里我们回顾一下 model 3,如果我们去检验模型的三大假设,会发现模型的线性假设和同方差假设都没有得到满足。

如图 2-10 所示,数据两端的点被低估而中间的点被高估了,解决方法之一是在模型中添加一个二次项。我们在 model 3 的基础上加入一个二次项,构建新的回归模型,并绘制残差分布图对模型的假设进行检验。

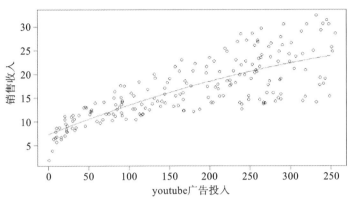

图 2-9 用 lines( ) 函数绘制的抛物线

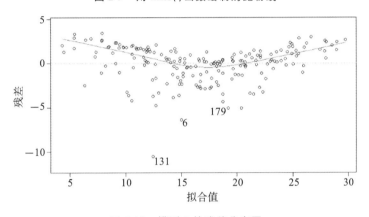

图 2-10 模型 3 的残差分布图

```
# 构建新模型并进行检验
model5=lm(sales~youtube+facebook+I(youtube^2), data=marketing)
plot(model5,1)
```

如图 2-11 所示，残差分布图中的点虽然密集了一些，但这条曲线依然呈现一个"U"形。为了解决这个问题，我们应该考虑在模型中引入一个特别的二次项——交乘项。

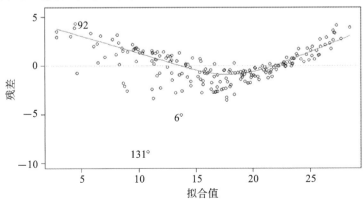

图 2-11 模型 5 的残差分布图

```
# 构建含有交乘项的回归模型并进行检验
model6= lm(sales ~ youtube + facebook + I(youtube^2) + I(youtube * facebook), data =
marketing)
summary(model6)
plot(model6,1)
plot(model6,2)
```

返回的结果如下：

```
> summary(model6)
Call:
lm(formula = sales ~ youtube + facebook + I(youtube^2) + I(youtube *
    facebook), data = marketing)

Residuals:
    Min      1Q  Median      3Q     Max
-5.9939 -0.3563 -0.0080  0.4557  1.4023

Coefficients:
                       Estimate Std. Error t value Pr(>|t|)
(Intercept)           6.164e+00  2.312e-01  26.663  < 2e-16 ***
youtube               5.092e-02  2.232e-03  22.810  < 2e-16 ***
facebook              3.516e-02  5.901e-03   5.959 1.17e-08 ***
I(youtube^2)         -9.145e-05  5.745e-06 -15.920  < 2e-16 ***
I(youtube * facebook) 8.972e-04  2.888e-05  31.061  < 2e-16 ***
---
Signif. codes:  0 '***' 0.001 '**' 0.01 '*' 0.05 '.' 0.1 ' ' 1

Residual standard error: 0.7485 on 195 degrees of freedom
Multiple R-squared:  0.986,	Adjusted R-squared:  0.9857
F-statistic:  3432 on 4 and 195 DF,  p-value: < 2.2e-16
```

模型 6 的残差分布图和 Q-Q 图分别如图 2-12、图 2-13 所示。

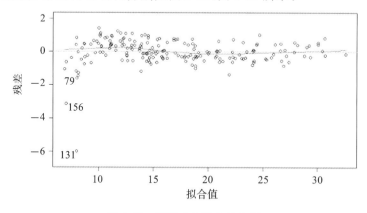

图 2-12　模型 6 的残差分布图

交乘项的作用是捕捉自变量之间的互补或替代效应。从 summary() 函数的结果来看，所有自变量回归系数的检验结果都是显著的，从残差分布图来看，模型的线性假设、同方差假设和正态假设也终于得到了满足。可以说，我们找到了一个解释力更强且能满足三大假设的回归模型了。

我们刚刚所经历的过程就是回归诊断（regression diagnostic），它能够帮助我们找到更加科学合理、解释力更强的回归模型，现将该环节的过程总结如下。

（1）认真观察数据，利用 ggpairs() 函数分析变量之间潜在的相关关系。

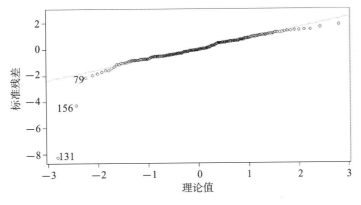

图 2-13 模型 6 的 Q-Q 图

（2）初步构建多元线性回归模型，并用 Anova()函数筛选出有解释力的自变量。

（3）观察残差分布图（图 2-12）和 Q-Q 图（图 2-13），检验模型的三大假设是否得到满足，增加高次项对模型进行改善。

当模型的三大假设出现问题的时候，第一步我们应该解决异方差性问题，常用的方法是对因变量进行变换，比如对因变量求取对数。这里我们用 mutate()函数对 marketing 中的 sales 取对数，将取对数后的结果 lnsales 作为因变量构建回归模型，并检验模型的三大假设是否得到满足。

```
# 因变量取对数,构建回归模型并检验
marketing=marketing %>%mutate(lnsales=log(sales))
model7=lm(lnsales~youtube+facebook+I(youtube^2)+I(youtube*facebook), data=marketing)
plot(model7,1)
plot(model7,2)
summary(model7)
```

得到的结果如下：

```
> summary(model7)

Call:
lm(formula = lnsales ~ youtube + facebook + I(youtube^2) + I(youtube *
    facebook), data = marketing)

Residuals:
     Min       1Q   Median       3Q      Max
-1.42334 -0.03854 -0.00468  0.06355  0.19313

Coefficients:
                     Estimate Std. Error t value Pr(>|t|)
(Intercept)         1.833e+00  4.111e-02  44.592  < 2e-16 ***
youtube             6.419e-03  3.969e-04  16.174  < 2e-16 ***
facebook            4.967e-03  1.049e-03   4.735 4.21e-06 ***
I(youtube^2)       -1.248e-05  1.021e-06 -12.223  < 2e-16 ***
I(youtube * facebook) 3.234e-05  5.135e-06   6.297 1.97e-09 ***
---
Signif. codes:  0 '***' 0.001 '**' 0.01 '*' 0.05 '.' 0.1 ' ' 1

Residual standard error: 0.1331 on 195 degrees of freedom
Multiple R-squared:  0.8989,    Adjusted R-squared:  0.8968
F-statistic: 433.5 on 4 and 195 DF,  p-value: < 2.2e-16
```

如图 2-14、图 2-15 所示,对因变量取对数后,异方差问题减少了许多。回归模型中回归系数的检验结果都为显著,模型整体的调整后 R^2 达到 0.8968,具有较高的拟合优度。

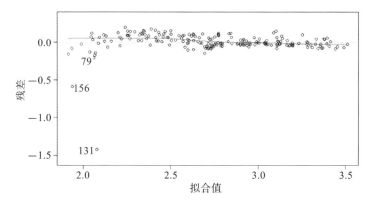

图 2-14　模型 7 的残差分布图

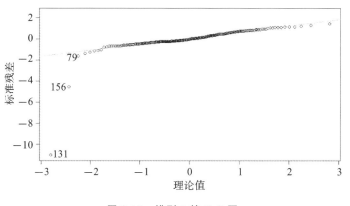

图 2-15　模型 7 的 Q-Q 图

第二步我们解决线性问题,常用的方法包括对自变量进行变化,比如当残差分布图呈现"U"形时,可以考虑通过增加二次项来解决。

最后我们解决正态性问题。一般来说,正态性问题通过对因变量和自变量进行对数变换就可以解决。对变量进行对数变换时,使用回归模型得出的结果仍然可以用来分析和预测数据,因为我们只要通过反向变换,就可以得到原始数据了。

至此,我们终于得到了一个既具有强大解释力,又能满足三大假设的优秀的回归模型了。通过上述过程我们不难发现,广义线性模型的强大之处就在于它可以无限复杂,包含无限多的自变量,通过各种复杂的模型变换,得到更好更高级的模型。

四、模型选择

这一小节我们使用 ISLR 程序包中的 Hitters 数据集进行代码实操,该数据集记录了 1986 年美国各大核心棒球队队员的表现数据和次年收入。我们先调用 ISLR 程序包并调取 Hitters 数据集,对数据进行初步探索。

```
# 调取数据并进行数据探索
library(ISLR)
fix(Hitters)
View(Hitters)
str(Hitters)
```

该数据框包含 20 个变量和 322 个观测值,其中 17 个数值变量,3 个类别变量。在 summary()函数返回的结果当中,Salary 列显示有 59 个"NA"值,它的意思是在数据框中有 59 个棒球队队员的 Salary 数据是缺失的。缺失值往往会影响回归分析的过程和结果,因此我们接下来需要对数据进行预处理,清除含缺失值的数据。

```
# 清除含缺失值的数据
drop=which(is.na(Hitters[,19]))
newHitters=Hitters[-drop,]
dim(newHitters)
```

在以上代码中,is.na()函数的作用是判断是否为缺失值,which(is.na(Hitters[,19]))则是找出哪些行有缺失值,我们把这些含有缺失值的行对应的行数赋值给 drop,并将它们删除,接着用 dim()函数查看新的数据框有多少行。

在对数据进行缺失值的清除后,我们使用 geom_histogram()函数绘制队员工资 Salary 的频数分布直方图,来对 Salary 的分布情况进行探索性数据分析(EDA)。

```
# 绘制 Salary 的频数分布直方图
library(ggplot2)
ggplot(newHitters,aes(x=Salary))+
  geom_histogram(bins=40,fill="red")+
  ggtitle("Histogram of Salary")+
  ylab("Frequency")
```

通过图 2-16 我们可以看到,数据存在明显的右偏分布,也就是说,少数特别优秀的棒球队队员拿到了远超平均值的薪水,从而造成了一种"头部效应"。对于这样的数据,我们需要将它转化成正态分布的形式才能方便接下来的分析,而转化的方法就是取对数。

```
# 对 Salary 取对数
library(dplyr)
newHitters=newHitters %>%mutate(lnsalary=log(Salary))
```

如果仿照之前的代码绘制一幅 lnsalary 的频数分布直方图,我们会发现对 Salary 取对数后的 lnsalary 更接近正态分布。

接下来我们进行可能的预测自变量分析。我们将 AtBat、Hits、HmRun、Runs 和 RBI 与 lnsalary 放在一起绘制散点图,来看看变量之间的关系情况。

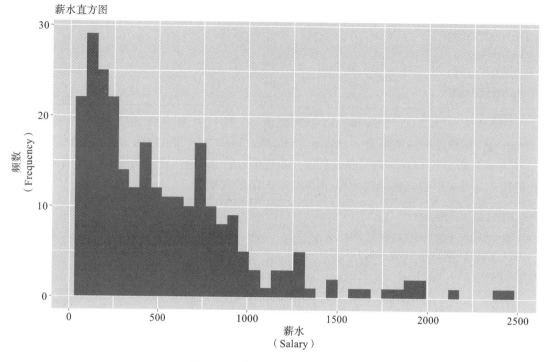

图 2-16　薪水的频数分布直方图

```
# 绘制变量间的相关关系图
library(GGally)
newHitters %>%select(AtBat,Hits,HmRun,Runs,RBI,lnsalary) %>% ggpairs()
```

通过观察图 2-17 我们可以发现,似乎大多数变量或多或少都与 lnsalary 之间存在着相关关系。由于这个数据集中的自变量数量很多,如果要将这十多个变量的两两间散点图全部绘制成一幅图的话,不方便我们观察,而且所需要的时间也很长。

当变量的数量非常多时,相关性热力图能更好地展示变量两两之间的相关关系强弱。更方便我们观察。绘制相关性热力图的方法如下:

```
# 绘制相关性热力图
library(tidyverse)
library(reshape2)
plotData<-melt(cor(newHitters[sapply(newHitters,is.numeric)]))
ggplot(plotData,
       aes(x=Var1,y=Var2,fill=value))+
  geom_tile()+
  ylab("")+
  xlab("")+
  scale_fill_gradient(low ="# 56B1F7",high ="# 132B43")+
  guides(fill=guide_legend(title ="Correlation"))
```

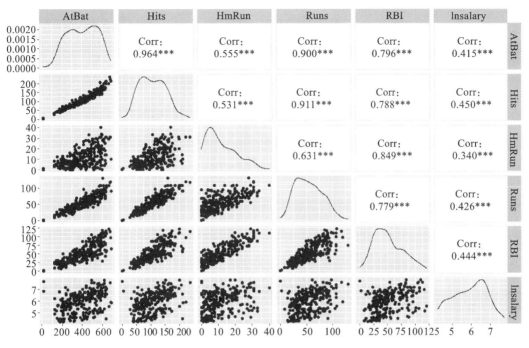

图 2-17 ggpairs( )绘制的变量间关系图

观察图 2-18,我们把数据框中所有数值变量之间的关系都展示出来了。在相关系数热力图当中,颜色越深,意味着两个变量之间的相关性越强。可以看到,因变量 lnsalary 几乎和所有的自变量都存在较强的线性相关关系,这意味着我们的模型可能会很复杂。

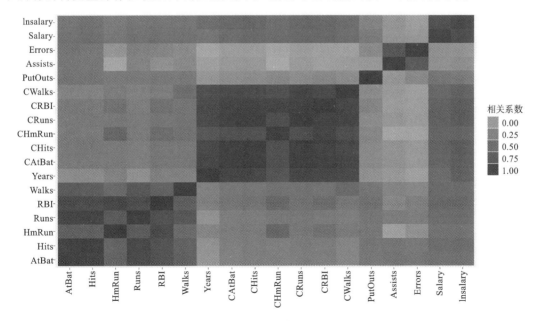

图 2-18 Hitters 变量的相关性热力图

我们现在再来整理一下数据,删掉原来的因变量 Salary,只保留变换后的因变量

lnsalary,以便后续的回归分析。

```
# 删除原因变量 Salary
newHitters=newHitters[,-19]
```

删除后的数据框共有 20 个变量,其中包括 19 个潜在的自变量。现在我们仅考虑只包含一次项的模型的话,有多达 219 种模型选择,这就体现出编程的强大功能了。我们调用 leaps 程序包,用 regsubsets() 函数替我们完成如此复杂的模型运算。

```
# 对变量进行逐步回归
library(leaps)
fit1=regsubsets(lnsalary~.,newHitters,nvmax=20,method="exhaustive")
```

代码中 lnsalary~ 之后的 . 表示把数据框中 19 个潜在自变量都纳入回归模型考量的范畴,nvmax=20 表示回归模型所能包含的自变量最多为 20 个,"exhaustive"表示变量选择的方法为逐步回归。现在我们用 summary() 函数观察结果。

```
# 查看自变量选择的结果
summary(fit1)$which
```

R 返回的结果如下:

```
> summary(fit1)$which
   (Intercept) AtBat  Hits HmRun  Runs   RBI Walks Years CAtBat CHits CHmRun CRuns  CRBI CWalks
1         TRUE FALSE FALSE FALSE FALSE FALSE FALSE FALSE  FALSE FALSE  FALSE FALSE  TRUE  FALSE
2         TRUE FALSE FALSE FALSE FALSE FALSE FALSE FALSE  FALSE  TRUE  FALSE FALSE  TRUE  FALSE
3         TRUE FALSE  TRUE FALSE FALSE FALSE FALSE  TRUE  FALSE  TRUE  FALSE FALSE FALSE  FALSE
4         TRUE  TRUE  TRUE FALSE FALSE FALSE FALSE FALSE  FALSE  TRUE  FALSE FALSE FALSE  FALSE
5         TRUE  TRUE  TRUE FALSE FALSE FALSE  TRUE FALSE  FALSE  TRUE  FALSE FALSE FALSE  FALSE
6         TRUE  TRUE  TRUE FALSE FALSE FALSE  TRUE FALSE  FALSE  TRUE  FALSE FALSE FALSE  FALSE
7         TRUE  TRUE  TRUE FALSE FALSE FALSE  TRUE FALSE  FALSE FALSE  FALSE  TRUE FALSE   TRUE
8         TRUE  TRUE  TRUE FALSE FALSE FALSE  TRUE FALSE  FALSE FALSE  FALSE  TRUE FALSE   TRUE
9         TRUE  TRUE  TRUE FALSE FALSE FALSE  TRUE FALSE   TRUE FALSE  FALSE  TRUE FALSE   TRUE
10        TRUE  TRUE  TRUE FALSE FALSE FALSE  TRUE FALSE   TRUE FALSE  FALSE  TRUE FALSE   TRUE
11        TRUE  TRUE  TRUE  TRUE FALSE FALSE  TRUE FALSE   TRUE FALSE  FALSE  TRUE FALSE   TRUE
12        TRUE  TRUE  TRUE  TRUE FALSE FALSE  TRUE FALSE   TRUE FALSE  FALSE  TRUE FALSE   TRUE
13        TRUE  TRUE  TRUE  TRUE FALSE FALSE  TRUE FALSE   TRUE FALSE  FALSE  TRUE  TRUE   TRUE
14        TRUE  TRUE  TRUE  TRUE FALSE FALSE  TRUE FALSE   TRUE  TRUE  FALSE  TRUE  TRUE   TRUE
15        TRUE  TRUE  TRUE  TRUE FALSE FALSE  TRUE FALSE   TRUE  TRUE  FALSE  TRUE  TRUE   TRUE
16        TRUE  TRUE  TRUE  TRUE FALSE  TRUE  TRUE FALSE   TRUE  TRUE  FALSE  TRUE FALSE   TRUE
17        TRUE  TRUE  TRUE  TRUE  TRUE  TRUE  TRUE FALSE   TRUE  TRUE  FALSE  TRUE FALSE   TRUE
18        TRUE  TRUE  TRUE  TRUE  TRUE  TRUE  TRUE FALSE   TRUE  TRUE  FALSE  TRUE  TRUE   TRUE
19        TRUE  TRUE  TRUE  TRUE  TRUE  TRUE  TRUE  TRUE   TRUE  TRUE   TRUE  TRUE  TRUE   TRUE
   LeagueN DivisionW PutOuts Assists Errors NewLeagueN
1    FALSE     FALSE   FALSE   FALSE  FALSE      FALSE
2    FALSE     FALSE   FALSE   FALSE  FALSE      FALSE
3    FALSE     FALSE   FALSE   FALSE  FALSE      FALSE
4    FALSE     FALSE   FALSE   FALSE  FALSE      FALSE
5    FALSE      TRUE   FALSE   FALSE  FALSE      FALSE
6    FALSE      TRUE   FALSE   FALSE  FALSE      FALSE
7    FALSE     FALSE    TRUE   FALSE  FALSE      FALSE
8    FALSE     FALSE    TRUE   FALSE  FALSE      FALSE
9     TRUE     FALSE    TRUE   FALSE  FALSE      FALSE
10    TRUE      TRUE    TRUE   FALSE  FALSE       TRUE
11    TRUE      TRUE    TRUE   FALSE  FALSE       TRUE
12    TRUE      TRUE    TRUE    TRUE   TRUE      FALSE
13    TRUE      TRUE    TRUE    TRUE   TRUE       TRUE
14    TRUE      TRUE    TRUE    TRUE   TRUE       TRUE
15    TRUE      TRUE    TRUE    TRUE   TRUE       TRUE
16    TRUE      TRUE    TRUE    TRUE   TRUE       TRUE
17    TRUE      TRUE    TRUE    TRUE   TRUE       TRUE
18    TRUE      TRUE    TRUE    TRUE   TRUE       TRUE
19    TRUE      TRUE    TRUE    TRUE   TRUE       TRUE
```

代码中 which 的作用是告诉我们,在模型所要求包含的自变量个数不同的情况下,把哪个或哪些自变量纳入模型是最好的。比如,当要求模型只能包含一个自变量时,最佳的变量选择是 CRuns,当要求模型包含两个自变量时,最佳的变量选择是 Hits 和 CAtBat。变量筛选的标准是模型的残差平方和最小。通过这样几行简单的代码,我们找到了 19 个局部最优的模型。

现在,我们要在这 19 个局部最优的模型中找到其中全局最优的模型,可以使用 summary() 函数将这 19 个模型的 Cp 值和 BIC 值调取出来。

```
# 调取所有模型的 Cp 值和 BIC 值
summary(fit1)$cp
summary(fit1)$bic
```

返回的结果如下:

```
> summary(fit1)$cp
 [1]  79.124523  27.981036  21.001033  17.276086  13.740484  11.343922   8.660386   6.185015   6.147901
[10]   6.624133   7.344849   7.822749   8.461825  10.352605  12.177361  14.121460  16.042709  18.000617
[19]  20.000000
> summary(fit1)$bic
 [1] -117.0304 -156.4291 -159.2777 -159.2182 -159.0885 -157.9207 -157.1229 -156.1954 -152.7649
[10] -148.8061 -144.5962 -140.6541 -136.5480 -131.0939 -125.7112 -120.1995 -114.7125 -109.1859
[19] -103.6145
```

为了方便我们更好地观察,我们将这 19 个模型的 Cp 值和 BIC 值画出来,以便后续模型选择。

```
# 将模型的 Cp 值和 BIC 值可视化
plot(summary(fit1)$cp, xlab ="Number of Predictors", ylab ="cp", col="red", type ="p", pch =16)
plot(summary(fit1)$bic, xlab ="Number of Predictors", ylab ="bic", col="green", type ="p", pch =16)
```

在代码当中,type="p"是指 point,pch=16 是圆点。

从图 2-19 中可以看出,如果以 Cp 为标准的话,当自变量的个数为 8 时,模型的 Cp 值最小,也就是模型的预测能力最佳,而如果以 BIC 为标准的话,如图 2-20 所示,每当自变量个数为 3 时,模型的 BIC 值最小,模型的预测能力最佳。面临这样的矛盾,我们通常会倾向于避免将模型复杂化,而选择含有三个自变量的回归模型。到这里,我们模型选择的工作就完成了。

现在,我们来总结一下这个过程。我们的目的是根据本年度棒球队队员的表现数据,找出预测其来年收入的最佳模型。为了达到这一目标,我们先通过绘制两两散点图、相关关系热力图等进行潜在自变量分析,看看哪些自变量是有可能被纳入回归模型的。然后我们用 leaps 程序包中的 regsubsets() 函数快速跑完了 219 个只包含一次项的模型,并找出了其中 19 个局部最优的模型。最后,我们再从这 19 个局部最优的模型中找出了一个全局最优的模型。

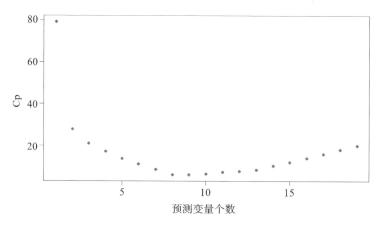

图 2-19　含有不同个数自变量的模型的 Cp 值

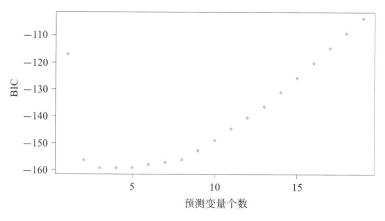

图 2-20　含有不同个数自变量的模型的 BIC 值

第三节　经典文献导读

线性回归分析是旅游大数据领域定量研究中常见的一种方法，研究数据多使用单一类型的二手大数据，例如在线文本数据、在线预订数据等。研究主题主要包括酒店房间的定价研究、游客满意度研究、游客行为研究等。这一节选取了两篇较有代表性的文章，第一篇文章运用线性回归揭示了酒店连锁关系对顾客满意度及其极端程度的影响，第二篇文章则探究在线评论中的人群智慧如何决定 Airbnb 共享房屋的价格，通过对这两篇文献的导读，帮助读者在掌握线性回归分析的数学原理和代码实操的基础上，对线性回归分析在旅游研究领域的运用方法和运用场景方面进行初步的了解。

> Good but not so great: The impact of chain affiliation on guest satisfaction and guest satisfaction extremeness
>
> Jérôme Barthélemy, Nicolas Graf, Richie Karaburun
>
> 《International Journal of Hospitality Management》
>
> Volume 94,2021,102828,ISSN 0278-4319

现有顾客满意度研究中的缺失

连锁关系在酒店行业中存在非常广泛,虽然大量的调查研究了连锁酒店在入住率、平均每日房价和日均营业收入等方面是否优于独立酒店,但探究连锁关系-顾客满意度关系的研究却很少。察觉到这样的现象,Jérôme Barthélemy 等人于 2021 年在期刊 *International Journal of Hospitality Management* 上发表了文章《Good but not so great: The impact of chain affiliation on guest satisfaction and guest satisfaction extremeness》,对相关研究领域的缺失进行了补充。在这篇文章中,作者运用线性回归分析探讨了连锁关系对顾客满意度和顾客满意度极端程度的影响,并研究了连锁关系、顾客满意度和顾客满意度极端程度之间的关系是否取决于细分市场。研究结果表明,连锁关系增加了顾客满意度,但降低了顾客满意度极端程度。此外,在较高质量的细分市场中,正相关的连锁关系-顾客满意度关系和负相关的连锁关系-顾客满意度关系都更强。

在简要回顾了学界对连锁酒店的主要研究主题,包括入住率、生产力、平均每日房价等,作者顺势指出了目前连锁酒店顾客满意度相关研究领域的空白,并开门见山地提出了本研究的研究目的。①考察酒店连锁关系对顾客满意度的影响。②考察酒店连锁关系对顾客满意度极端程度的影响。③考察细分市场如何调节连锁关系、顾客满意度和顾客满意度极端程度之间的关系。

为此,文章提出了两种理论依据:一方面,这些关系在更高质量的细分市场中可能不那么明显,其基本原理是,在高质量细分市场运营的酒店拥有优越的资源,这可能会盖过连锁关系对顾客满意度和顾客满意度极端程度的影响;另一方面,连锁关系对顾客满意度和顾客满意度极端程度的影响在高质量的细分市场也可能更明显,其基本原理是,当酒店在更高质量的细分市场运营时,顾客的要求非常高,因此他们的期望和实际感知之间存在差异的风险很高,从而容易导致较为极端的满意程度。在此基础上作者提出了本文总体的研究模型,并阐述了文章的总体结构。

酒店连锁关系是怎样影响顾客满意度的?

为了搞清楚酒店连锁关系对酒店顾客满意度的影响,在文章的第二部分,作者进行了相关理论综述并提出了研究的几大假设。

H1:连锁关系与顾客满意度呈正相关关系。这里作者引入了一个理论——基于资源的观点(the resource-based view),该理论认为公司依赖于各种有形资源和无形资源,它们只有在适当地利用有价值的、罕见的、独特的、不可替代的资源时,才能超越竞争对手,而连锁运营商则为酒店提供了这些宝贵的资源。总之,该理论认为连锁合作是有价值的,因为它使酒店能够从连锁运营商的"战略"资源中获益,理论上使得连锁酒店比独立酒店获得更高的顾客满意度,这也为假设1提供了理论支持。

H2:连锁关系与顾客满意度极端程度之间存在负相关关系。作者梳理的文献表明,连锁运营商为连锁酒店提供的资源是有价值的,因为它们有助于提高顾客满意度。然而,这些"战略"资源也有其局限性,因为它们被许多其他酒店共享,所以缺乏独特性,然而独特性是达到极高的顾客满意度的必要条件。换句话说,连锁关系对酒店来说是一把双刃剑,与连锁酒店的合作可能会阻碍酒店获得十分出色的顾客满意度。

H3a:在更高质量的细分市场中,连锁关系与顾客满意度之间的正相关关系更弱。鉴于两极分化的理论依据,作者在此提出了两个相反的假设。一方面连锁关系和细分市场可能是替代品,在高质量市场运营的酒店已经拥有达到高顾客满意度所需的资源,因此连锁运营商提供的额外资源不太可能对顾客满意度产生强烈影响,而在低质量细分市场运营的酒店没有如此多的资源,所以它们更有可能从连锁运营商的资源中获益。H3b:在更高质量的细分市场中,连锁关系与顾客满意度之间的正相关关系更强。另一方面,作者梳理的部分文献表明,连锁关系和细分市场也可能是一种互补关系,顾客满意度是期望和感知的共同作用,满意来自对感知与期望的积极确认,而不满则来自期望和感知之间的差异,连锁酒店可以显著降低顾客的期望和感知之间的差异的可能性。

H4a:在高质量的细分市场中,连锁关系与顾客满意度极端程度之间的负相关关系更弱。这里作者同样提出了两个相反的假设以待验证。一方面,细分市场可能对连锁关系和顾客满意度极端程度之间的关系产生类似的影响,在高质量细分市场运营的酒店拥有的资源有可能抵消该影响。因此,连锁关系对顾客满意度极端程度的影响应该不如在低质量市场运营的酒店明显。H4b:在高质量的细分市场中,连锁关系与顾客满意度极端程度之间的负相关关系更强。另一方面,作者梳理的部分文献表明,由于顾客在高质量细分市场比在低质量细分市场要求更高,连锁运营商提供的经过测试的资源更有可能降低顾客满意度极低的可能性。然而,他们独特性的缺乏也可能降低顾客满意度很高的可能性。与低质量市场的酒店相比,高质量市场的酒店可能对顾客满意度的影响更大。

至此,文章总体的研究模型如图2-21所示。

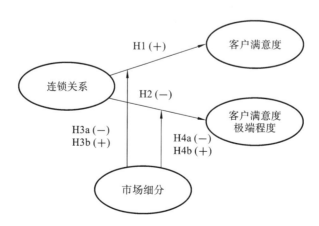

图2-21 文章总体的研究框架

回归所需的酒店数据包含什么？从何而来？如何使用？

这项研究中使用的数据来自美国一家知名的在线旅行社(OTA)。这家在线旅行社提供了 2018 年 7 月至 12 月期间用户通过该网站在美国 50 个州和华盛顿特区进行酒店预订的所有详细信息。文章所使用的数据集包含了超过 100 万份预订量的信息。为了验证研究假设，作者引入了如下变量。

顾客满意度：对于样本中的每家酒店，顾客满意度计算方法为 2018 年 7 月至 12 月发布的所有评分的平均值，预订量少于 10 家的酒店被排除在样本之外。样本中酒店的平均顾客满意度为 3.96。

顾客满意度极端程度：文章将一个酒店的顾客满意度极端程度作为与样本中所有酒店的平均顾客满意度的差值。

连锁关系：如果一家酒店属于连锁酒店，则该变量等于 1，否则该变量等于 0。在研究的样本中，75% 是连锁酒店。

市场细分：在酒店行业中，市场细分往往反映在星级评级系统上，样本中的所有酒店都按照 OTA 开发的 9 分制进行评分。

地理区域：顾客满意度可能因地理区域而异，研究引入了 OTA 提供的地理区域作为哑变量。

市场类型：顾客满意度也可能因市场类型而异，研究区分了三种类型的市场：小型、中型和大型。

预订数量：研究控制了每个酒店的预订数量，并对其进行了对数转换。

连锁机构预订：对于每家酒店，OTA 代理机构的预订反映了通过 OTA 连锁旅行社进行的预订的比例。

国际预订：在 OTA 的国际网站上进行的预订的比例。

文章对连续型因变量(也就是顾客满意度和顾客满意度极端程度)使用普通最小二乘(OLS)模型，对二元因变量(极低顾客满意度和极高顾客满意度)使用概率单位模型。假设 3a、假设 3b、假设 4a、假设 4b 采用调节回归分析进行检验。作者首先研究调节变量(市场细分)，然后将调节因子与条件变量(连锁关系)相乘，创建交互项(连锁关系×市场细分)。最后，作者将条件变量、调节因子和交互项纳入 OLS 模型和概率分析中。在所有模型中，方差扩大因子(VIF)都小于 10，说明研究不存在多重共线性的问题。

图 2-22 展示了假设检验的结果。观察图 2-22 的模型 1 可以看出，连锁关系与顾客满意度之间存在显著的正相关关系($b=0.07, p<0.01$)，因此假设 1 被支持。在模型 2 中，连锁关系与顾客满意度极端程度之间存在显著的负相关关系($b=-0.07, p<0.01$)，因此假设 2 得到满足。从模型 3 和模型 4 中可以看出，对于极低的顾客满意度和极高的顾客满意度，连锁关系与顾客满意度极端程度之间的关系是负相关且显著的，这些实证结果也为假设 2 提供了额外的支持。从模型 5 中得知，连锁关系与细分市场的交互项是正值且为显著的，为假设 3b 提供了支持。在模型 6、模型 7、模型 8 中，连锁关系与细分市场的交互项均对顾客满意度极端程度有负面影响，因此，假设 4b 得到了支持。

综上，我们可以作出如下的判断：连锁关系增加了顾客满意度，但降低了顾客满意度极端程度。此外,在较高质量的细分市场中,连锁关系-顾客满意度的正相关关系和连锁关系-顾客满意度极端程度的负相关关系都更强。

Results of hypothesis testing.

Variables	Model 1 Guest satisfaction (OLS)		Model 2 Guest satisfaction extremeness (OLS)		Model 3 Extremely low guest satisfaction (Probit)		Model 4 Extremely high guest satisfaction (Probit)	
Constant	2.56**	(0.03)	1.08**	(0.02)	2.39**	(0.12)	−2.18**	(0.12)
Geographic region dummy	Included		Included		included		Included	
Small market	0.08**	(0.01)	−0.04**	(0.01)	−0.22**	(0.03)	0.12**	(0.03)
Midsized market	0.05**	(0.01)	−0.02**	(0.01)	−0.14**	(0.04)	0.11**	(0.04)
Number of bookings	−0.07**	(0.00)	−0.05**	(0.00)	−0.07**	(0.02)	−0.50**	(0.02)
Affiliated agency bookings	0.03**	(0.01)	−0.05**	(0.01)	−0.25**	(0.05)	−0.01	(0.05)
International bookings	0.29**	(0.03)	−0.18**	(0.02)	−1.43**	(0.17)	−0.07	(0.15)
Market segment	0.51**	(0.01)	−0.12**	(0.00)	−1.34**	(0.04)	0.65**	(0.02)
Chain affiliation	0.07**	(0.01)	−0.07**	(0.01)	−0.27**	(0.03)	−0.21**	(0.03)
R^2	0.218		0.051					
F	518.09**		100.42**					
χ^2					2494.33**		1787.79**	
Log likelihood					−5822.15		−6016.10	
Pseudo R^2					0.176		0.129	
Number of observations	35,357		35,357		35,357		35,357	
Variables	Model 5 Guest satisfaction (OLS)		Model 6 Guest satisfaction extremeness (OLS)		Model 7 Extremely low guest satisfaction (Probit)		Model 8 Extremely high guest satisfaction (Probit)	
Constant	3.95**	(0.02)	0.76**	(0.01)	−0.98**	(0.09)	−0.48**	(0.10)
Geographic region dummy	Included		Included		Included		Included	
Small market	0.08**	(0.01)	−0.04**	(0.01)	−0.24**	(0.03)	0.12**	(0.03)
Midsized market	0.06**	(0.01)	−0.02**	(0.01)	−0.15**	(0.04)	0.10**	(0.04)
Number of bookings	−0.07**	(0.00)	−0.04**	(0.00)	−0.09**	(0.02)	−0.50**	(0.02)
Affiliated agency bookings	0.03**	(0.01)	−0.04**	(0.01)	−0.25**	(0.05)	0.01	(0.05)
International bookings	0.29**	(0.03)	−0.17**	(0.02)	−1.44**	(0.17)	−0.05	(0.15)
Market segment	0.47**	(0.01)	−0.06**	(0.01)	−0.88**	(0.04)	0.77**	(0.03)
Chain affiliation	0.06**	(0.01)	−0.07**	(0.01)	−0.60**	(0.04)	−0.15**	(0.03)
Chain affiliation × Market segment	0.07**	(0.01)	−0.08**	(0.01)	−0.79**	(0.07)	−0.19**	(0.04)
R^2	0.219		0.055					
F	494.80**		102.03**					
χ^2					2628.65**		1811.73**	
Log likelihood					−5754.99		−6004.13	
Pseudo R^2					0.186		0.131	
Number of observations	35,357		35,357		35,357		35,357	

图 2-22 文章中假设的检验结果

连锁运营是一把双刃剑

总之,这项研究运用线性回归的方法,揭示了酒店连锁关系在构建顾客满意度中的"双面性"。研究结果表明,连锁关系对酒店所有者来说是一把双刃剑。由于连锁运营商的资源经过了尝试和测试,它们降低了顾客满意度极低的可能性。然而,它们缺乏独特性,这降低了顾客满意度极高的可能性。实证结果证实,连锁关系对顾客满意度的积极影响取决于细分市场,与在低质量市场运营的酒店不同,在高质量市场运营的酒店如果不能达到质量预期,就会使顾客满意度严重降低,因此,这项研究也为期望失验(expectancy disconfirmation)理论提供了支持。

对于酒店业主来说,那些希望提高酒店顾客满意度的业主应该考虑加入一家连锁酒店。连锁经营比独立经营有许多优势,除了使用连锁运营商的品牌名称外,酒店业主还可以从其集中化的活动中获益,这些资源有助于提高顾客满意度。独立经营或连锁经营的决定应取决于酒店业主的风险偏好。与连锁合作相比,独立运营更像是一种高风险/高回报的选择,只有愿意承担重大风险的业主才应该选择独立经营,厌恶风险的业主应该选择连锁加盟,虽然连锁加盟比独立运营更昂贵,但也更安全。

> Effect of crowd wisdom on pricing in the asset-based sharing platform: An attribute substitution perspective
>
> Jie Ren, Viju Raghupathi, Wullianallur Raghupathi
>
> 《International Journal of Hospitality Management》
>
> Volume 94, 2021, 102874, ISSN 0278-4319

共享经济的异军突起带来新的资产定价模式

随着社会经济的转变,定价功能已经发展到强调和整合客户的输入,并利用人群的集体智慧作为决策的关键驱动因素。在酒店行业,共享经济的崛起引起了基于资产的在线平台的兴起,其中最成功的是 Airbnb。在这些基于资产的共享平台上,客户可以简单地利用诸如住宿等未充分利用的资源而成为产品或服务的提供者。从实践和理论角度来看,评估新兴共享经济平台的定价模式很有价值。

察觉到这样的研究价值,Jie Ren 等人于 2021 年在期刊 *International Journal of Hospitality Management* 上发表了他们对共享平台资产定价的研究文章《Effect of crowd wisdom on pricing in the asset-based sharing platform: An attribute substitution perspective》。这篇文章以属性替代理论为主要的理论基础,运用线性回归分析法,探讨在线评论中表现出的人群在影响定价方面的智慧。研究结果表明,在线评论的效价和数量与房价呈正相关。根据位置的拥挤程度的不同,这种关联或强或弱。当快速决策系统被触发时,客户更关心某一区域的房间受关注程度,当慢速决策系统被触发时,客户会考虑一个地点的犯罪率,也就是安全程度。

在共享平台的背景下,研究将在线评论中用户生成的内容视为定价决策的"群体智慧"。在共享平台中,人群是多元的(来自异质人群)、独立的(彼此无关)和分散的(不受中央决策机构的约束)。这些特点使人群变得明智。因此,这些评论将构成人群的"智慧"。由于供应商(房东)和消费者(用户)来自同一群体,所以房东在决策时可能缺乏传统竞争对手(比如酒店供应商)所具备的专业知识或资源,因此,利用大众的智慧是至关重要的,因为它为做出最优定价决策提供了一个可行的途径。

作者在引言部分简要概括了自己的研究问题:在线评论的效价和数量所体现出的群众智慧以及位置拥挤程度,如何影响 Airbnb 等基于资产的共享平台模式的定价? 为了找到问题的答案,让我们跟随作者,抽丝剥茧,进行深入的探索。

群众智慧与属性替代理论

在基于资产的平台中,酒店行业的在线房屋共享平台是共享经济中重要的一环,其特点是协作消费,也就是说,其中客人和主人是租借关系,而不是买卖关系,最著名的模式就是 Airbnb。Airbnb 商业模式背后的理念是让房东能够提供未被充分利用的资源,例如,出租自己空闲的房间或整座房子,在不使用的时候出租他们的度假屋……

与传统的酒店供应商不同,Airbnb 的大多数房东都是个人,无法通过昂贵的电视和广播等宣传渠道进行营销,这使得在线评论成为房东推广业务或服务的最简单的来源,也是客户了解业务或服务的最简单的来源。住宿业务中商品的无形性(房间不能保留到未来的某一天,只能当天出租)进一步增加了评论的有用性,作为提供信息的唯一可靠来源,在线评论可以减轻顾客的消费风险,增强购买信心。

Kahneman 和 Frederick 提出了人们在有限决策过程中使用的两种认知思维系统:快速思考(基于直觉或基于情感)和慢速思考(基于效用或基于推理)。一方面,快速思考引发的认知过程是自动的、含蓄的、毫不费力的,并导致通常由情绪、感觉或直觉引导的决定。另一方面,慢速思考指的是缓慢的、艰难的、逻辑的和分析性的推理,导致决策受到效用的指导。基于此,他们进一步提出了属性替代理论。在评估一种情况时,人们会识别与之互动的环境中的线索,然后,他们将目标属性替换为容易想到的启发式属性,并由相应的思维系统触发——要么是快速/情绪驱动,要么是慢速/效用驱动。换句话说,在不同的环境刺激下,人们在做决定时可能会参考两种系统中的一种。

从本质上讲,在线评论反映了以前消费并体验过该产品或服务的顾客对产品或服务的评价。评论效价作为一种衡量手段,不仅反映了以前的客户如何评价产品,而且还暗示了关于产品质量的总体结论,因此指的是人们的逻辑推理系统。另外,产品或服务的评论数量是衡量其受欢迎程度以及电子口碑的作用程度的指标,因此指的是人们的情感思维系统。

基于这样的理论基础,作者利用属性替代理论,并将其运用于在线评论影响定价的研究当中。

在线评论与位置拥挤程度如何影响房间定价?

在建立了研究的理论基础之后,作者提出了研究的几个主要假设。

H1:在线评论效价与房间价格呈正相关。当客户检查他们感兴趣的服务(这里即 Airbnb 的房产)的价格时,他们也在寻找线索来证明或反驳他们所支付的价格。对此,文章提出评论效价(评分质量)是触发慢速思维模式的重要环境刺激,慢速思维模式以感知质量属性取代效用驱动的目标属性。房间的星级评分越高,客户对质量的感知就越高,对价格的接受度也就越高。也就是说,当房间显示出更高的价格时,将显得更有吸引力和值得信赖,因为这表明高服务质量使得客户接受高房间价格。

H2:在线评论数量与房间价格呈正相关。作者梳理文献过后认为,评论数量作为一种环境刺激,能够触发客户的快速思考,并在决策中利用情感启发模式。大量的在线评论给阅读者灌输了积极的情绪,降低了做决定时的焦虑程度。此外,社会规范可能会导致人们将受欢迎的因素视为积极的因素,或者引起人们对其他人已经探索过的东西的兴趣。所有这些目标属性都被在线评论数量引发的快速思考过程所取代,从而引起对房间价格的积极看法。

H3:在线评论效价与房间价格之间的正相关关系在低拥挤程度的地点比在高拥挤程度的地点更强。作者提出该假设的前提是,当客户受情绪驱动时,他们更有可能做出情绪化的决定,并且,当他们部署基于实用和逻辑的决策时,更有可能做出深思熟虑的决定。如前所述,在线评论效价作为基于效用的启发式线索,取代了人们的目标线索,并触发了决策的慢速思考系统。这种思维倾向于以安全为基础的地点拥挤程度暗示——一个地方越拥挤,就越不安全。

H4：在线评论数量与房间价格之间的正相关关系在高拥挤程度的地点比在低拥挤程度的地点更强。类似地，在线评论数量（高评论量（有社交吸引力）vs 低评论量（无社交吸引力））作为基于情绪的启发式线索，取代了人们的目标线索，并触发了决策的快速思考系统。这种类型的思维倾向于以地点拥挤程度为基础的有趣暗示——一个地方越拥挤，就意味着经历越多的乐趣。

包含了以上假设的研究模型如图 2-23 所示。

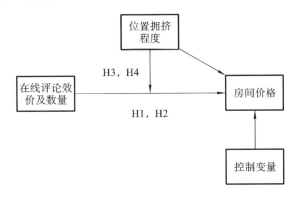

图 2-23 文章总体的研究模型

那么，用于构建模型、验证假设的数据从何而来呢？为了验证文章的假设，作者收集了截至 2016 年 2 月 25 日纽约市的 Airbnb 数据，该数据集包括每个房间的主人 ID、房间 ID、房间类型（如整个房间、公寓或私人房间）、社区（如曼哈顿和布鲁克林）、住宿容量（从 1 人到 10 人）、卧室数量、价格（以美元计算）、minstay（最短住宿时间）、纬度和经度。作者还收集了每个房间当天的在线评论效价和数量等信息。此外，为了衡量每个房间地点的拥挤程度，作者还收集了 2015 年 12 月 26 日到 2016 年 2 月 19 日的 MTA 数据，特别是关于纽约地铁系统的数据，包括车站的经纬度，在车站刷卡的次数，以及在车站刷卡的类型。文章使用最近的地铁站作为位置背景，将在车站刷单程票的次数作为拥挤程度的衡量标准。然后，利用纬度和经度信息，将房间细节数据集、房间在线评论数据集和位置拥挤数据集进行合并，最终数据集共有 23336 条记录。

在进行分析之前，作者删除了一些变量的异常值，然后用以下变量来检验研究假设：价格、在线评论效价、在线评论数量，以及在数据收集期间每个房间最近地铁站的单程票刷卡总数。还将住宿容量、卧室数量和最低停留时间等变量作为控制变量。作者对所有变量的分布进行了正态性检验。因变量是每个房间的价格，作者对其执行了对数转换，以确保其正态分布。自变量即在线评论效价和在线评价数量，同样进行了对数变换。调节变量是位置拥挤程度，作者在这里使用了十分位数来确保其分布的正态性。控制变量与房间细节有关，包括住宿容量、卧室数量和最短住宿时间等，这些房间细节可能会影响酒店价格，因此对其进行了控制。

作者对所有的变量进行了 VIF 检验，发现并不存在多重共线性问题，也就是说所有的变量都可以被纳入模型。为了检验这四个假设，作者将这些变量纳入三个线性回归模型。第一个模型只包括跟房间有关的控制变量，第二个模型除控制变量外，还包括在线评论效价和在线评论数量两个自变量。第三个模型同时包含在线评论效价×位置拥挤程度、在线评论数量×位置拥挤程度的两个交互项,作者使用这两个交互项来确定位置拥挤程度的调节效应。

观察图 2-24 中回归分析的结果可以发现,模型 1 中所有的控制变量(住宿容量、卧室数量和住宿时间)与房间价格均呈正相关($1.686, p<0.001;0.415, p<0.001;0.009, p<0.001$)。如模型 2 所示,在线评论效价和在线评论数量这两个自变量与房价均呈正相关关系($0.009, p<0.001;1.124, p<0.001$),这些正相关性在模型 3 中也是一致的($0.007, p<0.001;0.604, p<0.001$),因此,文章的前两个假设得到了支持。此外,位置拥挤度也与房价呈正相关(模型 2 为 $4.681E\text{-}7, p<0.001$;模型 3 为 $2.438E\text{-}7, p<0.001$)。模型 3 显示,这两个交互项(位置拥挤度与在线评论效价之间;以及位置拥挤度与在线评论数量之间)与房价显著相关($-1.07, p<0.001;0.066, p<0.001$),前一个交互项的负值表明,在线评论效价与低拥挤度地点的正相关强弱大于高拥挤地点的正相关强弱,因此,H3 得到支持;后一个交互项的正值表明,在线评论数量与房间价格之间的正相关关系在拥挤程度高的地区比在拥挤程度低的地区更强,因此,H4 得到支持。

Regression Models.

	Model 1	Model 2	Model 3
(Constant)	1.945 (0.050) [***]	0.906 (0.040) [***]	3.999 (0.050) [***]
Accommodation capacity	1.686 (0.013) [***]	1.017 (0.012) [***]	0.744 (0.011) [***]
Number of bedrooms	0.415 (0.014) [***]	0.203 (0.011) [***]	0.185 (0.009) [***]
Minstay	0.009 (0.000) [***]	−0.002 (0.000) [***]	0.000 (0.000) [***]
Online review valence		0.009 (0.000) [***]	0.007 (0.000) [***]
Online review volume		1.124 (0.012) [***]	0.604 (0.012) [***]
Location crowdedness		4.681E-7 (0.000) [***]	2.438E-7 (0.000) [***]
Location crowdedness*online review valence			−1.07 (0.001) [***]
Location crowdedness*online review volume			0.066 (0.001) [***]
Adjusted R Squared	0.644	0.797	0.848

Note: Coefficient (standard error).
*** $p < 0.001$.

图 2-24 回归分析的结果

研究的价值和局限性

在这项研究中,作者探讨了在线评论作为群众智慧的表现,对 Airbnb 等基于资产的分享平台的定价的影响。从学术价值上来讲,这篇文章是为数不多的将地理位置的拥挤程度纳入 Airbnb 等基于资产的共享平台的研究之一,并利用线性回归实证分析了位置拥挤程度与其他变量在影响房间价格方面的交互作用。从应用价值上来讲,位置拥挤程度引发了在线评论对房间价格的不同影响,这一事实为基于资产定价的相关从业者提供了经验借鉴。研究也强调了这样一个事实:对 Airbnb 等基于资产的共享平台的评估不应该仅仅短视地关注专家的意见,而应该考虑群众的意见。具体来说,由人群生成的在线评论效价和在线评论数量都可以帮助设定 Airbnb 上房间的价格。

当然,研究也存在一些美中不足的地方。首先,从因果推断的角度来讲,文章在进行线性回归分析时使用的是某一天的截面数据,因此不能表明在线评论效价、在线评论数量和房间价格之间存在直接的因果关系,它只能表明在线评论效价及在线评论数量、位置拥挤程度和房间价格之间的相关关系;其次,文章也只是基于从单一地点(纽约市)收集的数据来进行回归分析,是否具有普适性还有待推敲;此外,位置拥挤程度的测量方法也是文章存在不足的地方,在离 Airbnb 的房间最近的每个地铁站上刷卡的次数是不够的,因此,这些测量方法也只是为评估和量化拥挤程度的粗略数字提供了方便,如何实现更高的准确性将是未来研究的一个挑战。

本章小结

回归分析是统计分析中的重要思想之一,主要解读变量之间的相关关系,在旅游大数据的实际研究当中具有非常广泛的应用。相信读者已经看到,它是一种交互性很强的方法,包括拟合模型、检验模型假设、修正数据和模型,以及为达到最终结果的再拟合等过程。从很多角度来看,建构线性回归模型的过程不仅是一门科学,也是一门艺术。

本章我们详细介绍了一元、多元线性回归以及广义线性回归的相关内容,包括模型的形式、模型的理解、回归参数的估计方法、模型的评估与回归诊断以及模型选择。接着,本章展示了如何在 R 语言中进行完整的线性回归分析,包括对回归模型的诊断,以及从众多可能的模型中选出最合适模型的方法等。最后通过经典文献导读的形式,展示线性回归在旅游大数据研究中的主要应用。带着本章的知识基础,读者可以开始下一章逻辑回归的学习。

关键概念

回归模型　最小二乘法　拟合优度　判定系数　拟合直线　逐步回归　模型诊断

复习思考题

一、单项选择题(二维码在线答题)

二、简答题

1. 多元线性回归分析中,F 检验与 t 检验的关系是什么?为什么在进行 F 检验后还要进行 t 检验?

2. 试概括使用 R 进行模型选择的具体操作步骤。

3. 使用 datarium 包中的 marketing 数据集,建立 sales 关于 facebook 的线性回归模型,存为 model1.1,试解读 summary(model1.1)的结果,检验模型三大假设是否满足,并预测 facebook=70,置信水平为 95% 时的销售收入。

4. 在 faraway 包中,包含一个 prostate 数据集,该数据集一共含有 97 行 9 列数据,以该数据集中的 lpsa 变量为因变量、其余 8 个变量为自变量进行多元线性回归,并对回归结果进行分析。

5. 在 faraway 包中,包含一个 47 行 5 列的数据集 teengamb,该数据是研究关于青少年赌博情况的数据集,其中 sex 表示性别,status 表示基于父母职业的社会经济状况评分,income 代表每周的收入,verbal 是正确定义的 12 个单词的口头评分,gamble 指每年赌博开支。

(1)将 status、income 和 verbal 三个变量作为自变量,gamble 作为因变量建立多元线性回归模型,并检验该模型的三大假设是否合理。

(2)如果将 5 个自变量都纳入考虑范围,且仅考虑只包含一次项的模型,请你仿照第二节模型选择的过程,找出预测 gamble 的全局最优模型。

6. 请你查阅使用了线性回归分析法的旅游大数据经典文献,以途家、Airbnb 等共享住宿平台为例,尝试收集你感兴趣的旅游城市的住房信息,以评论数量、评分等级等为自变量,以房间价格为因变量构建线性回归模型,进行模型诊断,探究房价背后的影响因素,并试着撰写简单的分析报告。

第三章

逻辑回归

学习目标

前面章节介绍的线性回归主要是用来解决因变量是连续变量时的分析问题(比如薪酬、房价等)。除此之外,还有一类比较典型的问题,即当因变量为离散值时如何进行分析和预测。我们最希望通过某个统计模型,将因变量与自变量之间的关系清晰地表达出来。下面将介绍一种处理这种二分类的因变量与自变量之间关系的模型——逻辑回归。通过本章的学习,使学生达成以下学习目标。

(1)知识目标:了解逻辑回归模型的基本思想和应用场景,掌握模型形式、模型的参数估计方法与模型的变量选择。

(2)能力目标:理解并掌握逻辑回归模型的评价指标与评价方法,使用 R 语言实现逻辑回归模型的建立、解读、预测与评估。

(3)素养目标:实现专业知识和伦理教育的结合,培养勤于思考、乐于实践的精神,激发学术抱负和研究热情,使学生有能力、有意愿推动科技发展和生产力进步。

案例引导

2022年党的二十大胜利召开,我国踏上全面建设社会主义现代化国家、向第二个百年奋斗目标进军新征程。近年来,文旅资源数字化进程不断加快,党的二十大报告特别提出:加快发展数字经济,促进数字经济和实体经济深度融合。数字经济在文化和旅游产业的供给、传播、展示、管理等重要环节赋能作用突出,被公认为是文旅产业高质量发展的重要引擎。

伴随着旅游业与大数据的融合,看似呆板的数据却蕴含着巨大的价值。将大数据技术应用到旅游业,意味着将这些旅游信息数据整合形成旅游大数据,通过大数据加工处理和深度挖掘,了解旅游业的市场动态、游客消费行为、旅游企业运行状况,从而驱动旅游业步入新蓝海。

以携程为例,携程作为国内领先的OTA,每天都有海量用户来访问,积累了大量的产品数据以及用户行为相关的数据。

产品属性:产品的一些固有属性,如酒店的位置、星级、房型等。

产品统计:比如产品一段时间内的订单量、浏览量、搜索量、点击率等。

用户画像:用户基础属性,比如年龄、性别、偏好等。

用户行为:用户的评论、评分、浏览、搜索、下单等行为。

携程每天向上千万用户提供全方位的旅行服务,如何为如此众多的用户发现适合自己的旅游产品与服务,挖掘潜在的兴趣,缓解信息过载,个性化推荐系统与算法在其中发挥着不可或缺的作用。为了更精准地定位用户,通常会开展自己的用户洞察项目,既包括分析现有用户特征,也包括寻找符合目标特征的用户。更进一步,想要针对用户进行精细化运营,则可以使用逻辑回归算法。

第一节 理论基础

一、逻辑回归概述

"逻辑回归假设数据服从伯努利分布,通过极大化似然函数方法,运用梯度下降来求解参数,来达到将数据二分目的。"

前面章节介绍的线性回归主要是用来解决因变量是连续变量时的分析问题(比如薪酬、房价等)。除此之外,还有一类比较典型的问题。先来看看以下几组问题,看是否能找出它们的共性。

通过财务信息预测公司是否破产;

通过驾驶记录预测驾驶员是否会出事故;

通过购物和还款记录预测信用卡持卡人是否诚信;

通过用户点击和浏览记录预测是否会订购相关产品和服务;

通过旅游企业经营数据判断并预估企业经营状况是否良好;

……

这些问题的关键词,都会有"是否"两个字,也就是说,这些问题都有一个共同特征——它们的因变量都只有两种状态。

面对因变量和自变量,我们希望通过某个统计模型,将因变量与自变量之间的关系清晰地表达出来。下面将介绍一种处理这种二分类的因变量与自变量之间关系的模型——逻辑回归(Logistic Regression)。

逻辑回归是机器学习领域常见的模型方法之一,常常用于作为处理各种任务的基准模型。当然各类任务往往最后所用模型的性能远超过逻辑回归方法,但是其模型结构的复杂度和训练时间也往往超过逻辑回归方法。

Logistic Regression 虽然被称为回归,但其更多的是面对分类问题,实际上属于分类模型,并常用于二分类。Logistic Regression 因其简单、可并行化、可解释性强深受工业界喜爱。Logistic 回归的本质是:假设数据服从这个分布,然后使用极大似然估计做参数的估计。

(1) 逻辑回归的"Logistic"应该怎么解释？
(2) 为什么逻辑回归是分类算法？

Logistic 并非逻辑的意思，其语义来自 Logarithm（对数），这体现了 Logistic Regression 的本质。周志华老师在其书《机器学习》中，给出了一个更恰当的中文名称——对数几率回归。这个名称也许比起不搭边的"逻辑回归"，或者画蛇添足的"逻辑斯蒂回归"更靠谱。

对数几率回归的"回归"并非针对可以应用的问题，而是来自其父级——广义线性回归模型。对数几率回归之所以用于离散的分类而不是连续的回归，是因为它将本来连续的输出，通过对数几率函数，映射到了非线性的{0,1}空间上，所以它可以有效地解决二分类问题（甚至可推广至多分类）。

我们知道线性回归方法是用来分析自变量和因变量之间的线性关系的，其形式可以表示如下：

$$\hat{y} = w^T x + b$$

其中，$\hat{y}$ 是要预测的因变量，x 是输入的自变量，w 和 b 则分别代表特征的权重和偏置项。线性回归方法对于那些输出变量范围为实数空间的问题较为适用，比如预测明天天气温度，温度的范围正是属于实数空间的。但对于类似预测明天是否下雨这样的分类问题，预测的结果必然是要么下雨、要么不下雨两种，较于线性回归方法，逻辑回归方法会更加适合。尽管逻辑回归从名字上听起来像是预测回归问题的方法，但其实是一个分类方法。

逻辑回归之所以比线性回归更加适合分类问题，是因为逻辑回归在线性回归的基础上，将输出值 $w^T + b$ 通过 Sigmoid 激活函数映射到 [0,1] 的区间。Sigmoid 函数的数学形式为：

$$\sigma(z) = \frac{1}{1 + e^{-z}}$$

对应的几何图像如图 3-1 所示。

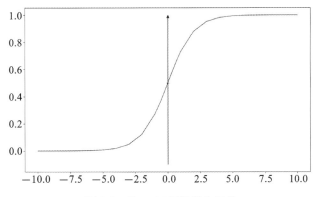

图 3-1 Sigmoid 函数集合图像

二、模型介绍

逻辑回归是用于处理因变量为分类变量的回归问题，常见的是二分类或二项分布问题，也可以处理多分类问题，它实际上是属于一种分类方法，用于估计某种事物发生的可能性。

逻辑回归适用于事件发生即为"1"或事件不发生即为"0"的二进制数据。比如某用户购买某商品的可能性,某病人患有某种疾病的可能性,以及某广告被用户点击的可能性等,被广泛应用于工业界的 CTR 预估领域。

(一)Logistic 分布

Logistic 分布是一种连续型的概率分布,其分布函数和密度函数分别为:

$$F(x) = P(X \leqslant x) = \frac{1}{1 + e^{-(x-\mu)/\gamma}}$$

$$f(x) = F'(X \leqslant x) = \frac{e^{-(x-\mu)/\gamma}}{\gamma(1 + e^{-(x-\mu)/\gamma})^2}$$

其中,μ 表示位置参数,$\gamma > 0$ 为形状参数。

Logistic 分布是由其位置和尺度参数定义的连续分布。Logistic 分布的形状与正态分布的形状相似,但是 Logistic 分布的尾部更长,所以我们可以使用 Logistic 分布来建模比正态分布具有更长尾部和更高波峰的数据分布。在深度学习中常用到的 Sigmoid 函数就是 Logistic 的分布函数在 $\mu = 0$,$\gamma = 1$ 的特殊形式。

(二)Logistic 回归

逻辑回归是一种与线性回归非常类似的算法,但是,从本质上讲,线性回归处理的问题类型与逻辑回归不一致。线性回归处理的是数值问题,也就是最后预测出的结果是数字,例如房价。而逻辑回归属于分类算法,也就是说,逻辑回归预测结果是离散的分类,例如判断这封邮件是不是垃圾邮件,以及用户是否会点击此广告等。所以逻辑回归是一种经典的二分类算法。

实现方面的话,逻辑回归只是对线性回归的计算结果加上了一个 Sigmoid 函数,将数值结果转化为了 0 到 1 之间的概率(Sigmoid 函数的图像一般来说并不直观,你只需要理解数值越大,函数越逼近 1,数值越小,函数越逼近 0),接着我们根据这个概率可以做预测,例如概率大于 0.5,则这封邮件就是垃圾邮件,或者预测肿瘤是否是恶性的等。从直观上来说,逻辑回归是画出了一条分类线,见图 3-2。

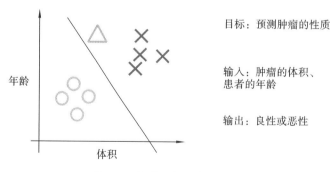

图 3-2 逻辑回归分类示意图

决策边界可以表示为:$w_1 x_1 + w_2 x_2 + b = 0$

假设某个样本点 $h_w(x) = w_1 x_1 + w_2 x_2 + b > 0$,那么可以判断它的类别为 1,这个过程其实是感知机。

Logistic 回归还需要加一层,它要找到分类概率 $P(Y=1)$ 与输入向量 x 的直接关系,然后通过比较概率值来判断类别。

考虑二分类问题，给定数据集
$$D = (x_1, y_1), (x_2, y_2), \cdots, (x_N, y_N), x_i \subseteq R^n, y_i \in 0, 1, i = 1, 2 \cdots, N$$

考虑到 $w^\mathrm{T}x+b$ 取值是连续的，因此它不能拟合离散变量。可以考虑用它来拟合条件概率 $w^\mathrm{T}x+b$，因为概率的取值也是连续的。

但是对于 $w \neq 0$（若等于零，向量则没有什么求解的价值），$w^\mathrm{T}x+b$ 取值为 R，不符合概率取值为 0 到 1，因此考虑采用广义线性模型。

最理想的是单位阶跃函数：
$$p(y=1|x)) = \begin{cases} 0, z < 0 \\ 0.5, z = 0, z = w^\mathrm{T}x+b \\ 1, z > 0 \end{cases}$$

但是这个阶跃函数不可微，对数几率函数是一个常用的替代函数：
$$y = \frac{1}{1+\mathrm{e}^{-(w^\mathrm{T}x+b)}}$$

于是有：
$$\ln(\mathrm{Odds}) = \ln\frac{y}{1-y}$$

我们将 y 视为 x 为正例的概率，则 $1-y$ 为 x 为其反例的概率。两者的比值称为几率（odds）[①]，指该事件发生与不发生的概率比值，若事件发生的概率为 p。

将 y 视为类后验概率估计，重写公式有：
$$w^\mathrm{T}x+b = \ln\frac{P(Y=1|x)}{1-P(Y=1|x)}$$
$$P(Y=1|x) = \frac{1}{1+\mathrm{e}^{-(w^\mathrm{T}x+b)}}$$

也就是说，输出 $Y=1$ 的对数几率是由输入 x 的线性函数表示的模型，这就是逻辑回归模型。当 $w^\mathrm{T}x+b$ 的值越接近正无穷，$P(Y=1|x)$ 概率值也就越接近 1。因此逻辑回归的思路是，先拟合决策边界（不局限于线性，还可以是多项式），再建立这个边界与分类的概率联系，从而得到了二分类情况下的概率。

这里我们思考个问题，我们使用对数几率的意义在哪？通过上述推导我们可以看到 Logistic 回归实际上是使用线性回归模型的预测值逼近分类任务真实标记的对数几率，其优点如下。

(1)直接对分类的概率建模，无须实现假设数据分布，从而避免了假设分布不准确带来的问题（区别于生成式模型）。

(2)不仅可预测出类别，还能得到该预测的概率，这对一些利用概率辅助决策的任务很有用。

---

① Odds（几率）和 Probability（概率）之间是有区别的。Probability 是指期望的结果/所有可能出现的结果；Odds 是指期望的结果/不期望出现的结果。例如，6 个白球，4 个黑球，Prob（白球）＝6/10＝0.6，而 Odds（白球）＝6/(10－6)＝1.5。

（3）对数几率函数是任意阶可导的凸函数,有许多数值优化算法都可以求出最优解。

(三)代价函数

逻辑回归模型的数学形式确定后,剩下就是如何求解模型中的参数。在统计学中,常常使用极大似然估计法来求解,即找到一组参数,使得在这组参数下,我们的数据的似然度(概率)最大。

设:

$$P(Y=1|x) = p(x)$$
$$P(Y=0|x) = 1-p(x)$$

似然函数:

$$L(w) = \prod [p(x_i)]^{y_i} [1-p(x_i)]^{1-y_i}$$

为了更方便求解,我们对等式两边同取对数,写成对数似然函数:

$$L(w) = \sum [y_i \ln p(x_i) + (1-y_i)\ln(1-p(x_i))]$$
$$= \sum \left[y_i \ln \frac{p(x_i)}{1-p(x_i)} + \ln(1-p(x_i))\right]$$
$$= \sum [y_i(w \cdot x_i) - \ln(1+e^{w \cdot x_i})]$$

在机器学习中我们有损失函数的概念,其衡量的是模型预测错误的程度。如果取整个数据集上的平均对数似然损失,我们可以得到:

$$J(w) = -\frac{1}{N}\ln L(w)$$

即在逻辑回归模型中,我们最大化似然函数和最小化损失函数实际上是等价的。

(四)逻辑回归求解

求解逻辑回归的方法非常多,包括随机梯度下降、牛顿法、正则化和并行化。优化的主要目标是找到一个方向,参数朝这个方向移动之后使得损失函数的值能够减小,这个方向往往由一阶偏导或者二阶偏导各种组合求得。逻辑回归的损失函数为

$$J(w) = -\frac{1}{n}\sum_{i=1}^{n}[y_i \ln p(x_i) + (1-y_i)\ln(1-p(x_i))]$$

1.随机梯度下降

梯度下降是通过$J(w)$对w的一阶导数来找下降方向,并且以迭代的方式来更新参数,更新方式为

$$g_i = \frac{\partial J(w)}{\partial w_i} = (p(x_i) - y_i)x_i$$
$$w_i^{k+1} = w_i^k - \alpha g_i$$

其中,k为迭代次数。每次更新参数后,可以通过比较$\|J(w^{k+1}) - J(w^k)\|$小于阈值或者到达最大迭代次数来停止迭代。

2.牛顿法

牛顿法的基本思路是,在现有极小点估计值的附近对$f(x)$做二阶泰勒展开,进而找到极小点的下一个估计值。假设w^k为当前的极小值估计值,那么有

$$\varphi(w) = J(w^k) + J'(w^k)(w-w^k) + \frac{1}{2}J''(w^k)(w-w^k)^2$$

然后令 $\varphi'(w) = 0$，得到了 $w^{k+1} = w^k - \frac{J'(w^k)}{J''(w^k)}$。因此有迭代更新式

$$w^{k+1} = w^k - \frac{J'(w^k)}{J''(w^k)} = w^k - H_k^{-1} \cdot g_k$$

其中 H_k^{-1} 为黑塞矩阵，即

$$H_{mn} = \frac{\partial^2 J(w)}{\partial w_m \partial w_n} = h_w(x^{(i)})(1-p_w(x^{(i)}))\, x_m^{(i)} x_n^{(i)}$$

此外，这个方法需要目标函数是二阶连续可微的，上文中的 $J(w)$ 是符合要求的。

3. 正则化

正则化是一个通用的算法和思想，所以会产生过拟合现象的算法都可以使用正则化来避免过拟合。

在经验风险最小化的基础上（也就是训练误差最小化），尽可能采用简单的模型，可以有效提高泛化预测精度。如果模型过于复杂，变量值稍微有点变动，就会引起预测精度问题。正则化之所以有效，就是因为其降低了特征的权重，使得模型更为简单。

正则化一般会采用 L1 范式或者 L2 范式，其形式分别为 $\Phi(w) = \|x\|_1$ 和 $\Phi(w) = \|x\|_2$。

(1) L1 正则化。

Lasso 回归，相当于为模型添加了这样一个先验知识：w 服从零均值拉普拉斯分布。首先我们看看拉普拉斯分布是怎样的：

$$f(w|\mu, b) = \frac{1}{2b}\exp\left(-\frac{|w-\mu|}{b}\right)$$

由于引入了先验知识，所以似然函数这样写：

$$L(w) = P(y|w,x)P(w) = \prod_{i=1}^{N} p(x_i)^{y_i}(1-p(x_i))^{1-y_i} \prod_{j=1}^{d} \frac{1}{2b}\exp\left(-\frac{|w_j|}{b}\right)$$

取 log 再取负，得到目标函数：

$$\ln L(w) = -\sum_i [y_i \ln p(x_i) + (1-y_i)\ln(1-p(x_i))] + \frac{1}{2b^2}\sum_j |w_j|$$

等价于原始损失函数的后面加上了 L1 正则，因此 L1 正则的本质其实是为模型增加了"模型参数服从零均值拉普拉斯分布"这一先验知识。

(2) L2 正则化。

Ridge 回归，相当于为模型添加了这样一个先验知识：w 服从零均值正态分布。

首先我们看看正态分布是怎样的：

$$f(w|\mu,\sigma) = \frac{1}{\sqrt{2\pi}\sigma}\exp\left(-\frac{(w-\mu)^2}{2\sigma^2}\right)$$

由于引入了先验知识，所以似然函数这样写：

$$L(w) = P(y|w,x)P(w) = \prod_{i=1}^{N} p(x_i)^{y_i}(1-p(x_i))^{1-y_i} \prod_{j=1}^{d} \frac{1}{\sqrt{2\pi}\sigma}\exp\left(-\frac{w_j^2}{2\sigma^2}\right)$$

$$= \prod_{i=1}^{N} p(x_i)^{y_i}(1-p(x_i))^{1-y_i} \frac{1}{\sqrt{2\pi}\sigma}\exp\left(-\frac{w^\mathrm{T} w}{2\sigma^2}\right)$$

取 ln 再取负,得到目标函数:

$$-\ln L(w) = -\sum_i \left[y_i \ln p(x_i) + (1-y_i)\ln(1-p(x_i)) \right] + \frac{1}{2\sigma^2} w^\mathrm{T} w$$

等价于原始的损失函数后面加上了 L2 正则,因此 L2 正则的本质其实是为模型增加了"模型参数服从零均值正态分布"这一先验知识。

从上面的分析中我们可以看到,L1 正则化增加了所有权重 w 参数的绝对值之和逼迫更多 w 为零,也就是变稀疏(L2 因为其导数也趋于 0,奔向 0 的速度不如 L1)。我们趋向选择稀疏规则的一个关键原因在于它能实现特征的自动选择。一般来说,大部分特征 x_i 都是和最终的输出 y_i 没有关系或者不提供任何信息。在最小化目标函数的时候考虑 x_i 这些额外的特征,虽然可以获得更小的训练误差,但在预测新的样本时,这些没用的特征权重反而会被考虑,从而干扰了对正确 y_i 的预测。L1 正则化的引入就是为了完成特征自动选择的光荣使命,它会去掉这些无用的特征,也就是把这些特征对应的权重置为 0。

L2 正则化中增加所有权重 w 参数的平方之和,逼迫所有 w 尽可能趋向 0 但不为 0(L2 的导数趋于 0)。因为在未加入 L2 正则化发生过拟合时,拟合函数需要顾忌每一个点,最终形成的拟合函数波动很大,在某些很小的区间里,函数值的变化很剧烈,也就是某些 w 值非常大。为此,L2 正则化的加入就惩罚了权重变大的趋势。

我们以二维样本为例,图解阐述加入 L1 正则化和 L2 正则化之后目标函数求解时发生的变化。

那现在我们看下加了 L1 正则化和 L2 正则化之后,目标函数求解的时候,最终解会有什么变化。

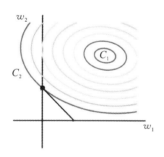

图 3-3　加入正则化后目标函数求解

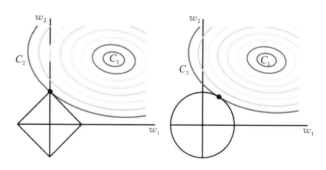

图 3-4　加入正则化后最终解变化

从图 3-3、图 3-4 中我们可以看出:

① 如果不加 L1 和 L2 正则化,对于线性回归这种目标函数凸函数,我们最终的结果就是最里边的圈线 C_1 等高线上的点。

② 当加入 L1 正则化的时候,我们先画出 $|w_1|+|w_2|=F$ 的图像,也就是一个菱形,代表这些曲线上的点算出来的 L1 范数 $|w_1|+|w_2|$ 都为 F。那我们现在的目标是不仅使原曲线算的值要小(越来越接近中心的圈线 C_1),还要使得这个菱形越小越好(F 越小越好)。那么还和原来一样的话,过中心圈线 C_1 的那个菱形明显很大,因此我们要取到一个恰好的值。那么如何求值呢?

以同一条原曲线目标等高线来说，现在以最外圈的圈线 C_2 等高线为例，我们看到，对于圈线 C_2，曲线上的每个点都可做一个菱形，根据图 3-5 可知，当这个菱形与某条等高线相切（仅有一个交点）的时候，这个菱形最小，相割对比较大的两个菱形对应的 L1 范数更大。用公式表示，这个时候能使得在相同的 $\frac{1}{N}\sum i = 1^N (y_i - w^T x_i) + C\|w\|_1$，由于相切的时候的 $C\|w\|_1$ 小，即 $|w_1| + |w_2|$ 小。所以能够使得 $\frac{1}{N}\sum i = 1^N (y_i - w^T x_i) + C\|w\|_1$ 更小。

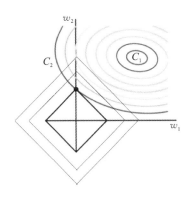

图 3-5　加入 L1 正则化的函数图像

通过第一条的说明我们可以看出，最终加入 L1 范数得到的解一定是某个菱形和某条原函数等高线的切点。我们经过观察可以看到，几乎对于很多原函数等高曲线，与某个菱形相交的时候容易相交在坐标轴（比如图 3-5），也就是说最终解的某些维度容易是 0，比如上图最终解 $w = (0, x)$，这也就是我们所说的 L1 更容易得到稀疏解（解向量中 0 比较多）的原因。

当然光看着图说 L1 的菱形更容易和等高线相交在坐标轴，一点都没说服力，只是感性的认识，我们接下来以更严谨的方式来证明，简而言之就是假设现在是一维的情况下 $h(w) = f(w) + C|w|$，其中 $h(w)$ 是目标函数，$f(w)$ 是没加 L1 正则化项前的目标函数，$C|w|$ 是 L1 正则项，要使得 0 点成为最值可能的点，虽然在 0 点不可导，但是我们只需要让 0 点左右的导数异号，即 $h'_l(0) h'_r(0) = (f'(0) + C)(f'(0) - C) < 0$ 即可，也就是 $C > |f'(0)|$ 的情况下，0 点都是可能的最值点。

当加入 L2 正则化的时候，分析和 L1 正则化是类似的，也就是说仅仅是从菱形变成了圆形而已，同样还是求原曲线和圆形的切点作为最终解。当然与 L1 范数比，这样求得的 L2 范数从图上来看，不容易交在坐标轴上，但是仍然比较靠近坐标轴。因此，L2 范数能让解比较小（靠近 0），但是比较平滑（不等于 0）。

综上所述，加入正则化项，在最小化经验误差的情况下，可以让我们选择更简单（趋向于 0）的解。

结构风险最小化是在经验风险最小化（也就是训练误差最小化）的基础上，尽可能采用简单的模型，以此提高泛化预测精度。

因此，加正则化项就是结构风险最小化的一种实现。

正则化能够降低过拟合的原因在于，正则化是结构风险最小化的一种策略实现。

简单总结如下。

给 loss function 加上正则化项，使新得到的优化目标函数 $h = f + \|w\|$，需要在 f 和 $\|w\|$ 中做一个权衡，如果还是在原来只优化 f 的情况下，可能得到一组比较复杂的解，使得正则化项 $\|w\|$ 比较大，那么 h 就不是最优的，因此可以看出加正则化项能让解更加简单，符合奥卡姆剃刀理论，同时也比较符合在偏差和方差（方差表示模型的复杂度）分析中，通过降低模型复杂度，得到更小的泛化误差，降低过拟合程度。

L1 正则化就是在 loss function 后边加正则项 L1 范数,加上 L1 范数容易得到稀疏解(0 比较多)。L2 正则化就是在 loss function 后边加正则项 L2 范数的平方,加上 L2 正则相比于 L1 正则来说,得到的解比较平滑(不是稀疏),但是同样能够保证解中接近于 0(但不等于 0,所以相对平滑)的维度比较多,降低模型的复杂度。

4. 并行化

从逻辑回归的求解方法中我们可以看到,无论是随机梯度下降还是牛顿法,或者是没有提到的拟牛顿法,都是需要计算梯度的,因此逻辑回归的并行化最主要的就是对目标函数梯度计算的并行化。

我们看到目标函数的梯度向量计算中只需要进行向量间的点乘和相加,可以很容易将每个迭代过程拆分成相互独立的计算步骤,由不同的节点进行独立计算,然后归并计算结果。

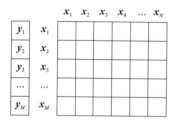

图 3-6 M 个 N 维特征向量构成的样本矩阵

将 M 个样本的标签构成一个 M 维的标签向量,M 个 N 维特征向量构成一个 $M \times N$ 的样本矩阵,如图 3-6 所示。其中特征矩阵每一行为一个特征向量(M 行),列为特征维度(N 列)。

样本矩阵按行划分,将样本特征向量分布到不同的计算节点,由各计算节点完成自己所负责样本的点乘与求和计算,然后将计算结果进行归并,则实现了按行并行的 LR。按行并行的 LR 解决了样本数量的问题,但是实际情况中会存在针对高维特征向量进行逻辑回归的场景,仅仅按行进行并行处理,无法满足这类场景的需求,因此还需要按列将高维的特征向量拆分成若干小的向量进行求解,如图 3-7 所示。

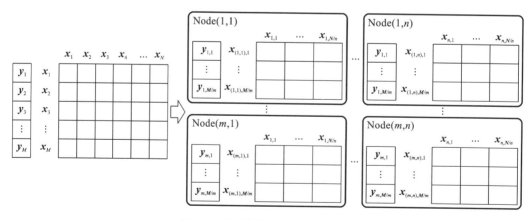

图 3-7 按列将高维特征向量拆分

并行计算总共分为两个并行化计算步骤和两个结果归并步骤。

步骤一:各节点并行计算点乘,计算 $d_{(r,c),k,t} = W_{c,t}^T X_{(r,c),k}$,其中 $k = 1,2,\cdots,M/m$,$d_{(r,c),k,t}$ 表示第 t 次迭代中节点 (r,c) 上的第 k 个特征向量与特征权重分量的点乘,$W_{c,t}$ 为第 t 次迭代中特征权重向量在第 c 列节点上的分量(图 3-8)。

步骤二:对行号相同的节点归并点乘结果。

$$d_{r,k,t} = W_t^T X_{r,k} = \sum_{c=1}^{n} d_{(r,c),k,t} = \sum_{c=1}^{n} W_{c,t}^T X_{(r,c),k}$$

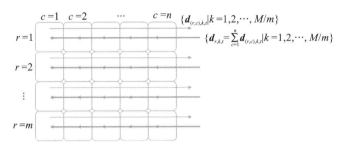

图 3-8 点乘示意图

步骤三：各节点独立算标量与特征向量相乘：

$$G_{(r,c),t} = \sum_{k=1}^{M/m} [\sigma(y_{r,k} d_{r,k,t}) - 1] y_{r,k} X_{(r,c),k}$$

$G_{(r,c),t}$ 可以理解为由第 r 行节点上部分样本计算出的目标函数梯度向量在第 c 列节点上的分量。

步骤四：对列号相同的节点进行归并：

$$G_{c,t} = \sum_{r=1}^{m} G_{(r,c),t}$$

$G_{c,t}$ 就是目标函数的梯度向量 G_t 在第 c 列节点上的分量，对其进行归并得到目标函数的梯度向量：

$$G_t = \langle G_{1,t}, \cdots, G_{c,t}, \cdots, G_{n,t} \rangle$$

这个过程如图 3-9 所示。

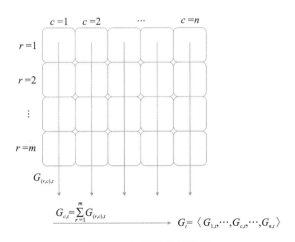

图 3-9 归并运算示意图

所以并行 LR 实际上就是在求解损失函数最优解的过程中，针对寻找损失函数下降方向中的梯度方向计算作了并行化处理，而在利用梯度确定下降方向的过程中也可以采用并行化。

（五）与其他方法对比

1. 与线性回归对比

在线性模型中，一个重要的条件便是响应变量 y 须服从正态分布。然而，实际问题往往更加复杂，y 并不总是满足正态分布的假设。

例如，在医学诊断中，我们希望通过病人的各项检查数据判断其是否患癌症。这里是否患癌症作为响应变量 y 只有两个可能的取值：患和不患。显然，y 不服从正态分布。

类似的例子还有很多。在气象领域中，通过观测到的气象数据判断是否会下雨；在金融领域中，根据当前的金融指标判断是否抛售股票；在图像领域，综合输入的人脸数据判断是否通过验证……

上述问题的共同点是，y 的取值是离散的，我们关心的不再是预测具体数值而是变成判断分类。因此，我们需要考虑二分类问题。

逻辑回归是在线性回归的基础上加了一个 Sigmoid 函数（非线性）映射，使得逻辑回归成为一个优秀的分类算法。本质上来说，两者都属于广义线性模型，但它们要解决的问题不一样，逻辑回归输出的是离散型变量，用于分类，线性回归输出的是连续性的，用于预测。

我们需要明确 Sigmoid 函数到底起了什么作用。

（1）线性回归是在实数域范围内进行预测，而分类范围则为 $\{0,1\}$，逻辑回归缩小了预测范围。

（2）线性回归在实数域上敏感度一致，而逻辑回归在 0 附近敏感，在远离 0 处不敏感，其好处就是模型更加关注分类边界，可以增加模型的鲁棒性。

2. 与最大熵模型对比

逻辑回归和最大熵模型本质上没有区别，最大熵在解决二分类问题时就是逻辑回归，在解决多分类问题时就是多项逻辑回归。

首先进行符号定义。

（1）$\pi(x)_u$ 表示输入 x 时，输出的 $y=u$ 的概率。

（2）$A(u,v)$ 是一个指示函数，若 $u=v$，则 $A(u,v)=1$，否则 $A(u,v)=0$。

（3）我们的目标就是从训练数据中得到一个模型，使得 $\pi(x)_u$ 最大化，也就是输入 x，预测结果是 y 的概率最大，也就是使得 $\pi(x)_y$ 最大。

对于逻辑回归而言：

$$P(Y=1|x)=\pi(x)_1=\frac{e^{w\cdot x}}{1+e^{w\cdot x}}$$

$$P(Y=0|x)=\pi(x)_0=1-\pi(x)_1$$

这里可以用更泛化的形式来表示 $\pi()$：

$$\pi(x)_v=\frac{e^{w_v\cdot x}}{\sum_{u=1}^{k}e^{w_u\cdot x}}$$

回到我们的目标：令 $\pi(x_i)_{y_i}$ 最大，可以用极大似然估计的方法来求解。

$$L(w) = \prod_{i=1}^{n} \pi(x_i) y_i$$

$$\ln L(w) = \sum_{i=1}^{n} \ln(\pi(x_i) y_i)$$

然后求偏导：

$$\frac{\partial}{\partial w_{u,j}} \ln L(w) = \cdots = \sum_{i=1, y_i=u}^{n} x_{ij} - \sum_{i=1}^{n} x_{ij} \pi(x_i)_u$$

令偏导数为 0：

$$\sum_{i=1}^{n} x_{ij} \pi(x_i)_u = \sum_{i=1, y_i=u}^{n} x_{ij}, (\text{for all } u, j)$$

使用 $A(u, y_i)$ 这个函数，我们可以重写等式：

$$\sum_{i=1}^{n} x_{ij} \pi(x_i)_u = \sum_{i=1}^{n} A(u, y_i) x_{ij}, (\text{for all } u, j)$$

想要证明逻辑回归与最大熵模型是等价的，那么，只要能够证明它们的 $\pi()$ 相同，结论自然就出来了。现在，我们不知道最大熵模型的 $\pi()$，但是我们知道下面的一些性质：

$$\pi(x)_v \geqslant 0 \quad \text{always}$$

$$\sum_{v=1}^{k} \pi(x)_v = 1 \quad \text{always}$$

$$\sum_{i=1}^{n} x_{ij} \pi(x_i)_u = \sum_{i=1}^{n} A(u, y_i) x_{ij}, (\text{for all } u, j)$$

利用信息论，我们可以得到 $\pi()$ 的熵，定义如下：

$$-\sum_{v=1}^{k} \sum_{i=1}^{n} \pi(x_i) v \log[\pi(x_i)_v]$$

现在，我们有了目标：$\sum \pi()$ 最大，也有了上面的 4 个约束条件。求解约束最优化问题，可以通过拉格朗日乘子法，将约束最优化问题转换为无约束最优化的对偶问题。拉格朗日式子可以表示如下：

$$L = \sum_{j=1}^{m} \sum_{v=1}^{k} w_{v,j} \left(\sum_{i=1}^{n} \pi(x_i)_v x_{ij} - A(u, y_i) x_{ij} \right)$$

$$+ \sum_{v=1}^{k} \sum_{i=1}^{n} \beta_i (\pi(x_i)_v - 1) - \sum_{v=1}^{k} \sum_{i=1}^{n} \pi(x_i)_v \log[\pi(x_i)_v]$$

对 L 求偏导，得到：

$$\frac{\partial}{\partial \pi(x_i)_u} L = w_u \cdot x_i + \beta_i - \log[\pi(x_i)_u] - 1$$

令偏导数为 0，得到：

$$w_u \cdot x_i + \beta_i - \log[\pi(x_i)_u] - 1 = 0$$

从而得到：

$$\pi(x_i)_u = e^{w_u \cdot x_i + \beta_i - 1}$$

因为有约束条件：

$$\sum_{v=1}^{k} \pi(x)_v = 1$$

所以：

$$\sum_{v=1}^{k} e^{w_v \cdot x_i + \beta_i - 1} = 1$$

因此，可以得到：

$$e^\beta = \frac{1}{\sum_{v=1}^{k} e^{w_v \cdot x_i - 1}}$$

把 e^β 代入 $\pi()$，并且简化式子：

$$\pi(x)_u = \frac{e^{w_u \cdot x}}{\sum_{v=1}^{k} e^{w_v \cdot x}}$$

这就是逻辑回归中提到的那个泛化的式子，这就证明了逻辑回归是最大熵模型的一个特殊例子。至此，逻辑回归与最大熵模型的关系就解释完毕了。

3. 与支持向量机(SVM)对比

(1)相同点。

①都是分类算法，本质上都是在找最佳分类超平面。

②都是监督学习算法。

③都是判别式模型，判别模型不关心数据是怎么生成的，只关心数据之间的差别，然后用差别来简单对给定的一个数据进行分类。

④都可以增加不同的正则化项。

(2)不同点。

①LR 是统计的方法，SVM 是几何的方法。

②SVM 的处理方法是只考虑 Support Vectors，也就是和分类最相关的少数点，去学习分类器。而逻辑回归通过非线性映射减少了离分类平面较远的点的权重，相对提升了与分类最相关的数据点的权重。

③损失函数不同：LR 的损失函数是交叉熵，SVM 的损失函数是 Hinge Loss，这两个损失函数的目的都是增加对分类影响较大的数据点的权重，减少与分类关系较小的数据点的权重。对 Hinge Loss 来说，其零区域对应的正是非支持向量的普通样本，从而所有的普通样本都不参与最终超平面的决定，这是支持向量机最大的优势所在，对训练样本数目的依赖大大减少，而且提高了训练效率。

④LR 是参数模型，SVM 是非参数模型，参数模型的前提是假设数据服从某一分布，该分布由一些参数确定(比如正态分布由均值和方差确定)，在此基础上构建的模型称为参数模型；非参数模型对于总体的分布不做任何假设，只是知道总体是一个随机变量，其分布是存在的(分布中也可能存在参数)，但是无法知道其分布的形式，更不知道分布的相关参数，只有在给定一些样本的条件下，能够依据非参数统计的方法进行推断。所以 LR 受数据分布影响，尤其是样本不均衡时影响很大，需要先做平衡，而 SVM 不直接依赖于分布。

⑤LR 可以产生概率，SVM 不能。

⑥LR 不依赖样本之间的距离,SVM 是基于距离的。

⑦LR 相对来说模型更简单、好理解,特别是大规模线性分类时并行计算比较方便。SVM 的理解和优化相对来说复杂一些,SVM 转化为对偶问题后,分类只需要计算与少数几个支持向量的距离,这个在进行复杂核函数计算时优势很明显,能够大大简化模型和计算。

4. 与朴素贝叶斯对比

朴素贝叶斯和逻辑回归都属于分类模型,当朴素贝叶斯的条件概率 $P(X|Y=c_k)$ 服从高斯分布时,它计算出来的 $P(Y=1|X)$ 形式跟逻辑回归是一样的。

两个模型不同的地方在于:

逻辑回归是判别式模型 $p(y|x)$,朴素贝叶斯是生成式模型 $p(x,y)$。判别式模型估计的是条件概率分布,给定观测变量 x 和目标变量 y 的条件模型,由数据直接学习决策函数 $y=f(x)$ 或者条件概率分布 $P(y|x)$ 作为预测的模型。判别方法关心的是对于给定的输入 x,应该预测什么样的输出 y。生成式模型估计的是联合概率分布,基本思想是首先建立样本的联合概率密度模型 $P(x,y)$,然后得到后验概率 $P(y|x)$,再利用它进行分类,生成式模型更关心的是对于给定输入 x 和输出 y 的生成关系。

朴素贝叶斯的前提是条件独立,每个特征权重独立,所以如果数据不符合这个情况,朴素贝叶斯的分类表现就不如逻辑回归。

第二节　R 语言实战

一、语法

在 R 语言中,逻辑回归建模最常用的是广义线性回归语句:glm(formula, family, data,…)。其与 lm 不同之处就在于参数 family,这个参数的作用在于定义一个族以及连接函数,使用该连接函数将因变量的期望与自变量联系起来。广义线性回归包含各种各样的回归形式,除了逻辑回归之外,还有泊松回归等,它们对应不同的 family 的取值。

对于逻辑回归来说,使用 family = binomial(link = logit),表示引用了二项分布族 binomial 中的 logit 连接函数。它告诉 R,我们要拟合逻辑回归。

注意,在进行逻辑回归时,这个选项一定要写,否则进行的将不是逻辑回归,而是线性回归。

R 中内置 glm 函数可以求解逻辑回归模型,它的使用方式如下。

```
logmodel <-glm(formula,data,family =binomial(link ="logit"))
Predict.glm(logmodel,newdata)# 预测模型
```

与线性模型求解函数 lm 区别在于,glm 需要添加 link 参数。我们使用该函数对前面的模型再次求解并作图,如图 3-10 所示。

可见,逻辑回归很好地刻画了模型的主要特征,且不会因为新数据的出现使模型发生巨大变动。

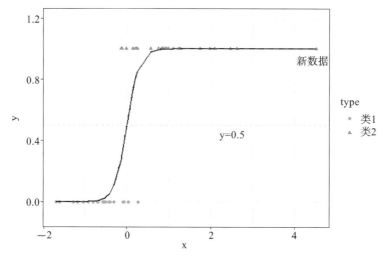

图 3-10　glm 函数运算结果

用于计算逻辑回归的 glm() 函数的基本语法如下。

```
glm(formula,data,family)
```

以下是使用的参数的描述：

formula 是呈现变量之间关系的符号；

data 是给出这些变量值的数据集；

family 是 R 对象来指定模型的概述，对于逻辑回归，它的值是二项式。

二、示例

内置数据集"mtcars"描述了具有各种发动机规格的汽车的不同型号。在"mtcars"数据集中，传输模式(自动或手动)由列 am(其为二进制值(0 或 1))描述。

我们可以在 am 列和另外 3 列——hp、wt 和 cyl 之间创建逻辑回归模型。参考以下示例代码：

```
# 从 mtcars 中选择一些列
input <-mtcars[,c("am","cyl","hp","wt")]
print(head(input))
```

当我们执行上述代码时，会产生以下结果：

```
                 am cyl  hp    wt
Mazda RX4         1   6 110 2.620
Mazda RX4 Wag     1   6 110 2.875
Datsun 710        1   4  93 2.320
Hornet 4 Drive    0   6 110 3.215
Hornet Sportabout 0   8 175 3.440
Valiant           0   6 105 3.460
```

我们可使用 glm() 函数来创建回归模型并得到其摘要用于分析。

```
Input <-mtcars[,c("am","cyl","hp","wt")]
am.data =glm(formula = am ~cyl +hp +wt, data =input, family =binomial)
print(summary(am.data))
```

当我们执行上述代码时,会产生以下结果:

```
Call:
glm(formula = am ~ cyl + hp + wt, family = binomial, data = input)
Deviance Residuals:
    Min       1Q   Median       3Q      Max
-2.17272  -0.14907  -0.01464   0.14116   1.27641
Coefficients:
            Estimate Std. Error z value Pr(>|z|)
(Intercept) 19.70288    8.11637   2.428   0.0152 *
cyl          0.48760    1.07162   0.455   0.6491
hp           0.03259    0.01886   1.728   0.0840 .
wt          -9.14947    4.15332  -2.203   0.0276 *
---
Signif. codes:  0 '***' 0.001 '**' 0.01 '*' 0.05 '.' 0.1 ' ' 1

(Dispersion parameter for binomial family taken to be 1)

    Null deviance: 43.2297  on 31  degrees of freedom
Residual deviance:  9.8415  on 28  degrees of freedom
AIC: 17.841

Number of Fisher Scoring iterations: 8
```

(1) Deviance Residuals:偏差残差统计量。

在理想情况下服从正态分布,普通最小二乘法在数学上保证产生均值为 0 的残差。

① 在此例中,中位数的符号为负(-0.01464),表明向左偏移,中位数的大小表明偏斜的程度。

② 第一个四分位数(1Q)和第三个四分位数(3Q)为钟形分布的幅度。在这种情况下,3Q 有较大的幅度(0.14116+|-0.14907|),表明向右倾斜。

③ 最大残差和最小残差用来检验数据中产生较大残差的离群值。

(2) Coefficients:系数。

如果一个变量的系数为 0,那么这个变量是没有意义的,它对模型毫无贡献。

这里的系数只是估计,不会真正为 0,那么从统计的角度而言,真正的系数为 0 的可能性是多大? 这就依赖于 z 统计量(z value)和 p 值($Pr(>|t|)$)。

① (Intercept)的 Estimate:公式中的 b。

② cyl、hp、wt 的 Estimate:公式中的系数。

③ $Pr(>|z|)$——p-value:P 值。概率 p 值估计了系数不显著的可能性,越小越好。如果 p 值很大,说明不显著的可能性很高。一般情况下如果 p 值远小于显著水平 $\alpha=0.05$(可更换显著性水平的值)。

④ Std. Error:回归系数的标准误差。

⑤ Null deviance:无效偏差(零偏差);Residual deviance:剩余偏差。无效偏差和剩余偏差之间的差异越大越好。

⑥ AIC:评价模型拟合的重要指标。AIC 越低越好。

结果显示,对于变量 cyl 和 hp,最后一列的 p 值大于 0.05,可认为它们对变量 am 的值有微不足道的作用。这个回归模型中只有 wt 才会影响 am 值。

第三节 经典文献导读

大数据给旅游发展和旅游研究带来了巨大的机遇。近 10 年来,随着大数据种类的增加和规模的不断扩大,旅游研究的实践成果和理论成果都得到了丰富。其中实践成果主要体现在业界对于用户画像、旅游推荐、客户管理等方面的发展,而理论的探讨则主要集中在数据下旅游管理模式、旅游流时空行为、游客情感体验和旅游舆情分析等领域的研究上。

按数据来源划分,与旅游相关的大数据分为三大类:UGC 数据(由用户生成),包括在线文本数据和在线照片数据;设备数据(按设备),包括 GPS 数据、移动漫游数据、蓝牙数据等;交易数据(按运营),包括网页搜索数据、网页访问数据、在线预订数据等。依托大数据优势,旅游研究可以更好地了解旅游需求、旅游行为、游客满意度等。本节将以两篇发表在旅游国际期刊、分别使用 UGC 数据和设备数据的文章,介绍逻辑回归在目前研究中的应用方法和应用价值。

> Unveiling the cloak of deviance: Linguistic cues for psychological processes in fake online reviews
> Lin Li, Kyung Young Lee, Minwoo Lee, Sung-Byung Yang
> 《International Journal of Hospitality Management》
> Volume 87,2020,102468,ISSN 0278-4319

文章旨在识别在线评论中嵌入的心理线索,并检查它们与 Yelp.com 上发现的虚假评论的关系,以及调查时间距离和评论者位置是否与虚假在线评论的发生有关的问题。文章提出了与评论者心理过程相关的四种语言线索(情感线索、认知线索、社会线索和知觉线索),并探讨了它们与虚假评论的关系,同时考察了时间距离和评论者位置对这些评论的影响。文章提出以下 6 个假设。

H1:情感线索与虚假评论呈正相关。

H2:认知线索与虚假评论呈正相关。

H3:社会线索与虚假评论呈正相关。

H4:知觉线索与虚假评论呈负相关。

H5:时间距离与虚假评论呈负相关。

H6:评论者的位置与虚假评论有关,因为评论目标的本地评论者更有可能撰写虚假评论。

基于来自 Yelp.com 的 43496 条评论的逻辑回归分析结果表明,情感、社会和知觉线索与虚假评论显著相关,同时存在时间距离和评论者位置的显著影响。此外,事后分析的结果证实,照片对虚假评论的影响是有限的。这项研究有助于在线评论和人际欺骗理论的知识体系,为酒店和旅游业从业者提供有价值的启示。

```
Measuring tourism destinations using mobile tracking data
                              Raun Janika, Ahas Rein, Tiru Margus
                                        《Tourism Management》
                                  Volume 57, 2016, ISSN 0261-5177
```

信息和通信技术（ICT）的迅速发展正在改变旅游业的本质，分别从研究方法、管理工具和营销策略的角度来改变。新的数据来源大量增加，使学者们有机会对旅游研究中使用的概念和方法进行重新思考和更新，该文章在总结前人理论和实证研究的基础上，提出旅游目的地由地理、时间、构成、社会和动态五个可衡量维度构成。

研究使用的数据来自爱沙尼亚最大的移动电话运营商 EMT，为爱沙尼亚的移动电话详细记录。这些数据也与爱沙尼亚的常规住宿统计数据比较一致。数据库中的呼叫记录包括：①通话的时间；②每次访问随机生成的 ID 号码；③每部电话的独立 ID 号码；④注册电话的国籍代码；⑤天线的 x 和 y 坐标。

研究目的是比较不同地理尺度下（爱沙尼亚全国、县）目的地的时空特征。研究区域选择萨雷和塔尔图这两个爱沙尼亚的热门旅游县，萨雷县是世界上重要的自然和休闲旅游区，位于波罗的海域，有丰富的历史环境、温泉和旅游设施。塔尔图县是爱沙尼亚人口第二大县，也是大学城，以历史遗产和文化闻名于世。2013 年，外国游客在爱沙尼亚（不包括首都塔林）共度过了 129.7 万天次，共计使用床位 3.68 万个。作者使用 SPSS 软件和 ArcGIS 软件进行空间分析，并进行了二元逻辑回归分析，以比较爱沙尼亚的总体旅游和两个较小的研究地区的旅游情况。从旅游的地理格局来看，研究发现爱沙尼亚的旅游几乎有一半（48.3%）只途经了一个县，而包含萨雷县和塔尔图县在内的参观县平均数分别为 2.03 和 2.10，均高于爱沙尼亚的 1.76。从旅游的时间模式上来看，三个旅游目的地会出现时间上的差异。整个爱沙尼亚的旅游业可以说是季节性的，1/3 以上的旅游是在夏季进行的。全年旅游次数比例以夏季七月最高，冬季最低。至于旅游时间，则从 1 天到 14 天不等，塔尔图县的平均停留时间（2.9 天）与爱沙尼亚的平均数（2.8 天）相差不大，而萨雷县的平均停留时间（3.4 天）比爱沙尼亚长。来自不同国家的游客也表现出不同的季节性模式。在所有研究区域中，夏季旅游游客比例最多的是德国人，而全年旅游人数分布最为平均的是俄罗斯人。

文章还提出以下几个研究方向：第一，需要进行更详细的时空分析，并从单个或累计的运动轨迹中生成数值。第二，使用可视化分析和地图学来区分可以从大数据源中产生的"目的地中的目的地"。第三，地理分析需要与目的地营销和发展的实际需求相协调。

本章小结

对于因变量为具有有限分类的分类型变量来说，常用逻辑回归进行模型拟合与预测。

本章详细介绍了逻辑回归模型，包括模型形式、模型理解、参数的估计方法和模型的评价准则。最后，基于相关实例，本章展示了如何在 R 语言中进行完整的逻辑回归建模，如何对建模的结果进行解读，并且对新样本数据进行预测。

关键概念

逻辑回归　参数估计　梯度下降　牛顿法　正则化　并行化　模型预测与评估

复习思考题

一、选择题(二维码在线答题)

二、简答题

1. Logistic 回归的应用体现在哪些方面？

2. R 中的哪个函数可以实现 GLM 模型？请结合语法及示例进行解释。

3. 创建一个具有 employee 列的表格，用于存储必要的信息，包括每个员工的表现评分。实现 Logistic 回归，根据员工的表现评分检测一个员工是否有资格晋升。另外，实现用于定义最大似然估计的 mle() 函数。

4. 创建一个具有 person 列的表，用于存储如姓名、年龄、性别、年收入及其他信息。将需要的信息放入表格后，实现具有单一分类及三项列联表的二项逻辑回归。

5. 拓展思考题：访问 Kaggle 网站从泰坦尼克号项目页面下载数据(https://www.kaggle.com/c/titanic)，查看泰坦尼克号上人员数据信息，利用包含的两组数据 train.csv 和 test.csv 尝试进行泰坦尼克号生存模型预测，基于逻辑回归建立乘客获救情况(是/否)与其诸背景特征之间的量化模型，并且依据此模型来预测有某些背景的人在该海难中能否获救。

第四章

固定效应和随机效应模型

学习目标

固定效应模型是处理面板数据的一种经典方法,被广泛运用于解决旅游大数据研究中的面板数据问题。本章我们将系统介绍面板数据的相关知识。通过本章的学习,学生应达成以下学习目标。

(1)知识目标:了解面板数据的概念和基本特点,掌握对面板数据的直观处理;掌握对面板数据的三种估计方法以及其中固定效应模型的三种估计方法,各估计方法的差异性适用情形及判别方法。

(2)能力目标:掌握旅游大数据研究领域中以固定效应模型为主要研究方法的文献范式;能够选取适当的估计方法并运用 R 命令对实际的面板数据进行处理和估计。

(3)素养目标:引导学生收集与我国经济、贸易、人口、环境、旅游等方面相关的面板数据,促使学生在采集数据的过程中进一步了解我国的经济状况及社会结构,深化学生对国家发展现状的把握。

案例引导

北京于2015年赢得2022年第24届冬季奥林匹克运动会的举办权,并于2022年2月成功举办,我国再次迎来了奥运盛宴。这场冰雪盛会展现出了各国运动员精彩卓越的竞技水平,在国内掀起了一段时间的冰雪旅游热潮,以冰雪项目为主的冰雪旅游成为春节假期的时尚新潮玩法,冰雪旅游和参与冰雪运动的人数持续稳步增长,冰雪旅游市场潜能进一步激发,冰雪旅游产业正迎来一个快速发展期。

快速发展的冰雪产业在给相关旅游从业人员带来全新的要求和挑战的同时,也为旅游领域的研究者们提供了研究方向。试想,如果要探究影响冰雪旅游游客满意度的因素,你会想到哪些方面?是景区基础设施好坏、天气状况、拥挤程度等外部因素?又或者是游客个人的滑雪天赋和运动能力等内部因素?

在旅游大数据的研究当中,经常会出现我们无法观测的变量影响研究结果的情况,例如冰雪旅游游客的滑雪天赋和运动能力可能会影响他们的满意度。在这不可测量的两者

当中,游客的滑雪天赋是不随时间变化的,而游客的运动能力又是会随着时间变化的。这些混淆变量不可忽视,它们虽然观测不到,但会影响处置选择和最终可观测的结果。因此,我们需要有效的工具,即面板数据和固定(随机)效应模型,来解决这一现实问题。前面章节介绍的回归方法是通过控制可观测变量来估计因果关系,而面板数据由于其独特的数据结构特点,允许我们进一步控制尽管个体观测不到,但不随时间变化的变量,在解决实际生活中的问题时往往能达到理想的效果。

第一节 理 论 基 础

早在1976年,第一篇Meta分析就使用固定效应模型(fixed effects model,FEM)进行了数据合并,基于其统计简洁性及异质性认知,固定效应模型得到广泛使用,直到2006年仍然有四分之三的Meta分析的文章在使用。除了固定效应模型,典型的面板数据分析方法还有随机效应模型和混合回归。因此,固定效应模型只能用于处理面板数据,而面板数据的处理方法包括但不限于固定效应模型。接下来,我们介绍面板数据及其处理方法。

一、认识面板数据

(一)面板数据的定义

面板数据(panel data)是包含多个个体,并且同一个体有一系列不同时间观测点的数据。相比于纯粹的横截面数据(只包含不同个体在一个时间点上的观测点)或时间序列数据(只包含一个个体在不同时间点上的观测点),面板数据同时包含了横截面和时间序列两个维度的数据:个体维度 $i=(1,2,\cdots,N)$ 和时间维度 $t=(1,2,\cdots,T)$。个体(也称为组)可以是个人、企业、行业或国家;时间维度可以是秒、分、日、月、季和年。

一个典型的面板数据结构如表4-1所示。

表4-1 面板数据示例

个体(ID)	时间(Year)	个人收入(Income)	受教育程度(Education)	年龄(Age)	幸福指数(Happy index)
A	2020	84000	2	28	4
A	2021	84000	2	29	4
A	2022	87000	2	30	5
B	2020	50000	1	35	4
B	2021	50000	1	36	4
B	2022	50000	1	37	4
C	2020	150000	4	24	2

续表

个体(ID)	时间(Year)	个人收入(Income)	受教育程度(Education)	年龄(Age)	幸福指数(Happy index)
C	2021	60000	4	25	4
C	2022	80000	4	26	5
D	2020	90000	4	24	3
D	2021	95000	4	25	5
D	2022	70000	4	26	3
E	2020	100000	5	29	1
E	2021	100000	5	30	1
E	2022	50000	5	31	2

表 4-1 中有 5 个个体，每个个体有 3 年的观测点。

然而，并不是所有同时包含个体和时间两个维度的数据都是面板数据。表 4-2 是一个合并横截面数据(pooled cross-sectional data set)，记录了 3 年的数据，每年有 5 个个体。该数据和表 4-1 的面板数据的差异在于，它并没有跟踪记录同一个个体。也就是说，我们无法确定哪些观测点具体属于哪个个体，这些观测点可以都属于不同的个体。这种数据结构可以理解为 2020 年、2021 年和 2022 年 3 个年份横截面数据的简单合并，因此我们也称为合并横截面数据。

表 4-2 合并横截面数据示例

时间(Year)	收入(Income)	受教育程度(Education)	年龄(Age)	幸福指数(Happy index)
2020	84000	2	28	4
2021	84000	2	29	4
2022	87000	2	30	5
2020	50000	1	35	4
2021	50000	1	36	4
2022	50000	1	37	4
2020	150000	4	24	2
2021	60000	4	25	4
2022	80000	4	26	5
2020	90000	4	24	3

续表

时间(Year)	收入(Income)	受教育程度(Education)	年龄(Age)	幸福指数(Happy index)
2021	95000	4	25	5
2022	70000	4	26	3
2020	100000	5	29	1
2021	100000	5	30	1
2022	50000	5	31	2

(二)面板数据的分类

根据面板数据的不同特点,大致可以从以下三个方面来分类。

1. 短面板和长面板

如果个体维度比时间维度大,即 $N \gg T$,我们称之为短面板。这在微观层面的研究中非常常见,例如一项针对游客的跟踪调查可以持续跟进上千名游客,但调查的时间跨度却往往不超过 10 年。反之,如果时间维度比个体维度大,即 $T \gg N$,我们称之为长面板。这在研究对象数量有限的调查中较为常见,例如一项针对金砖五国的研究能够使用该五国上百年的 GDP 数据,这时的时间维度就远大于个体维度。在表 4-1 中,个体共 5 个,每个个体有 3 年的数据,此时 $N > T$,故该数据为短面板数据。

2. 平衡面板和非平衡面板

如果每个个体都有相同时间 T 的观测点,则该面板称为平衡面板,反之称为非平衡面板。例如,我们发现个体 n 没有 t 年数据(缺失),其他个体均无缺失,那么该面板为非平衡面板。在表 4-1 中,由于 5 个个体均无缺失值,所以是平衡面板。

如果非平衡面板数据缺失是由随机原因造成的,那么处理方法和平衡面板并没有区别;如果数据缺失是由非随机原因造成的,我们必须考虑缺失的原因。例如,通过跟踪多人多年的受教育程度和收入水平来研究受教育程度对收入的影响。如果懒惰的人比较容易选择退出数据调查,会造成面板数据不平衡,因为懒惰会同时影响收入和受教育程度,因此在使用非平衡面板数据时,我们必须考虑到这类非随机因素造成的样本选择偏差。本章我们不考虑面板数据缺失是由非随机原因造成的,因此,所讲的方法都适用于平衡面板数据和非平衡面板数据。

3. 动态面板和静态面板

如果解释变量包含被解释变量的滞后值,则为动态面板数据,反之则为静态面板数据。动态面板数据模型由于在静态面板数据模型中引入滞后被解释变量来反映动态滞后效应,它的特殊性在于被解释变量的动态滞后项与随机误差组成部分中的个体效应相关,从而造成估计的内生性。也就是说动态面板模型允许使用过去的可观测值,考虑了过去结果对当前结果的影响。而实际上许多经济学问题本质上都是动态的,其中一些经济模型表明,当前的行为依赖过去的行为,例如就业模型和公司投资问题。

(三)面板数据的优缺点

面板数据的优点主要包括以下方面。其一,面板数据可以处理由不可观察的个体异质性所导致的内生性问题(遗漏变量的问题)。遗漏变量由不可观测的个体差异或异质性造成的,如果这种个体差异不随时间而改变,则面板数据提供了解决遗漏变量问题的又一利器。其二,面板数据提供了更多个体动态行为的信息。由于面板数据同时有横截面与时间两个维度,有时它可以解决单独的截面数据或时间序列数据所不能解决的问题。其三,面板数据样本量较大,可以提高估计的精确度。由于同时有截面维度与时间维度,通常面板数据的样本容量更大,从而可以提高估计的精确度。

同时,面板数据也存在着以下缺点。其一,大多数面板数据分析技术都针对的是短面板。其二,寻找面板数据结构工具变量往往比较困难。

二、对面板数据的直观处理

由于面板数据包含了两个维度的信息,其变量值的变化来源包含了不同个体间的差异和同一个体在不同时间上的差异。例如,表 4-1 中 Income 变量值的变化来源包含了不同个体间收入的差异和同一个体在不同年份收入的差异。事实上,面板数据里变量的总方差可以分解为个体间方差(也称为组间方差)和个体内方差(也称为组内方差)。其中,个体间方差是个体平均值的方差,个体内方差是相同个体在不同时间上值的方差。对于变量 X:

样本总方差 $\qquad s^2 = \dfrac{1}{NT-1} \sum_{i=1}^{N} \sum_{t=1}^{T} (X_{it} - \overline{X})^2$

样本个体间方差 $\qquad s_B^2 = \dfrac{1}{N-1} \sum_{i=1}^{N} (\overline{X_i} - \overline{X})^2$

样本个体内方差 $\qquad s_\omega^2 = \dfrac{1}{NT-1} \sum_{i=1}^{N} \sum_{t=1}^{T} (X_{it} - \overline{X_i})^2$

其中,X_{it} 是变量 X 在个体 i 和时间 t 的值,$\overline{X}$ 是 X 在数据里总的平均值,$\overline{X_i}$ 是 X 在个体 i 中的平均值。由于是计算样本的方差,做了 $NT-1$ 和 $N-1$ 的调整,因此,样本总方差只是近似等于样本个体间方差和样本个体内方差之和。当拿到一个面板数据,我们首先要通过分解变量的方差来对其信息变化来源(主要是个体间还是个体内)进行分析,这对于我们分析和理解面板数据的估计结果很重要。

三、对面板数据的估计方法

为了便于后文的讨论,我们给出一个假定方程(4-1)。在该方程中,假设我们要估计受教育程度对收入的因果影响,但影响收入 INC 的因素除了受教育程度 EDU,还有性别 GENDER、个人的天赋 TALENT 和运气 LUCK。这些变量之间的关系可以表示为如下方程:

$$\text{INC}_{it} = \alpha + \beta \text{EDU}_{it} + \delta \text{GENDER}_i + \theta \text{TALENT}_i + \varphi \text{LUCK}_{it} \qquad (4-1)$$

其中,下标 i 代表个体,t 代表时间。收入 INC、受教育程度 EDU 的值可观测到并会随时间变化,我们称这类变量为可观测的随时间变化的变量(observable time-variant variable)。性别 GENDER 可观测到,但它的值不随时间发生变化,这类变量称为可观测的不随时间变化的变量(observable time-invariant variable)。天赋 $TALENT_i$ 观测不到,但它的值不随时间变化,这类变量称为不可观测且不随时间变化的变量(unobservable time-invariant variable)。运气 $LUCK_{it}$,不可观测,但会随着时间变化,这类变量称为不可观测且随时间变化的变量(unobservable time-variant variable)。

进一步地,我们可以把所有不可观测(包括不随时间变化和随时间变化)的因素都归于干扰项,此时式(4-1)可以简化为:

$$INC_{it} = \alpha + \beta EDU_{it} + \delta GENDER_i + e_{it} \tag{4-2}$$

其中,干扰项 $e_{it} = \theta TALENT_i + \varphi LUCK_{it}$,包含了不可观测且不随时间变化的因素 $\theta TALENT_i$ 和不可观测且随时间变化的因素 $\varphi LUCK_{it}$。

如果要通过上述简单回归模型(4-2)得到 EDU_{it},系数 β 的正确估计,需要 EDU_{it} 和干扰项 e_{it} 不相关,即个人受教育程度 EDU_{it} 与个人能力 $\theta TALENT_i$,以及运气 $\varphi LUCK_{it}$ 都不相关。这显然是一个很强的假设条件,因为个人受教育程度通常与个人天赋相关。

由于面板数据提供了同一个体在不同时间的观测信息,因此它允许我们将干扰项中不可观测且不随时间变化的因素从干扰项中分离出来。具体而言,面板数据模型将干扰项分解为 $e_{it} = \alpha_i + u_{it}$。其中,$\alpha_i$ 是个体不可观测且不随时间变化的因素 $\theta TALENT_i$;u_{it} 是个体不可观测且随时间变化的因素 $\varphi LUCK_{it}$。通过面板数据,我们可以将模型(4-2)改进为:

$$INC_{it} = \alpha + \beta EDU_{it} + \delta GENDER_i + \alpha_i + u_{it} \tag{4-3}$$

其中,α_i 通常称为个体效应。虽然我们观测不到个体的天赋 $\theta TALENT_i$ 无法估计它影响的系数 θ,但通过 α_i,模型(4-3)把不可观测且不随时间变化的天赋因素 $\theta TALENT_i$ 给"控制"掉了。这时,干扰项 u_{it} 只剩下不可观测且随时间变化的运气因素 $\varphi LUCK_{it}$。要通过模型(4-3)正确地估计出 EDU_{it} 的系数 β,只需要满足受教育程度 EDU_{it} 和运气 $\varphi LUCK_{it}$ 不相关,这个条件显然比模型(4-3)要求的 EDU_{it} 与天赋 $TALENT_i$ 以及运气 $\varphi LUCK_{it}$ 都不相关更合理。

假设我们要用面板数据估计模型(4-3),面板数据的几种模型都需要假设不可观测且随时间变化的变量 u_{it} 与可观测变量不相关,即 $E(u_{it} \mid EDU_{it}, GENDER_i) = 0$。在本例中,$u_{it} = \varphi LUCK_{it}$,因此这个假设等同于 $E(LUCK_{it} \mid EDU_{it}, GENDER_i) = 0$ 即运气 $LUCK_{it}$ 与受教育程度 EDU_{it} 以及性别 $GENDER_i$ 无关。

根据对 α_i 的不同假设,面板数据分析模型可分为三种。

第一,混合回归模型(pooled regression model)。假设 α_i 不存在,即不存在会影响收入的不可观测且不随时间变化的因素。在本例中,$\alpha_i = \theta TALENT_i$ 这个假设意味着 $\theta = 0$,即天赋不会影响收入。

第二,固定效应模型(fixed effects model)。假设 α_i 存在,并与可观测变量相关,即 $E(\alpha_i \mid EDU_{it}, GENDER_i) \neq 0$。在本例中,$\alpha_i = \theta TALENT_i$,这个假设意味着 $\theta \neq 0$ 并且 $E(TALENT_i \mid EDU_{it}, GENDER_i) \neq 0$,即天赋会影响收入,并且与受教育程度和性别相关。

第三,随机效应模型(random effects model)。假设 α_i 存在,但与可观测变量不相关,即

$E(\alpha_i \mid \text{EDU}_{it}, \text{GENDER}_i) = 0$。在本例中,$\alpha_i = \theta \text{TALENT}_i$,这个假设意味着 $\theta \neq 0$ 但 $E(\text{TALENT}_i \mid \text{EDU}_{it}, \text{GENDER}_i) = 0$,即天赋会影响收入,但与受教育程度和性别不相关。

下面我们分别解释这三种模型。

(一)混合回归模型

混合回归认为 α_i 不存在,个体都拥有完全一样的回归方程,此时方程可以写成:

$$y_{it} = \alpha + x'_{it}\beta + z'_i\delta + \varepsilon_{it} \tag{4-4}$$

x_{it} 不包括常数项,就可以把所有的数据放在一起,像对待横截面数据那样进行 OLS 回归,故而称为混合回归。混合回归的基本假设是不存在个体效应,因此混合回归也被称为总体平均估计量,可以理解为把个体效应都给平均掉了。由于该模型没有利用面板数据的二维特征,而只是把它作为简单的横截面数据在时间上叠加,因此也称为合并横截面模型(pooled cross sectional model)。混合回归的缺点是忽略了个体不可观测的异质性,而该异质性可能与解释变量相关从而导致估计不一致。如果 α_i 存在并且与可观测变量相关,使用这个模型就会造成缺失变量问题。

(二)固定效应模型和随机效应模型

上文提到,估计面板数据的一种极端策略是将其看成是截面数据而进行混合回归,即要求样本中每位个体都拥有完全相同的回归方程;另一种极端策略则是为每个个体估计一个单独的回归方程。分别回归的缺点是忽略了个体的共性,而且可能没有足够大的样本容量(尤其是对于短面板而言)。实践中通常采用折中的估计策略,即假定个体的回归方程拥有相同的斜率,但可以有不同的截距项,以捕捉异质性,如图 4-1 所示。

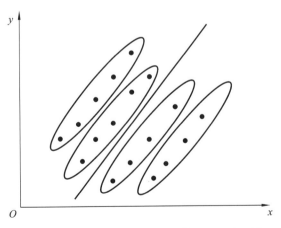

图 4-1 面板数据中不同个体的截距项可以不同

这种模型被称为个体效应模型,此时的方程一般形式可以写为:

$$y_{it} = x'_{it}\beta + z'_i\delta + u_i + \varepsilon_{it} \quad (i = 1, \cdots, n; t = 1, \cdots, T) \tag{4-5}$$

y_{it} 是待测的被解释变量,x_{it} 是包含可观测的随时间变化变量的向量;z_i 是包含可观测且不随时间变化变量的向量(如性别等个体特征);u_i 和 ε_{it} 两部分构成的扰动项可以称为复合

扰动项。u_i 是个体固定效应,代表个体异质性的截距项,包含不可观测且不随时间变化的变量。ε_{it} 为回归方程的干扰项,包含不可观测且随时间变化的变量。

一般假设 ε_{it} 的假定均值为 0,方差不变 ($\forall i,t$),且在统计上独立于所有其他因素。u_i 与 ε_{it} 在统计上相互独立,但 u_i 允许与 x_{it} 或 z_i 任意相关。如果 u_i 与某个解释变量相关,则进一步称为固定效应模型。在这种情况下,OLS 不一致,解决的方法是通过对模型进行转换,使得可以消除 u_i 后获得一致估计量。如果 u_i 与所有解释变量都不相关,则进一步称为随机效应模型。

固定效应模型和随机效应模型的本质区别在于,对于个体不可观测且不随时间变化的变量 u_i 与可观测变量相关性的假设不同,造成了对个体效应 u_i 的处理也不同。固定效应模型认为,每个个体对应一个与其他解释变量相关的固定个体效应 u_i;随机效应模型认为,个体效应是从某个分布中随机抽取,与其他解释变量无关。虽然"固定效应"和"随机效应"这些称谓其实并不是很准确,但可以方便我们区别这两种不同假设的模型。

对于面板模型,如果进行混合回归,则可直接用混合回归的 R^2 衡量拟合优度。但如果使用固定效应或随机效应模型,拟合优度的度量略为复杂。对于有常数项的线性回归模型,其拟合优度 R^2 等于被解释变量 y 与预测值 $\hat{y}$ 之间相关系数的平方。对于固定效应模型,最常使用的是组内 R^2,即 $[Corr(\tilde{y}_{it}, \tilde{x}'_{it}\hat{\beta})]^2$,用以衡量估计 $(\hat{\beta}, \hat{\delta})$ 对组内模型的拟合优度;对于随机效应模型,因为其使用的是 GLS 或 FGLS 估计,计算出来的组内、组间、整体 R^2 的参考价值都不大,一般对模型的整体 R^2 进行汇报即可。

在实际运用中,由于个体不可观测且不随时间变化的部分 u_i 通常是存在的,并且与可观测解释变量相关,因此固定效应模型的假设较为合理,也是最常见的面板数据模型。我们接下来详细介绍固定效应模型的估计方法。

四、固定效应模型的估计方法

固定效应模型有几种常用的估计方法,其各有优缺点。下面具体的介绍这几种方法。

(一)组内离差法

组内离差法在估计固定效应模型时通常较为便捷。

对于固定效应模型 $y_{it} = x'_{it}\beta + z'_i\delta + u_i + \varepsilon_{it}$,$u_i$ 与某解释变量相关,故 OLS 不一致。解决方式是通过模型变换,消掉个体效应 u_i。对上述方程两边对时间取平均可得

$$\bar{y}_i = \bar{x}'_i\beta + z'_i\delta + u_i + \bar{\varepsilon}_i \tag{4-6}$$

将方程(4-5)减去平均后的方程(4-6)可得原模型的离差形式:

$$y_{it} - \bar{y}_i = (x_{it} - \bar{x}_i)'\beta + (\varepsilon_{it} - \bar{\varepsilon}_i) \tag{4-7}$$

其中,z_i 和 u_i 都被消去,此时定义 $\tilde{y}_{it} = y_{it} - \bar{y}_i, \tilde{x}_{it} = x_{it} - \bar{x}_i, \tilde{\varepsilon}_{it} = \varepsilon_{it} - \bar{\varepsilon}_i$,则

$$\tilde{y}_{it} = \tilde{x}'_{it}\beta + \tilde{\varepsilon}_{it} \tag{4-8}$$

由于式(4-8)中已将 u_i 消去,故只要新扰动项 $\tilde{\varepsilon}_{it}$ 与新解释变量 $\tilde{x}_{it}$ 不相关。可用 OLS 一致地估计 β,称为固定效应估计量,记为 $\hat{\beta}_{FE}$。由于 $\hat{\beta}_{FE}$ 主要使用了每个个体的组内离差信息,故也称为组内估计量。即使个体特征 u_i 与解释变量 x_{it} 相关,只要使用组内估计量,即可得到一致估计,这是面板数据的一大优势。

然而,在离差变换的过程中 $z'_i\delta$ 也被消掉,故无法估计 δ。也就是说,$\hat{\beta}_{FE}$ 无法估计不随时间而变的变量的影响。另外,为了保证 $\varepsilon_{it} - \bar{\varepsilon}_i$ 与 $x_{it} - \bar{x}_i$ 不相关,需假定个体 i 满足严格外生性(比前定变量或同期外生的假定更强),即 $E(\varepsilon_{it} \mid x_{i1}, \cdots, x_{iT}) = 0$,因为 $\bar{x}_i$ 中包含了所有 $(x_{i1}, \cdots, x_{iT})$ 的信息。

(二)最小二乘虚拟变量法

相较于便捷的组内离差法,最小二乘虚拟变量法更烦琐但也更为直接。

对于方程(4-5)中的个体固定效应 u_i,传统上将其视为个体 i 的待估参数;具体来说,可视 u_i 为个体 i 的截距项。对于 n 位个体的 n 个不同截距项,可通过在方程(4-5)中引入 $(n-1)$ 个个体虚拟变量来体现(如果没有截距项则引入 n 个虚拟变量),即估计以下模型:

$$y_{it} = \alpha + x'_{it}\beta + z'_i\delta + \sum_{i=2}^{n} \gamma_i D_i + \varepsilon_{it} \tag{4-9}$$

其中,个体虚拟变量 $D_2 = 1$,如果为个体 2;否则,$D_2 = 0$。其他个体虚拟变量的定义类似。常数项 α 表示被遗漏虚拟变量 D_1 所对应的个体 1 的截距项,而个体 $i(i>1)$ 的截距项则为 $(\alpha + \gamma_i)$。

方程(4-7)与固定效应模型一般形式方程(4-5)的本质一样。个体固定效应 u_i 就是虚拟变量 D_i 的系数。直接用 OLS 估计上述方程的方法称为最小二乘虚拟变量估计(least square dummy variable,LSDV)法。

事实上,使用 LSDV 法和组内离差估计法得到的组内估计量 FE 结果是完全一样的;如果使用 LSDV 法后删除不显著的个体虚拟变量则结果不一致。LSDV 法的优点是能够得到对个体异质性的估计;缺点是如果个体数量很大,则需要在方程中引入多个虚拟变量。因此在实际运用中使用组内离差法的情形往往较多。

(三)一阶差分法

估计固定效应模型的另一个方法是一阶差分(first difference)法。一阶差分法和组内离差法的原理类似,通过对每个个体前后两期做差分,达到去掉个体固定效应的目的。具体步骤如下:

$$\begin{aligned} y_{it} &= x'_{it}\beta + z'_i\delta + u_i + \varepsilon_{it} \\ y_{it-1} &= x'_{it-1}\beta + z'_i\delta + u_i + \varepsilon_{it-1} \end{aligned} \tag{4-10}$$

将上面两式相减,得到:

$$y_{it} - y_{it-1} = (x'_{it} - x'_{it-1})\beta + \varepsilon_{it} - \varepsilon_{it-1} \tag{4-11}$$

$$\Delta y_{it} = \Delta x'_{it}\beta + \Delta \varepsilon_{it} \tag{4-12}$$

通过一阶差分,个体固定效应被去除掉了。由于 $\Delta x'_{it}$ 和 $\Delta \varepsilon_{it}$ 不相关,使用 OLS 方法,Δy_{it} 对 $\Delta x'_{it}$ 进行回归得到的 $\hat{\beta}_{FD}$ 是 β 的一致估计量。当 $T = 2$ 时,也就是只有两期时,一阶差分法与组内离差法的结果是一样的;当 $T > 2$ 时,一阶差分法与组内离差法的结果是不一样的,二者会因为采样误差而有所差异。与组内离差法类似的是,一阶差分法也依赖个体内变化估计 β。

五、时间固定效应

个体固定效应模型解决了不随时间而变但随个体而异的遗漏变量问题,引入时间固定效应,则可以解决不随个体而变但随时间而变的遗漏变量问题。为此,在个体固定效应模型式(4-5)中加入时间固定效应 λ_t:

$$y_{it} = x'_{it}\beta + z'_i\delta + \lambda_t + u_i + \varepsilon_{it} \tag{4-13}$$

其中,λ_t 随时间而变,但不随个体而变;故只有下标 t,而没有下标 i。在上式中,可视 λ_t 为第 t 期特有的截距项,并解释为"第 t 期"对被解释变量 y 的效应,故称 $(\lambda_1,\cdots,\lambda_T)$ 为时间固定效应。对于此方程,可使用 LSDV 法来估计,即对每个时期定义一个虚拟变量,然后把 $(T-1)$ 个时间虚拟变量包括在回归方程中(未包括的时间虚拟变量即为基期),比如

$$y_{it} = \alpha + x'_{it}\beta + z'_i\delta + \sum_{i=2}^{n}\gamma_i D_i + u_i + \varepsilon_{it} \tag{4-14}$$

其中,时间虚拟变量 $D_2 = 1$,如果 $t = 2$;否则,$D_2 = 0$。其他时间虚拟变量的定义类似。常数项 α 表示被遗漏虚拟变量 D_1 所对应的第 1 期的截距项,而第 t 期($t > 1$)的截距项则为 $(\alpha + \gamma_t)$。

由于方程(4-14)既考虑了个体固定效应,又考虑了时间固定效应,故称为双向固定效应。相应地,如果仅考虑个体固定效应,则称为单向固定效应。有时为节省参数(比如,时间维度 T 较大),可引入一个时间趋势项,以替代上述 $(T-1)$ 个时间虚拟变量:

$$y_{it} = x'_{it}\beta + z'_i\delta + \gamma t + u_i + \varepsilon_{it} \tag{4-15}$$

上式隐含的假定是,每个时期的时间效应相等,即每期均增加 γ。如果此假定不太可能成立,则应在方程中加入时间虚拟变量。可通过检验这些时间虚拟变量的联合显著性来判断是否应使用双向固定效应模型。

六、随机效应模型

考虑以下随机效应模型:

$$y_{it} = x'_{it}\beta + z'_i\delta + u_i + \varepsilon_{it}$$

其中,个体效应 u_i 与解释变量 $\{x_{it}, z_i\}$ 均不相关,故 OLS 一致。然而,由于扰动项由 u_i 和 ε_{it} 组成,不是球形扰动项,故 OLS 不是最有效率的。

假设不同个体之间的扰动项互不相关。但即便如此,由于 u_i 的存在,同一个体不同时期的扰动项之间仍存在自相关。且自相关系数越大,复合扰动项 $(u_i + \varepsilon_{it})$ 中个体效应的部分 u_i 越重要。由于以上方程的扰动项 $(u_i + \varepsilon_{it})$ 存在组内自相关,故 OLS 不是最有效率的。可以使用广义最小二乘法(GLS)对原模型进行转换,使得变换后的扰动项不再有自相关,随后得到随机效应估计量,记为 $\hat{\beta}_{RE}$。

对于随机效应模型,如果假设扰动项服从正态分布,则可以写出样本的似然函数,最后进行最大似然估计(MLE)。

七、固定效应和随机效应模型的选择

在处理面板数据时,究竟应该使用固定效应模型还是随机效应模型是一个根本问题。为此,希望检验原假设"$H_0: u_i$ 与 x_{it}, z_i 不相关"(即随机效应模型为正确模型)。无论原假设成立与否,FE 都是一致的。如果原假设成立,则 RE 一致且比 FE 更有效率。但如果原假设不成立,则 RE 不一致。因此,如果 H_0 成立,则 FE 与 RE 估计量将共同收敛于真实的参

数值,二者的差距将在大样本下消失,故 $\hat{\beta}_{FE} - \hat{\beta}_{RE} \xrightarrow{p} 0$。反之,如果二者的差距过大,则倾向于拒绝原假设。

以二次型度量此距离,Hausman 检验的统计量为

$$(\hat{\beta}_{FE} - \hat{\beta}_{RE})' [\text{Var}(\hat{\beta}_{FE} - \hat{\beta}_{RE})]^{-1} (\hat{\beta}_{FE} - \hat{\beta}_{RE}) \xrightarrow{d} \lambda^2(K) \qquad (4-16)$$

其中,K 为 $\hat{\beta}_{FE}$ 的维度,即 x_{it} 中所包含的随时间而变的解释变量个数(因为 $\hat{\beta}_{FE}$ 无法估计不随时间而变的解释变量系数)。如果该统计量大于临界值,则拒绝 H_0。此检验的缺点是,为了计算 $\text{Var}(\hat{\beta}_{FE} - \hat{\beta}_{RE})$,它假设在 H_0 成立的情况下,$\hat{\beta}_{RE}$ 是最有效率的。然而,如果扰动项存在异方差,则 $\hat{\beta}_{RE}$ 并非最有效率的估计量。因此,传统的 Hausman 检验并不适用于异方差的情形,需要使用异方差稳健的 Hausman 检验。

第二节 R 语言实战

本节我们以一个面板数据分析实例来具体理解面板数据模型分析方法。

我们使用的数据来自 Grunfeld(1958)的论文 *The determinants of corporate investment: a study of a number of large corporations in the United States*。该数据集是 plm 包的内置数据,被广泛运用于在面板数据的教学中。

本例中的数据集中包含五个变量。其中 company 代表公司,总共有 10 家(由于篇幅限制,图 4-2 只展示了数据集部分的数据,下同);year 代表年份,总共 20 年;invest 代表总投资额;mvalue 代表企业实际价值;kstock 代表企业实际资本存量。数据包括 10 家企业(company 从 1 到 10)在 20 个年度(year 从 1935 到 1954)内的总投资额(invest)、企业实际价值(mvalue)以及企业实际资本存量(kstock)的变化。为了方便观察年份的序数,我们在最后一列增加了 time 来进行对应。

在本例中,我们要研究企业实际价值和企业实际资本存量对企业总投资额的影响。首先,构建以下投资方程:

$$\text{invest}_{it} = \alpha + u_i + \gamma_t + \beta_1 \text{mvalue}_{it} + \beta_2 \text{kstock}_{it} + \varepsilon_{it} \qquad (4-17)$$

其中,invest_{it} 是企业 i 在 t 时期的总投资,mvalue_{it} 是企业 i 在 t 时期的实际价值(流通中股票),kstock_{it} 是企业 i 在 t 时期的实际资本存量。

一、混合回归

首先假定 $u_i = 0, \gamma_t = 0$,进行混合回归运算。混合回归本质上是对变量取整体均值后进行 OLS 估计,我们先安装并运行需要运用的 plm 包:

```
install.packages("plm",type ="binary")# 安装包
library(plm)# 运行包
```

首先对数据进行处理使其变为 data.frame。

	company	year	invest	mvalue	kstock	time
1	1	1935	317.60	3078.50	2.80	1
2	1	1936	391.80	4661.70	52.60	2
3	1	1937	410.60	5387.10	156.90	3
4	1	1938	257.70	2792.20	209.20	4
5	1	1939	330.80	4313.20	203.40	5
6	1	1940	461.20	4643.90	207.20	6
7	1	1941	512.00	4551.20	255.20	7
8	1	1942	448.00	3244.10	303.70	8
9	1	1943	499.60	4053.70	264.10	9
10	1	1944	547.50	4379.30	201.60	10
11	1	1945	561.20	4840.90	265.00	11
12	1	1946	688.10	4900.90	402.20	12
13	1	1947	568.90	3526.50	761.50	13
14	1	1948	529.20	3254.70	922.40	14
15	1	1949	555.10	3700.20	1020.10	15
16	1	1950	642.90	3755.60	1099.00	16
17	1	1951	755.90	4833.00	1207.70	17
18	1	1952	891.20	4924.90	1430.50	18
19	1	1953	1304.40	6241.70	1777.30	19
20	1	1954	1486.70	5593.60	2226.30	20
21	2	1935	209.90	1362.40	53.80	1
22	2	1936	355.30	1807.10	50.50	2
23	2	1937	469.90	2676.30	118.10	3
24	2	1938	262.30	1801.90	260.20	4
25	2	1939	230.40	1957.30	312.70	5

图 4-2 案例部分数据

```
rankData<-pdata.frame(stata,index=c("company","year"))# 将原始数据命名为"stata",
将其处理为面板数据。
pool <-plm(invest~mvalue +kstock,data=rankData,model="pooling")
# 构建 pool 模型本质上是对变量去整体均值后进行 OLS 估计
summary(pool)Pool
```

```
Pooling Model

Call:
plm(formula = invest ~ mvalue + kstock, data = rankData, model = "pooling")

Balanced Panel: n = 10, T = 20, N = 200

Residuals:
      Min.   1st Qu.    Median   3rd Qu.      Max.
 -291.6757  -30.0137    5.3033   34.8293   369.4464

Coefficients:
              Estimate  Std. Error  t-value  Pr(>|t|)
(Intercept) -42.7143694   9.5116760  -4.4907  1.207e-05 ***
mvalue        0.1155622   0.0058357  19.8026  < 2.2e-16 ***
kstock        0.2306785   0.0254758   9.0548  < 2.2e-16 ***
---
Signif. codes:  0 '***' 0.001 '**' 0.01 '*' 0.05 '.' 0.1 ' ' 1

Total Sum of Squares:    9359900
Residual Sum of Squares: 1755900
R-Squared:      0.81241
Adj. R-Squared: 0.8105
F-statistic: 426.576 on 2 and 197 DF, p-value: < 2.22e-16
```

运算结果显示,mvalue 对应的系数是 0.1155622,kstock 对应的系数是 0.2306785,两者的 p 值均小于 0.05 的水平。模型的解释度 R^2 为 0.81241,调整后的 R^2 为 0.8105。这些指标都说明这是一个"可接受的"结果,但也仅仅是"可接受的"。注意,经济学研究的目的不是通过不断的模型变换和尝试计算出各种"显著"的结果,而是更需要关注数据背后的逻辑。所以,一些数据经模型运算出来"显著",这并不代表什么,我们往往还需要经过更多严密的推理和更加进一步的计算。

特别的,我们把混合回归的结果和 OLS 的结果进行对比,如下:

```
ols =lm(invest~mvalue +kstock,data=rankData)# 进行 OLS 估计
summary(ols)
```

```
Call:
lm(formula = invest ~ mvalue + kstock, data = rankData)

Residuals:
    Min      1Q  Median      3Q     Max
-291.68  -30.01    5.30   34.83  369.45

Coefficients:
             Estimate Std. Error t value Pr(>|t|)
(Intercept) -42.714369   9.511676  -4.491 1.21e-05 ***
mvalue        0.115562   0.005836  19.803  < 2e-16 ***
kstock        0.230678   0.025476   9.055  < 2e-16 ***
---
Signif. codes:  0 '***' 0.001 '**' 0.01 '*' 0.05 '.' 0.1 ' '

Residual standard error: 94.41 on 197 degrees of freedom
Multiple R-squared:  0.8124,    Adjusted R-squared:  0.8105
F-statistic: 426.6 on 2 and 197 DF,  p-value: < 2.2e-16
```

可见,混合回归的结果和 OLS 的结果是一样的。软件结果进一步证实了前文的数学推导,即忽略个体均值和时间差异的混合回归模型等价于 OLS 模型。

二、固定效应模型

(一)个体固定效应估计

接下来进行个体固定效应模型的操作,即做不考虑时间差异,考虑公司差异的估计。假定 $\gamma_t = 0$,分别用 LSDV 法和组内离差法估计个体固定效应的模型。

1. LSDV 法

为了完成 LSDV 估计,我们需要增加一个 factor 因子。需要注意的是 factor−1 才能展现出 10 家公司,因为事实上公司设置了虚拟变量。

```
LSDV =lm(invest~mvalue +kstock+factor(company)-1,data =stata)
# factor-1才能展现出10家公司,因为事实上公司设置了虚拟变量
summary(LSDV)
```

```
Call:
lm(formula = invest ~ mvalue + kstock + factor(company) - 1,
    data = stata)

Residuals:
     Min       1Q   Median       3Q      Max
-184.009  -17.643    0.563   19.192  250.710

Coefficients:
                    Estimate Std. Error t value Pr(>|t|)
mvalue                0.11012    0.01186   9.288  < 2e-16 ***
kstock                0.31007    0.01735  17.867  < 2e-16 ***
factor(company)1    -70.29672   49.70796  -1.414   0.1590
factor(company)2    101.90581   24.93832   4.086 6.49e-05 ***
factor(company)3   -235.57184   24.43162  -9.642  < 2e-16 ***
factor(company)4    -27.80929   14.07775  -1.975   0.0497 *
factor(company)5   -114.61681   14.16543  -8.091 7.14e-14 ***
factor(company)6    -23.16130   12.66874  -1.828   0.0691 .
factor(company)7    -66.55347   12.84297  -5.182 5.63e-07 ***
factor(company)8    -57.54566   13.99315  -4.112 5.85e-05 ***
factor(company)9    -87.22227   12.89189  -6.766 1.63e-10 ***
factor(company)10    -6.56784   11.82689  -0.555   0.5793
---
Signif. codes:  0 '***' 0.001 '**' 0.01 '*' 0.05 '.' 0.1 ' ' 1

Residual standard error: 52.77 on 188 degrees of freedom
Multiple R-squared:  0.9616,    Adjusted R-squared:  0.9591
F-statistic:   392 on 12 and 188 DF,  p-value: < 2.2e-16
```

mvalue 和 kstock 分别代表企业实际价值和企业实际资本存量。运算结果展示了分别以 10 家公司做虚拟变量的估计结果,即不同公司是否显著影响企业的投资。总共估计参数共 11 个(2+9 个,9 个虚拟变量是为了防止完全的多重共线性)。

2. 组内离差法

进一步使用组内模型(within)进行估计:

```
within <-plm(invest~mvalue +kstock,data=rankData,effect ="individual",model=
"within")# within 组内方法,检验不同个体是否存在差异(忽视时间影响)
 summary(within)
```

```
Oneway (individual) effect within Model

Call:
plm(formula = invest ~ mvalue + kstock, data = rankData, effect = "individual",
    model = "within")

Balanced Panel: n = 10, T = 20, N = 200

Residuals:
      Min.    1st Qu.    Median    3rd Qu.      Max.
-184.00857  -17.64316    0.56337   19.19222  250.70974

Coefficients:
        Estimate Std. Error t-value  Pr(>|t|)
mvalue  0.110124   0.011857  9.2879 < 2.2e-16 ***
kstock  0.310065   0.017355 17.8666 < 2.2e-16 ***
---
Signif. codes:  0 '***' 0.001 '**' 0.01 '*' 0.05 '.' 0.1 ' ' 1

Total Sum of Squares:    2244400
Residual Sum of Squares: 523480
R-Squared:      0.76676
Adj. R-Squared: 0.75311
F-statistic: 309.014 on 2 and 188 DF, p-value: < 2.22e-16
```

公司股票价值每增加一个单位,对企业投资的贡献为 0.11 个单位;公司实际资本存量每增加一个单位,对企业投资对贡献为 0.31 个单位,这两个解释变量对被解释变量对贡献程度为 75.31%。可见以上两次回归结果相同,即 LSDV 法和组内离差法结果相同。

（二）时间固定效应

接下来进行时间固定效应模型的操作，即做只考虑时间差异，忽略公司差异的估计。假定 $u_i = 0$，估计时间固定效应的 Panel 模型。

```
within2 =plm(invest~mvalue +kstock,data=rankData,effect ="time",model="within")
# within组内方法，检验不同时间是否存在差异（忽视个体影响）
summary(within2)
```

```
Oneway (time) effect Within Model
Call:
plm(formula = invest ~ mvalue + kstock, data = rankData, effect = "time",
    model = "within")

Balanced Panel: n = 10, T = 20, N = 200

Residuals:
     Min.   1st Qu.    Median   3rd Qu.      Max.
-292.1576  -26.3717    8.3651   31.4250   380.1370

Coefficients:
         Estimate Std. Error t-value  Pr(>|t|)
mvalue  0.1167978  0.0063313 18.4477 < 2.2e-16 ***
kstock  0.2197066  0.0322961  6.8029 1.504e-10 ***
---
Signif. codes:  0 '***' 0.001 '**' 0.01 '*' 0.05 '.' 0.1 ' ' 1

Total Sum of Squares:     8731200
Residual Sum of Squares:  1713000
R-Squared:      0.80381
Adj. R-Squared: 0.78067
F-statistic: 364.645 on 2 and 178 DF, p-value: < 2.22e-16
```

（三）双向固定效应模型

接下来进行个体和时间双向固定效应模型的操作，即既考虑时间差异，又考虑公司差异的估计。

```
within3 <- plm(invest~mvalue +kstock,data=rankData,effect ="twoways",model=
"within")# twoways参数既考虑个体效益，也考虑时间效应
summary(within3)
```

```
Twoways effects Within Model
Call:
plm(formula = invest ~ mvalue + kstock, data = rankData, effect = "twoways",
    model = "within")

Balanced Panel: n = 10, T = 20, N = 200

Residuals:
     Min.   1st Qu.    Median   3rd Qu.      Max.
-162.6094  -19.4710   -1.2669   19.1277   211.8420

Coefficients:
         Estimate Std. Error t-value  Pr(>|t|)
mvalue   0.117716   0.013751  8.5604 6.653e-15 ***
kstock   0.357916   0.022719 15.7540 < 2.2e-16 ***
---
Signif. codes:  0 '***' 0.001 '**' 0.01 '*' 0.05 '.' 0.1 ' ' 1

Total Sum of Squares:     1615600
Residual Sum of Squares:  452150
R-Squared:      0.72015
Adj. R-Squared: 0.67047
F-statistic: 217.442 on 2 and 169 DF, p-value: < 2.22e-16
```

三、随机效应模型

我们接下来先进行随机效应模型的操作。关于如何判定应该使用固定效应模型还是随机效应模型,我们留待后面讲解。

假定 $\gamma_t = 0$,估计个体随机效应模型。

```
random <-plm(invest~mvalue +kstock,data=rankData,effect ="individual", model=
"random")# 估计个体随机效应模型
summary(random)
```

```
Oneway (individual) effect Random Effect Model
   (Swamy-Arora's transformation)
Call:
plm(formula = invest ~ mvalue + kstock, data = rankData, effect = "individual",
    model = "random")

Balanced Panel: n = 10, T = 20, N = 200

Effects:
                 var std.dev share
idiosyncratic 2784.46   52.77 0.282
individual    7089.80   84.20 0.718
theta: 0.8612

Residuals:
     Min.   1st Qu.   Median    3rd Qu.     Max.
-177.6063  -19.7350   4.6851    19.5105  252.8743

Coefficients:
              Estimate Std. Error z-value Pr(>|z|)
(Intercept) -57.834415  28.898935 -2.0013  0.04536 *
mvalue        0.109781   0.010493 10.4627  < 2e-16 ***
kstock        0.308113   0.017180 17.9339  < 2e-16 ***
---
Signif. codes:  0 '***' 0.001 '**' 0.01 '*' 0.05 '.' 0.1 ' ' 1

Total Sum of Squares:    2381400
Residual Sum of Squares: 548900
R-Squared:      0.7695
Adj. R-Squared: 0.76716
Chisq: 657.674 on 2 DF, p-value: < 2.22e-16
```

假定 $u_i = 0$,估计时间随机效应的模型:

```
random2 <- plm(invest~mvalue + kstock,data=rankData,effect = "time", model =
"random")# 估计时间随机效应模型
summary(random2)
```

```
Oneway (time) effect Random Effect Model
   (Swamy-Arora's transformation)
Call:
plm(formula = invest ~ mvalue + kstock, data = rankData, effect = "time",
    model = "random")

Balanced Panel: n = 10, T = 20, N = 200

Effects:
                 var std.dev share
idiosyncratic 9623.4    98.1     1
time             0.0     0.0     0
theta: 0

Residuals:
     Min.    1st Qu.   Median   3rd Qu.     Max.
-291.6757  -30.0137   5.3033   34.8293  369.4464
```

```
Coefficients:
              Estimate  Std. Error z-value Pr(>|z|)
(Intercept) -42.7143694   9.5116760 -4.4907 7.098e-06 ***
mvalue        0.1155622   0.0058357 19.8026 < 2.2e-16 ***
kstock        0.2306785   0.0254758  9.0548 < 2.2e-16 ***
---
Signif. codes:  0 '***' 0.001 '**' 0.01 '*' 0.05 '.' 0.1 ' ' 1

Total Sum of Squares:    9359900
Residual Sum of Squares: 1755900
R-Squared:      0.81241
Adj. R-Squared: 0.8105
Chisq: 853.151 on 2 DF, p-value: < 2.22e-16
```

四、模型检验

针对面板数据主要有四种模型,分别是:

(1) pool 模型:对变量去整体均值后进行 OLS 估计;

(2) 固定效应模型:对变量去个体均值后进行 OLS 估计;

(3) 随机效应模型:对变量处理(减去个体均值的某个倍数)后进行 OLS 估计;

(4) 可变系数模型(随机系数模型):采用 GLS 估计。

WLS(加权最小二乘回归)和 FGLS 都属于 GLS 回归。区别是前者方差矩阵可知,后者因方差矩阵不知需估计。

(一) F 检验

做 F 检验的目的是判断应该对我们的数据采用 pool 模型还是固定效应模型来进行分析。下面介绍两种函数——pooltest() 函数和 pFtest() 函数。这两者都可以做 F 检验,其原假设是能否认为所有时间或个体都具有相同的系数,这样的话应当采用 pool 模型,即传统的 OLS 回归。

1. pooltest() 函数

首先进行初始检验,如果拒绝零假设,采用个体维度的固定效应模型。

```
pooltest(form, data = rankData, model = "within")
```

```
        F statistic

data:  form
F = 5.7805, df1 = 18, df2 = 170, p-value = 1.219e-10
alternative hypothesis: unstability
```

然后对时间维度进行检验,如果拒绝零假设,采用时间维度的固定效应模型。

```
pooltest(form, data = rankData, effect = "time", model = "within")
```

```
        F statistic

data:  form
F = 1.5495, df1 = 38, df2 = 140, p-value = 0.03553
alternative hypothesis: unstability
```

2. pFtest()函数

进行双维度检验,如果拒绝零假设,采用双维度的固定效应模型。

```
pFtest(form, data =rankData,effect ="twoways", model ="within")
```

```
        F test for twoways effects

data:  form
F = 17.403, df1 = 28, df2 = 169, p-value < 2.2e-16
alternative hypothesis: significant effects
```

(二)Hausman 检验

固定效应模型和随机效应模型的名字具有迷惑性,实际上二者都采用了随机估计量,我们可以用 Hausman 检验来判断哪一个适用。判断选择固定效应模型和随机效应模型不能单凭传统的 Hausman 检验(Hausman,1978)。因为传统的 Hausman 检验假设方差是同方差的,没有考虑异方差问题,须使用异方差稳健的 Hausman 检验。为了内容的完整性,我们将稳健的和非稳健的 Hausman 检验都进行介绍。

首先给定一个固定效应模型,注意参数是 model = "within"。

```
mf =plm(form, data =rankData,effect ="twoways", model ="within")
```

然后给定一个随机效应模型,注意参数是 model = "random"。

```
mr =plm(form, data =rankData,effect ="twoways", model ="random")
```

对已经设定好的固定效应模型和随机效应模型进行传统 Hausman 检验。

```
phtest(mf,mr)#  传统的 Hausman 检验
```

```
        Hausman Test

data:  form
chisq = 13.46, df = 2, p-value = 0.001194
alternative hypothesis: one model is inconsistent
```

然后进行异方差稳健的 Hausman 检验。

```
phtest(form, data =rankData, method ="aux", vcov =vcovHC)#  异方差稳健的 Hausman
检验
```

```
        Regression-based Hausman test, vcov: vcovHC

  data:  form
  chisq = 8.2998, df = 2, p-value = 0.01577
  alternative hypothesis: one model is inconsistent
```

从两个结果看,都拒绝原假设,应当采用固定效应模型。

第三节 经典文献导读

固定效应模型和随机效应模型在旅游大数据研究中运用非常广泛。相较而言，2020年以前发表的使用 FEM 或 REM 的旅游大数据论文相对简单，2020年之后的论文呈现出日渐复杂的趋势，主要体现在变量的选择、数据的获取与处理、模型的完整度等方面，研究方法的交叉性也日益明显。总的来说，由于 FEM 和 REM 本身的特点，其分析的数据类型被限制为面板数据，其涉及的研究数据类型仍以文本型数据和事务型数据为主。研究目的方面，运用 FEM 或 REM 的文章大多为研究不同特征下的自变量对因变量的影响作用。

本节我们挑选了两篇具有代表性的论文进行导读，帮助读者感受 FEM 在旅游大数据研究中的运用情形和使用难度。我们先从2019年的一篇难度较小的论文开始。

> Power of profile name in online sharing
> Xianwei Liu，Jianwei Liu，Rob Law，Sai Liang
> 《International Journal of Hospitality Management》
> Volume81，2019，30-33，ISSN 0278-4319

游客更加偏好匿名用户还是非匿名用户的评论？

在在线社区中进行社交或识别的第一步是拥有个人资料名称，那么个人资料，或者说"非匿名"这一特征是否对在线分享的效力有影响？这对于理解游客获取在线分享的最初冲动至关重要。为了解决这一问题，本研究选择了一个允许用户使用个人资料名称或保持匿名的平台，在对收集的 2,109,555 条评论进行处理分析后发现：①与匿名用户相比，非匿名用户参与在线分享的次数更多；评论更长，上传的照片也更多；②非匿名用户可以从游客群体中获得更高的认可。

是什么促使用户在网上分享信息？

酒店预订网站为用户获取已有旅游经历的游客的评论提供了有效平台。然而，在网上分享个人的经历是自发的，这要求个人撰写文字和上传照片。是什么促使用户在网上分享信息依然是一个主要的研究问题，先前的研究是利用社会交换和社会认同理论来解释在线贡献的动机。这些动机包括信息交换、自我提升和归属感。与匿名用户相比，非匿名用户更关心自己在社区中的地位和声誉，这些都可以从他们的在线贡献中获得，这也让他们对社区更有归属感。因此，与匿名用户相比，非匿名用户参与在线分享的频率更高，文章质量普遍更好，评论更加全面和翔实。此外，读者会更信任有个人资料名称的非匿名用户发布的评论，而不是匿名用户。因此，在在线社区中，非匿名用户比匿名用户更受认可。在本研究中，作者选择了一个允许用户使用个人资料名称或保持匿名的酒店预订平台，这方便实证分析自我验证对分享意愿的影响。本研究的目标是调查以下问题：①非匿名用户是否更多地参与在线分享？②非匿名用户是否会获得更多游客的认可？

如何获取数据？如何测量用户的分享行为以及游客的认同度？

本研究的数据来源为携程网。作者开发了一个基于 Python 网络爬虫技术的本研究使用的数据采集系统。首先，作者检索了携程网上列出的所有酒店。其次，选择星级酒店并下载游客于 2015—2017 年在各家酒店发布的评论。再次，排除了在入住当天三个月以后发布的评论和那些数据缺失的评论。最后，构建了一个包含 2,109,555 个有效观测结果的数据集。

本文引入了两个因变量来测量用户的分享行为，即评论的文本长度（TextLength）和评论中上传的照片数量（PhotoNum）。研究中利用每个评论收到的有用投票数（VoteNum）来衡量游客的认同度。本研究的解释变量是一个虚拟变量 Name，如果评论的发帖者有个人资料名称，则该变量等于 1，如果是匿名发帖者，则为 0。鉴于其他因素也可能影响网上行为，例如，最近的研究已经证实了用户在线行为与旅行类型、评分和发布日期之间存在关系，因此，文中在接下来的分析中控制了评论的旅行类型（例如商务、朋友、情侣、家庭和独自旅行等虚拟变量）、评分和发布日期（例如周末和旺季等虚拟变量）。基于模型(1)和模型(2)进行回归，以探索有个人资料名称的用户是否更多地参与在线分享；基于模型(3)进行回归，以调查有个人资料名称的用户是否获得更多游客的认可。

模型(1)：$\text{TextLength}_i = \beta_0 + \beta_1 \text{Name}_i + \beta_2 \text{Controls}_i + \varepsilon_i$

模型(2)：$\text{PhotoNum}_i = \beta_0 + \beta_1 \text{Name}_i + \beta_2 \text{Controls}_i + \varepsilon_i$

模型(3)：$\text{VoteNum}_i = \beta_0 + \beta_1 \text{Name}_i + \beta_2 \text{Controls}_i + \varepsilon_i$

解读数据分析结果

表 4-3 给出了分析中使用的主要变量的描述性统计数据。每篇评论的文字长度从 1 到 1457 字不等，平均值为 28 字，而每篇评论平均上传的照片数量只有 0.2 张。这一结果表明，用户倾向于发布不带照片的简短评论。每个评论获得的平均有用投票数为 0.155，因此表明许多评论未能获得有用投票。在 2,109,555 条评论中，只有 28% 的评论是由有个人资料名称的用户发布的，72% 的评论是匿名用户发布的。此外，约 69% 的评论是在旺季（北京的 4—10 月）发布的，约 28% 的评论是在周末发布的。

表 4-3 变量描述性统计结果

Descriptive statistics.

Variable	Obs.	Mean	S.D.	Min.	Max.
TextLength	2,109,555	28.353	36.333	1	1457
PhotoNum	2,109,555	0.200	0.913	0	18
VoteNum	2,109,555	0.155	1.499	0	1,648
Name	2,109,555	0.283	0.450	0	1
Rating	2,109,555	4.428	0.861	1	5
Weekend	2,109,555	0.279	0.448	0	1
Season	2,109,555	0.692	0.462	0	1
Business	2,109,555	0.484	0.500	0	1
Family	2,109,555	0.180	0.385	0	1
Friends	2,109,555	0.096	0.295	0	1
Couple	2,109,555	0.086	0.281	0	1
Alone	2,109,555	0.061	0.239	0	1

表 4-4 报告了 TextLength 的回归结果。在第一列中,使用整个样本。从 Name 的系数(在 0.01 水平上为正且显著)可以看出,有个人资料名称的用户比匿名用户的写作时间长 13.8%。这个结果表明这类用户在写评论时付出了额外的努力。作者还使用二星级、三星级、四星级和五星级酒店的评论进行稳健性检查,结果与整体一致。

表 4-4 TextLength 的回归估计结果

Effect of profile name on sharing (TextLength).

	Whole	2-star	3-star	4-star	5-star
Name	0.138***	0.121***	0.147***	0.155***	0.137***
	(0.00291)	(0.00565)	(0.00568)	(0.00604)	(0.00524)
Rating	−0.176***	−0.152***	−0.171***	−0.196***	−0.231***
	(0.00246)	(0.00306)	(0.00443)	(0.00684)	(0.00654)
Weekend	−0.0191***	−0.0113***	−0.0239***	−0.0209***	−0.0281***
	(0.00187)	(0.00320)	(0.00369)	(0.00391)	(0.00423)
Season	−0.000265	0.0134***	−0.00220	0.00172	−0.0239***
	(0.00288)	(0.00469)	(0.00616)	(0.00661)	(0.00562)
Business	−0.0493***	−0.0664***	−0.0428***	−0.0230**	−0.0235**
	(0.00473)	(0.00741)	(0.0102)	(0.00996)	(0.0102)
Family	0.341***	0.277***	0.338***	0.390***	0.433***
	(0.00663)	(0.00953)	(0.0139)	(0.0151)	(0.0126)
Friends	0.0520***	0.0336***	0.0649***	0.0727***	0.0572***
	(0.00604)	(0.00908)	(0.0120)	(0.0163)	(0.0112)
Couple	0.0963***	0.0325***	0.114***	0.154***	0.189***
	(0.00605)	(0.00887)	(0.0123)	(0.0136)	(0.0134)
Alone	0.0923***	0.0650***	0.114***	0.124***	0.100***
	(0.00567)	(0.00810)	(0.0139)	(0.0130)	(0.0144)
Cons.	3.539***	3.425***	3.546***	3.606***	3.783***
	(0.0117)	(0.0149)	(0.0207)	(0.0344)	(0.0305)
Hotel FE	Yes	Yes	Yes	Yes	Yes
Categories	4907	3637	664	408	198
$F(p)$	1333.64***	540.49***	473.89***	422.28***	428.87***
R^2	0.078	0.081	0.082	0.076	0.075
Obs.	2,109,555	771,103	440,830	499,256	398,366

Note: The dependent variable is the natural logarithm of TextLength. The robust standard errors (reported in parentheses) are clustered at the hotel level. The *, **, and *** represent significance at the 10%, 5%, and 1% levels, respectively.

虽然上传照片比写文字容易,但上传照片显然要费力气。作者进一步分析了有个人资料名称是否可以激励用户在发布评论时分享更多照片。表 4-5 给出了回归结果。Name 的正系数(0.0240***)表明,有个人资料名称的用户在发布评论时比匿名用户分享更多的照片,这一结果在二星级至五星级酒店中是稳健的(见列 2—5)。表 4-6 展示了配置文件名称对对等识别的影响。第一行显示,有个人资料名称的用户从读者(信息搜索者)那里获得了更多有用的投票,这表明这类用户发布的评论被游客认为更有用或更有信息量。这一结果在二星级至五星级酒店中都很可靠。

表 4-5　PhotoNum 的回归估计结果

Effect of profile name on sharing (PhotoNum).

	Whole	2-star	3-star	4-star	5-star
Name	0.0240***	0.0212***	0.0274***	0.0225***	0.0263***
	(0.000783)	(0.00129)	(0.00198)	(0.00180)	(0.00180)
Rating	0.00510***	0.00343***	0.00709***	0.00605***	0.00782***
	(0.000531)	(0.000790)	(0.00132)	(0.00108)	(0.00146)
Weekend	0.00637***	0.00606***	0.00544***	0.00380***	0.0108***
	(0.000592)	(0.000883)	(0.00127)	(0.00121)	(0.00154)
Season	−0.00329***	−0.00167	−0.00330*	−0.00230	−0.00669***
	(0.000728)	(0.00110)	(0.00172)	(0.00145)	(0.00176)
Business	0.00512***	0.00372***	0.0130***	0.0108***	0.00844***
	(0.000941)	(0.00137)	(0.00209)	(0.00177)	(0.00266)
Family	0.0732***	0.0435***	0.0763***	0.0900***	0.118***
	(0.00203)	(0.00186)	(0.00425)	(0.00374)	(0.00635)
Friends	0.0140***	0.00666***	0.0166***	0.0174***	0.0290***
	(0.00129)	(0.00168)	(0.00296)	(0.00251)	(0.00432)
Couple	0.0283***	0.00892***	0.0293***	0.0402***	0.0744***
	(0.00163)	(0.00163)	(0.00365)	(0.00351)	(0.00548)
Alone	0.0484***	0.0310***	0.0509***	0.0622***	0.0893***
	(0.00177)	(0.00191)	(0.00394)	(0.00455)	(0.00655)
Cons.	0.0350***	0.0420***	0.0279***	0.0217***	0.0201**
	(0.00281)	(0.00384)	(0.00744)	(0.00590)	(0.00803)
Hotel FE	Yes	Yes	Yes	Yes	Yes
Categories	4907	3637	664	408	198
F (p)	247.96***	128.66***	70.82***	101.27***	56.12***
R^2	0.056	0.048	0.070	0.053	0.059
Obs.	2,109,555	771,103	440,830	499,256	398,366

Note: The dependent variable is the natural logarithm of PhotoNum. The robust standard errors (reported in parentheses) are clustered at the hotel level. The *, **, and *** represent significance at the 10%, 5%, and 1% levels, respectively.

表 4-6　VoteNum 的回归估计结果

Effect of profile name on peer recognition (VoteNum).

	Whole	2-star	3-star	4-star	5-star
Name	0.00577***	0.00267***	0.00695***	0.00688***	0.00857***
	(0.000528)	(0.000982)	(0.00118)	(0.000974)	(0.00113)
Rating	−0.0317***	−0.0278***	−0.0240***	−0.0332***	−0.0530***
	(0.00101)	(0.00127)	(0.00154)	(0.00289)	(0.00346)
Weekend	0.000149	0.000351	−0.00124	0.00111	−0.000226
	(0.000481)	(0.000761)	(0.000979)	(0.00114)	(0.00105)
Season	−0.00438**	−0.00244*	0.00248	−0.0119*	−0.00548***
	(0.00196)	(0.00132)	(0.00525)	(0.00610)	(0.00154)
Business	−0.00303***	−0.00307***	−0.00258*	0.000311	−0.00258*
	(0.000707)	(0.00106)	(0.00154)	(0.00164)	(0.00152)
Family	0.0405***	0.0291***	0.0371***	0.0477***	0.0592***
	(0.00120)	(0.00156)	(0.00316)	(0.00263)	(0.00286)
Friends	0.00951***	0.00909***	0.00852***	0.00769***	0.0125***
	(0.000936)	(0.00141)	(0.00210)	(0.00210)	(0.00218)
Couple	0.0192***	0.0117***	0.0193***	0.0247***	0.0332***
	(0.00109)	(0.00147)	(0.00243)	(0.00274)	(0.00302)
Alone	0.0176***	0.0107***	0.0199***	0.0252***	0.0281***
	(0.00114)	(0.00146)	(0.00284)	(0.00284)	(0.00332)
Cons.	0.211***	0.194***	0.171***	0.223***	0.305***
	(0.00474)	(0.00550)	(0.00861)	(0.0139)	(0.0157)
Hotel FE	Yes	Yes	Yes	Yes	Yes
Categories	4907	3637	664	408	198
F (p)	238.74***	91.16***	69.47***	66.51***	69.59***
R^2	0.108	0.123	0.087	0.117	0.096
Obs.	2,109,555	771,103	440,830	499,256	398,366

Note: The dependent variable is the natural logarithm of VoteNum. The robust standard errors (reported in parentheses) are clustered at the hotel level. The *, **, and *** represent significance at the 10%, 5%, and 1% levels, respectively.

是否应当重视非匿名用户的作用？

本文使用了从携程网收集的 2,109,555 条酒店评论的数据集，从大数据分析中得出了两个主要发现。首先，有个人资料名称的用户更多地参与在线分享。也就是说，他们在发表评论时，会写更长的文字，上传更多的照片。其次，有个人资料名称的用户会获得更多游客的认可。这些结果在不同级别的酒店中是稳健和一致的。这项研究首次揭示了在酒店评论的背景下，个人资料名称的用户的在线分享丰富了酒店在线分享和大数据分析方面的研究。

在线评论在体验商品市场中发挥着重要作用,例如与酒店相关的产品或服务,消费者在购买前无法评估时往往会参考已有的评论。因此,高质量的评论是这些网站吸引新用户和留住现有用户的宝贵资源。

研究结果表明,非匿名用户更有可能发布包含更多文字和照片的高质量评论,并吸引更多读者的认可。因此,建议 UGC 网站鼓励用户使用个人资料名称,从而将他们置于社区中,增加他们的分享意愿。在作者的研究样本中,只有 28% 的用户有个人资料名称。显然,该网站没有充分鼓励用户使用个人资料名称。

这项研究也有局限性。首先,从携程网收集的数据集不包含每个个体的 ID。因此,不具备采用个体固定效应的条件。其次,尽管使用移动设备(应用程序)和个人电脑(网站)来发布评论的结果是相同的,但用户的发布行为也可能不同。未来的研究可以从各种平台收集数据,测试和增强本研究的结果。

Foreign tourists' experiences under air pollution: Evidence from big data

Yang Yang,Xiaowei Zhang,Yu Fu

《Tourism Management》

Volume88,2022,ISSN 0261-5177

空气污染是否会影响游客的旅游体验?

过去十年中前所未有的城市化引起了学术界对城市,特别是特大城市的关注。空气污染是一个被众多媒体报道的关键问题,根据世界卫生组织 2014 年环境报告,2012 年空气污染导致全球约 700 万人死亡。受影响的城市受到季节性雾霾等典型空气污染指标的严重影响。许多实证研究证实了空气质量对旅游需求和游客体验的影响。有学者对相关的研究做了全面的回顾,发现这一主题有以下两种类型的研究盛行。一是专注于旅游需求的研究和对个体游客影响的研究。在这个方向下面,学者们基于汇总数据认识到了空气质量对旅游需求的影响,用不同的计量模型来估计空气质量措施或空气污染措施对旅游需求指标的影响。二是通过实证方法考虑个体异质性来补充需求研究。基于调查数据、实验数据和社交媒体数据,这些研究从目的地形象、访问意图、旅行认知、满意度和活动模式方面探讨了人们对空气污染的反应。然而,这些微观研究的一个主要局限性是,当调查是基于短期内少数几个目的地时,空气质量/污染水平的变化有限。此外,过去的微观研究忽视了空气质量/污染水平影响的异质性,未能揭示各种因素对个体游客的影响。

为了解决这一问题,本研究使用了大量猫途鹰(TripAdvisor)对中国景点的评论样本,并应用固定效应模型来估计空气污染对景点评级的影响。

空气污染是如何影响游客旅游体验的? 空气污染对不同特征游客的影响是否存在显著差异?

为了探究空气污染如何影响游客体验,作者梳理了大量已有文献,主要从游客的专业水平、旅行时的污染年份、居住地空气污染水平等几个方面提出了本文的假设。具体如下。

游客的满意度被认为是一种认知状态,受以往认知经验的影响,特别是基于主观经验与以往参考基础比较的不确认结果。在存在空气污染的情况下,当体验未达到预期时,游客就

会产生怀疑,因不足预期而产生负面影响。当空气污染影响到游客时,灰色的视觉影响以及潜在的健康风险在很大程度上会与游客的美好期望产生冲突,直接影响游客的旅游体验。因此,提出以下假设:

H1:空气污染水平越高,游客的体验水平就越低。

游客的体验水平很可能会影响游客对旅游的满意度。更专业游客往往对目的地有更多的要求,比如当地的景点、风险、安全、天气、设施、稳定性等。随着旅游知识的增加,游客对目的地属性、景点和其他与旅游细节相关的具体信息更加敏感。根据以往的文献,有专业经验的游客在评估旅游环境下的服务和经验时要求更多。这些更专业游客更容易因对空气质量敏感,从而亲历空气污染对旅行体验产生巨大负面影响。因此,提出以下假设:

H1a:游客的专业水平调节了空气污染的影响,专业程度高的游客受影响更大。

在空气污染的早期,突然的环境污染会在很大程度上放大游客对旅游体验的否定。认知和实际经验之间的突然差异,给游客在短期内适应污染环境带来了巨大挑战,这导致当前空气污染的影响大于将来。随着时间的推移,外国游客越来越明确在中国旅游时对减少空气污染危害的期望,即游客对空气污染的准备更充分。以上都有助于减少在空气污染下期望和实际旅行体验之间的差异。因此,提出以下假设:

H1b:旅行的年份调节了空气污染的影响,前几年空气污染的影响更大。

户外观光活动的愉悦维度可能引起游客对旅游质量的良好感知。户外景点,如山川、国家公园和滨水公园,都高度依赖于空气质量。与空气有关的能见度损害污染在很大程度上限制了预期的自然景观。与室内活动不同,游客在户外环境中参加活动时更容易受到空气污染的威胁。因此,提出以下假设:

H1c:景点类型调节了空气污染的影响,对室外景点的影响更大。

游客的满意度会因为其文化背景受到影响,因为游客会根据其文化背景来评价不同的体验。文化心理学家认为,民族文化差异,如"男性主义与女性主义"和"个人主义与集体主义"可能会影响游客的评价。女性主义者可能有助于提高游客的环境意识和敏感性,因为这类人往往追求细节。相反,男性主义者通常会有物质的压力,因此,他们更有可能忽视环境风险。提出以下假设:

H1d:"男性主义与女性主义"的文化维度调节了空气污染的影响,空气污染对女性化更强的文化的游客的影响更大。

在集体主义文化中,人们感兴趣的是什么是最好的分享、合作和协调群体的目标,而在个人主义文化中,人们通过考虑个人利益,以更独立和自主的方式做出行为决定。集体主义社会的游客更倾向于关注环境问题,这与亲社会的态度和行为相一致。因此,提出以下假设:

H1e:"个人主义与集体主义"的文化维度调节了空气污染的影响,空气污染对集体主义更强的游客的影响更大。

现有的研究表明,来自不同国家或地区的游客将目的地的空气质量与他们居住地的空气质量比较,以评估他们对目的地的体验。基于期望-否定理论,游客居住地的空气质量有助于塑造对目的地空气质量的期望,而相对空气质量感知往往在对游客体验的评价中发挥作用。此外,对于一个来自污染较轻的国家的游客来说,他们感受到的空气污染对身体和情感的冲击都会被放大。因此,提出以下假设:

H1f:游客居住地的空气污染水平调节了空气污染的影响,空气污染对来自空气污染水平较低的国家的游客影响更大。

如何获取数据？如何控制本情景下无关变量对分析结果的影响？

1. 数据收集渠道

本文主要从以下四个渠道进行数据收集。

(1)从 TripAdvisor 上收集景点的形象信息,如景点名称、地址、评论总数等,以及所有与评论相关的信息,包括评论文本、评论人姓名、评论人的家乡城市、旅行日期和评论日期。

(2)从天气网网站(http://www.tianqi.com/)收集历史天气信息,其原始气象信息从中国气象局网站获取。

(3)从空气质量在线检测分析平台(www.aqistudy.cn)收集历史空气质量数据。空气质量信息包括日平均空气质量指数(AQI)和污染物的日平均浓度,如 PM2.5、PM10、SO_2、NO_2、O_3 和 CO。每日记录根据中国生态环境部提供的每小时数据计算。

(4)从 Hofstede Insight 平台(https://www.hofstede-insights.com/)收集每个国家的文化得分。

2. 模型提出

$$y_{i(k)jt} = \ln \text{pm}25_{jt} \cdot \gamma + \ln \text{pm}25_{jt} \cdot Z_{i(k)jt} \cdot \rho + X_{it}\beta + \mu_k + \tau_j + \eta_t + \delta_t + \bar{\omega}_t + \varepsilon_{i(k)jt}$$

其中,i 表示来自国家/地区的一名游客 k;j 表示在 TripAdvisor 上审查的景点;t 表示旅行日期。因变量 y 表示在特定景点的 TripAdvisor 网页上发布的 5 分制旅游体验评分。在各自变量中,$\ln \text{pm}25$ 是主要变量,它测量了 PM2.5 浓度的对数(每立方米微克)。$\ln \text{pm}25$ 的估计系数为 γ,可用于检验 H1。X_{it} 表示一组来解释游客体验的控制变量,$Z_{i(k)jt}$ 是一个调节 PM2.5 对游客体验影响的变量。该模型还包括五个固定效应项:μ_k 反映了原籍国的具体影响(针对 147 个国家/地区);τ_j 反映了特定的吸引力效应(为 2324 个景点);η_t 反映了特定节日(如新年、春节、中秋节、劳动节、端午节、中秋节、国庆节)的影响,δ_t 反映了特定月份的影响(持续时间为 73 个月);$\bar{\omega}_t$ 反映特定星期几的影响(一周 7 天)。最后,$\varepsilon_{i(k)jt}$ 表示正常的误差项。

文中还使用 X_{it} 指定了以下控制变量:是否移动设备、游客专业知识、景点温度、景区天气(含晴天、雨天、雪、多云)。

移动设备、游客专业知识、景点温度和景区天气是否会影响旅行体验？

表4-7给出了没有交互项的固定效应模型的估计结果。表中依次引入了每个控制变量,模型(Model)1 仅包含了感兴趣的关键变量 $\ln \text{pm}25$,在控制了 4 个固定效应后,其系数

估计为负值,且具有统计学意义。在模型 2 中,在整合了两个旅行者特定的控制变量(移动设备和专业知识)后,ln pm25 的估计系数为负且仍然显著。将其他天气相关变量纳入模型 3:ln pm25 的估计系数为负值,且具有统计学意义。在模型 1 到模型 3 中,ln pm25 的估计系数始终为负且显著,为 H1 提供了支持。模型 2 和模型 3 的移动设备系数为负且显著,这表明通过移动设备发布评论的旅行者更有可能在 TripAdvisor 上的旅行体验得分更低。在所选的天气相关变量中,晴天、下雨和多云的估计系数具有统计学意义。

表 4-7 没有交互项的固定效应模型估计结果

Estimation results of fixed-effects models without interaction terms.

	Model 1	Model 2	Model 3
lnpm25	−0.00877*	−0.00911*	−0.00864*
	(0.005)	(0.005)	(0.005)
mobile		−0.0522***	−0.0524***
		(0.007)	(0.007)
expertise		−0.00581	−0.00579
		(0.004)	(0.004)
temp			0.00155
			(0.001)
temp_square			−0.0000443
			(0.000)
sunny			−0.0169*
			(0.010)
rainy			−0.0232***
			(0.008)
snowy			−0.0268
			(0.035)
cloudy			−0.0299***
			(0.008)
constant	4.296***	4.337***	4.350***
	(0.016)	(0.018)	(0.025)
Attraction-specific effects	Yes	Yes	Yes
Month-specific effects	Yes	Yes	Yes
Holiday-specific effects	Yes	Yes	Yes
Day-of-week-specific effects	Yes	Yes	Yes
Country-of-origin-specific effects	Yes	Yes	Yes
N	94447	94447	94447
N (attractions)	2324	2324	2324
R-sq	0.187	0.187	0.187
adj. R-sq	0.164	0.165	0.165

(Notes: *** indicates significance at the 0.01 level; ** indicates significance at the 0.05 level. Attraction-based clustered standard errors are presented in parentheses.).

空气污染对游客体验的影响受到哪些因素的调节?

表 4-8 显示了包含各种调节变量的模型的估计结果。模型 4 包括 ln pm25 与专业知识之间的交互项;这种交互作用为负且具有统计学意义。因此,以往的旅行经验调节了空气污染与游客体验的关系,越专业的游客到中国旅游时,受到空气污染的影响越大。因此,H1a 得到了实证结果的支持。模型 5 涉及 ln pm25 与 t 之间的相互作用,结果发现为正且不显著。因此,H1b 不被接受。模型 6 纳入相互作用项 ln pm25*outdoor,估计系数为负且具有统计学显著性。因此,景点类型似乎调节了空气污染对游客体验的影响,为 H1c 提供了支持。这种影响在户外活动中明显更大。模型 7—模型 8 包括相互作用项 ln pm25 与 H1d、H1e 中所强调的 Hofstede 文化维度的每个维度的得分之间的相互作用,估计与 lnmas 和

lnidv 的相互作用是正向的和显著的，并且接受 H1d、H1e。因此，对于来自男性主义和个人主义得分较高的国家的游客来说，空气污染的影响较小。我们发现 ln pm25 的估计系数在"男性主义与女性主义"和"个人主义与集体主义"文化得分较高的国家中不再具有统计学意义。在模型 9 中，ln pm25 和 pm25_clean_home 之间的相互作用项部分地捕捉了相对空气污染的影响。交互项的负显著系数均支持 H1f，说明空气污染的负面影响对空气污染程度低的来源国游客要大得多。

表 4-8　含交互项的固定效应模型估计结果

Estimation results of fixed-effects models with interaction terms.

	Model 4	Model 5	Model 6	Model 7	Model 8	Model 9
lnpm25	0.0126	−0.0299**	−0.00695	−0.0910**	−0.0696**	0.000639
	(0.013)	(0.014)	(0.005)	(0.042)	(0.030)	(0.007)
lnpm25 * expertise	−0.00617**					
	(0.003)					
lnpm25 * t		0.00496				
		(0.003)				
lnpm25 * otadoor			−0.0191*			
			(0.014)			
lnpm25 * lnmas				0.0203*		
				(0.010)		
lnpm25 * lnidv					0.0144**	
					(0.007)	
lnpm25 * pm25_clean_home						−0.0160*
						(0.008)
mobile	0.0152	−0.00577	−0.00580	−0.00582	−0.00582	−0.00580
	(0.011)	(0.004)	(0.004)	(0.004)	(0.004)	(0.004)
expertise	−0.0525***	−0.0523***	−0.0524***	−0.0540***	−0.0539***	−0.0523***
	(0.007)	(0.007)	(0.007)	(0.007)	(0.007)	(0.007)
temp	0.00150	0.00158	0.00167	0.00147	0.00142	0.00151
	(0.001)	(0.001)	(0.001)	(0.001)	(0.002)	(0.001)
temp_square	−0.0000439	−0.0000464	−0.0000470	−0.0000403	−0.0000398	−0.0000434
	(0.000)	(0.000)	(0.000)	(0.000)	(0.000)	(0.000)
sunny	−0.0167	−0.0164	−0.0172*	−0.0178*	−0.0180*	−0.0168*
	(0.010)	(0.010)	(0.010)	(0.010)	(0.010)	(0.010)
rainy	−0.0230***	−0.0230***	−0.0235***	−0.0223***	−0.0223***	−0.0232***
	(0.008)	(0.008)	(0.008)	(0.008)	(0.008)	(0.008)
snowy	−0.0264	−0.0248	−0.0269	−0.0248	−0.0248	−0.0267
	(0.035)	(0.035)	(0.035)	(0.035)	(0.035)	(0.035)
cloudy	−0.0298***	−0.0294***	−0.0301***	−0.0295***	−0.0296***	−0.0300***
	(0.008)	(0.008)	(0.008)	(0.008)	(0.008)	(0.008)
constant	4.279***	4.349***	4.349***	4.354***	4.355***	4.351***
	(0.048)	(0.025)	(0.026)	(0.026)	(0.026)	(0.025)
Attraction-specific effects	Yes	Yes	Yes	Yes	Yes	Yes
Month-specific effects	Yes	Yes	Yes	Yes	Yes	Yes
Holiday-specific effects	Yes	Yes	Yes	Yes	Yes	Yes
Day-of-week-specific effects	Yes	Yes	Yes	Yes	Yes	Yes
Country-of-origin-specific effects	Yes	Yes	Yes	Yes	Yes	Yes
N	94447	94447	94447	92108	92108	94447
N (attractions)	2324	2324	2324	2301	2301	2324
R-sq	0.188	0.187	0.187	0.187	0.187	0.187
adj. R-sq	0.165	0.165	0.165	0.165	0.165	0.165

(Notes: *** indicates significance at the 0.01 level; ** indicates significance at the 0.05 level. Attraction-based clustered standard errors are presented in parentheses.).

不同的空气污染物浓度对游客体验的影响是否有差异？

由于其他空气污染物也可能影响游客的体验，进一步利用以下六种污染物的日空气染物浓度对数模型：PM2.5(ln pm25)、PM10(ln pm10)、SO_2(ln SO_2)、CO(ln CO)、NO_2(ln NO_2)和 O_3(ln O_3)。此外，使用 ln AQI 估计了所有空气污染物的影响，表示这些空气污染物浓度的对数。估计结果见表 4-9。在这些估计中，只有模型 3 中的 PM2.5(ln pm25)和模型 10 中的 PM10(ln pm10)被估计为显著的。从各系数的大小来看，PM10 对游客体验的负面影响要大于 PM2.5。

表 4-9 不同污染源的模型估计结果

Estimation results of models for different pollutants.

	Model 10	Model 11	Model 12	Model 13	Model 14	Model 15
lnpm10	−0.0113* (0.006)					
lnso2		0.00657 (0.009)				
lnco			0.0111 (0.024)			
lnno2				0.00615 (0.009)		
lno3					−0.00475 (0.006)	
lnAQI						−0.0104 (0.007)
mobile	−0.0524*** (0.007)	−0.0523*** (0.007)	−0.0523*** (0.007)	−0.0523*** (0.007)	−0.0523*** (0.007)	−0.0524*** (0.007)
expertise	−0.00580 (0.004)	−0.00581* (0.004)	−0.00582* (0.004)	−0.00582* (0.004)	−0.00581* (0.004)	−0.00580 (0.004)
temp	0.00152 (0.001)	0.00138 (0.001)	0.00138 (0.001)	0.00125 (0.001)	0.00154 (0.001)	0.00147 (0.001)
temp_square	−0.0000422 (0.000)	−0.0000469 (0.000)	−0.0000438 (0.000)	−0.0000401 (0.000)	−0.0000436 (0.000)	−0.0000403 (0.000)
sunny	−0.0158 (0.010)	−0.0192* (0.010)	−0.0179* (0.010)	−0.0188* (0.010)	−0.0164 (0.011)	−0.0160 (0.010)
rainy	−0.0238*** (0.008)	−0.0217*** (0.008)	−0.0223*** (0.008)	−0.0222*** (0.008)	−0.0228*** (0.008)	−0.0233*** (0.008)
snowy	−0.0264 (0.035)	−0.0267 (0.035)	−0.0261 (0.035)	−0.0258 (0.035)	−0.0257 (0.035)	−0.0261 (0.035)
cloudy	−0.0296*** (0.008)	−0.0309*** (0.008)	−0.0304*** (0.008)	−0.0307*** (0.008)	−0.0298*** (0.008)	−0.0297*** (0.008)
constant	4.365*** (0.030)	4.307*** (0.032)	4.317*** (0.027)	4.305*** (0.035)	4.342*** (0.032)	4.364*** (0.033)
Attraction-specific effects	Yes	Yes	Yes	Yes	Yes	Yes
Month-specific effects	Yes	Yes	Yes	Yes	Yes	Yes
Holiday-specific effects	Yes	Yes	Yes	Yes	Yes	Yes
Day-of-week-specific effects	Yes	Yes	Yes	Yes	Yes	Yes
Country-of-origin-specific effects	Yes	Yes	Yes	Yes	Yes	Yes
N	94447	94447	92108	92108	92108	94447
N (attractions)	2324	2324	2301	2301	2301	2324
R-sq	0.187	0.187	0.187	0.187	0.187	0.187
adj. R-sq	0.165	0.165	0.165	0.165	0.165	0.165

(Notes: *** indicates significance at the 0.01 level; ** indicates significance at the 0.05 level. Attraction-based clustered standard errors are presented in parentheses.).

如何看待已得出的空气污染对游客体验影响的分析结果？

这项研究用来自中国大陆外国游客的全国性审查数据，考察了空气污染对 TripAdvisor 上旅游景点评级的影响。研究发现空气污染对外国游客的影响是负面且显著的。此外，还发现了空气污染-游客体验关系的几个调节因子，早些年在提供户外活动的景点，对经验更丰富的旅行者的影响要大得多。此外，在民族文化特征和母国平均空气污染水平方面，来自女性主义和集体主义文化更浓厚的国家以及空气污染较低的国家的游客更容易受到空气污染的影响。

本研究为外国旅游行政单位和目的地营销组织提供了现实意义。第一，中国的旅游目的地，特别是那些面临空气污染问题的旅游目的地，可以战略性地瞄准那些游客不太容易受到空气污染影响的潜在旅游来源市场。第二，易受空气污染的目的地应为入境游客建立空气污染预警系统。第三，目的地的在线旅游规划/推荐系统在帮助游客安排其活动时，应包括空气质量指标。第四，对减少污染进行成本效益分析时应考虑与旅游相关的效益。本文发现的空气污染对游客体验的不利影响这一结论对关注旅游地居民的经济和福利的相关研究有一定的冲击。研究者们应当意识到空气污染不仅会直接影响旅游地居民的生活质量，还会通过影响游客的体验进而影响当地的旅游收入效益。

本章小结

本章从面板数据的定义、分类以及优缺点引入，帮助读者系统地了解面板数据的特征以及与非面板数据的差异。然后从对面板数据的估计方法入手，分别介绍了估计面板数据的三类方法——混合回归模型、固定效应模型以及随机效应模型，并详细介绍了后两者的数学原理和估计方法。同时，介绍了三类估计模型的R语言代码实操，培养读者在不同的环境下对面板数据进行解读的能力。最后，回归旅游研究本身，以最新的旅游大数据研究中的两篇运用固定效应模型的论文为例，由易入难，帮助读者了解固定效应模型在研究中的具体使用情景以及难易程度。

关键概念

面板数据　混合回归模型　固定效应模型　随机效应模型　组内离差法　最小二乘虚拟变量法　一阶差分法　Hausman检验

复习思考题

一、选择题（二维码在线答题）

二、简答题

1. 请分别列举三个时间序列数据、截面数据和面板数据的例子。
2. 简述固定效应模型的一般形式。
3. 简述个体固定效应模型、时间固定效应模型以及双向固定效应模型的差异。
4. 简述固定效应模型和随机效应模型的差异，如何判断该使用固定效应模型还是随机效应模型？
5. 调用plm包内置的数据Grunfeld，依次复现本章第二节的展示所有操作。
6. 使用plm包中的Cigar数据集，做一个以sales为因变量的个体固定效应模型，存为model5.1，试解读summary(model5.1)的结果，并运用合理的方法检验model5.1是否能够解决预设的问题。

三、思考题

竞争通常发生在销售类似产品或服务的公司之间。例如，酒店、民宿等提供类

似住宿产品的公司可能会面临激烈的竞争,尤其是与其处在相邻位置的同业竞争者。当酒店在一定地理范围内有大量的同业竞争者时,酒店往往会采取个性化手段争取竞争优势。此外,酒店参与竞争的程度也取决于酒店的特色,例如,财务表现更好、客户关系更好的酒店往往非常注重网络声誉;豪华酒店更有可能关注服务质量。总的来说,根据酒店的类型、定价水平不同,酒店对待竞争的响应度以及方式都会存在较大的差异。

假设你获取了 2010 年 1 月至 2022 年 1 月中国北京、上海、广州、深圳所有星级酒店的在线评论、管理响应和酒店特征数据。自变量设为酒店 i 在第 t 个月 1 公里半径内的竞争酒店的累计数量;因变量以管理响应与在线评论的比率、管理响应的平均长度和每月发布的管理响应的平均速度三个变量来反映。请你设计一个研究来调查以下三个问题:

(1)来自附近酒店的竞争是否影响了酒店的管理行为?

(2)这种影响效应是否随着地理距离的增加而下降?

(3)哪个价格级别的酒店对竞争的存在反应更强烈?

第五章

时间序列

学习目标

时间序列作为经典的预测方法,在各类旅游预测领域数十年占据主导地位,而在机器学习日渐成熟的今天,相关方法仍被大量使用,有自己的一席之地。本章我们将对时间序列分析的基础概念、代码实现与论文应用三部分展开系统学习,使学生达成以下学习目标。

(1)知识目标:了解平稳性、白噪声、自回归移动平均等重要概念;掌握时间序列分析的基础步骤。

(2)能力目标:掌握常用的时间序列分析基础检验方法的运行程序;掌握各种类型时间序列模型的 R 语言操作过程。

(3)素养目标:能够将大数据技术和社会需求紧密结合,明白所学知识与社会发展、改善民生、提升国家竞争力之间的关系,敏锐发现数据中可能存在的潜在信息,为中国式现代化发展提供参考,助力产业高质量发展。

案例引导

21 世纪以来,全球危机事件频发,为满足高质量发展要求,提高应变能力成为我国旅游业应对各种不确定性风险的关键。然而,由于旅游具有很强的综合性和敏感性,政治、经济、自然灾害等外部环境变化往往对旅游业产生直接的影响,因此,旅游业表现出更多的非线性波动和周期性演变。为了更好地揭示中国旅游经济弹性的真实性,很多学者采用时间序列来进行相关分析。

2023 年春节长假,旅游业迎来强劲复苏,西湖景区游客如织,公园、景点到处都是欢乐祥和的热闹景象。人们携家带友、笑意盈盈地迎春赏景,感受西湖之美与新春之乐,享受假期的休闲好时光。数据统计显示,2023 年春节七天,西湖景区共接待游客 292.86 万人次,较上年同比增长 406.77%。人气景点中,灵隐飞来峰以 46.79 万人次排在首位,三潭印月、动物园以 17.98 万人次和 15.1 万人次分列第二位和第三位。

面对激增的旅游需求,为了能更好地预测并做出相应响应,研究人员自然而然地想深入研究以下问题:

(1)明年的游客到达量会是多少?下个季度周边酒店客房需求会上升吗?

(2)何种关键词的检索会与游客量上升高度相关?何种搜索引擎词条检索更能反映游客数量的变化?或者其他什么信息会提前揭示游客数量将改变?

(3)哪种预测方法或模型能够更准确地预测游客到达量?

第一节 理 论 基 础

时间序列(time series analysis)是依时间顺序记录的一组数据,借由这组时间数据可以预测后几期的趋势。其中观察的时间可以是年份、季度、月份或其他任何形式。为了方便描述,本章用 t 表示所观察的时间,用 $\{X_t:t=0,\pm 1,\pm 2,\pm 3,\cdots\}$ 表示在时间 t 上的观测值,而一个有 N 个顺序观测值的时间序列 $\{X_1,X_2,\cdots,X_N\}$ 可以看成随机过程 $\{X_t:t=0,\pm 1,\pm 2,\pm 3,\cdots\}$ 的一个部分。

一、时间序列分析的基本原理

时间序列分析的基本原理主要依靠时间序列的组成要素来加以说明。时间序列可能受到一种或者多种因素的影响,以至于其数值在不同时间存在差异,这些影响因素即是时间序列的组成要素(components)。组成要素一般包括趋势、季节变动、循环变动以及不规则变动。

1. 趋势

趋势是表示时间序列在一段较长时间内所呈现出来的持续向上或者是向下的动向。例如,一个国家的 GDP 年年增长,一个企业的生产成本逐年下降,都是趋势。在一定观测期内,趋势可能呈线性变化,也可能呈非线性变化。

2. 季节变动

季节变动是表示时间序列以周期长度固定变动的模式,而这个周期可以是周、月、季、年等。受气候变化、生产条件、各类节假日和风俗习惯的影响,农业生产、交通运输、旅游、商品销售均有明显的季节变动特征,如交通运输部门节假日客流量大幅上升等。

3. 循环变动

循环变动也称为周期波动,时间序列的数据呈现的是非固定长度的周期变动,循环变动无固定规律,变动周期多在一年以上,而且周期长短不一,如人们经常听到的景气周期、加息周期这类术语。由于数据量的限制,当数据序列短时,很难找出周期,因此可以不考虑循环变动。

4. 不规则变动

不规则变动也称为随机波动,是时间序列数据除去趋势、季节变动和循环变动之后剩余的波动。随机波动是由一些偶然因素所引起的,通常夹杂在时间序列之中,致使时间序列产生一种波浪形的变动。不规则变动的因素往往不可预知,也无法控制,所以在进行时间序列分析时不能单独存在。

时间序列的四个组成因素,即趋势(T)、季节变动(S)、循环变动(C)和不规则变动(I)与观察值的关系,可以利用加法模型或者是乘法模型加以表示。

加法模型可以表现为
$$X_t = T_t + S_t + C_t + I_t$$

乘法模型可以表现为
$$X_t = T_t \times S_t \times C_t \times I_t$$

图 5-1 所示为含有不同成分的时间序列图。

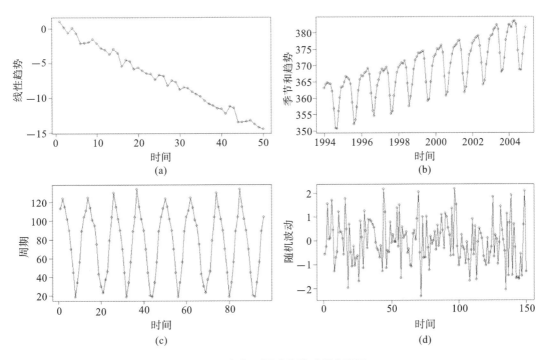

图 5-1 含有不同成分的时间序列图

二、时间序列分析的基本概念

(一)平稳性

对于时间序列 $X_1, X_2, \cdots, X_N$,如果称为严平稳(strictly stationary)的,则必须满足以下条件:对于任何 $t_1, t_2, \cdots, t_k$,滞后期 τ 和 k,X_{t_k} 的联合分布与 $X_{t_{1+\tau}}, \cdots, X_{t_{k+\tau}}$ 的联合分布相同。如果 $k=1$,那么 X_t 的分布对所有的 t 都相同,而且均值和方差都不随 t 而变。

对于时间序列 $X_1, X_2, \cdots, X_N$,如果称为弱平稳(weak stationary)的,或者二阶平稳(second-order stationary)的,或者协方差平稳(covariance stationary)的,则必须满足下面条件:X_t 的均值(数学期望)不随时间而改变,即对于任何 t,$E(X_t) = \mu$(这里 μ 为一个常数),而且,对于任何滞后期 τ,X_t 与 $X_{t+\tau}$ 的相关系数 $\mathrm{Cov}(X_t, X_{t+\tau}) = \gamma_\tau$,即该相关系数仅仅依赖于 τ,与时间 t 无关。显然,平稳时间序列的方差也是一个常数:$\mathrm{Var}(X_t) = \gamma_0$。

注意,除非在某些假定条件下,严平稳和弱平稳没有一个包含另一个的关系,一般教科书都着重讨论弱平稳(二阶平稳),本书后面所涉及的平稳都是弱平稳。弱平稳时间序列有不随时间改变的一阶矩和二阶矩。

一类很重要的过程是正态过程,即序列 $X_{t_1}, X_{t_2}, \cdots, X_{t_k}$ 对于所有的 $t_1, t_2, \cdots, t_k$ 都是多元正态分布的。而多元正态分布则完全被该分布的一阶矩 $\mu(t)$ 和二阶矩 $\gamma(t_1, t_2)$ 所决定,因此,对于正态过程,弱平稳(二阶平稳)就意味着严平稳。但如果过程非常"不正态",仅靠 μ 和 γ_τ 就不能很好地描述平稳过程了。

(二)自协方差函数和自相关函数

假定 X_t 和 X_s 的均值分别为 $\mu_t = E(X_t)$,$\mu_s = E(X_s)$,那么 X_t 和 X_s 的自协方差函数(auto-covariance function,ACVF)定义为

$$\gamma(t, s) = \text{Cov}(X_t, X_s) = E[(X_t - \mu_t)(X_s - \mu_s)]$$

对于平稳时间序列,如果 $\tau = s - t$,则有自协方差函数

$$\begin{aligned} \gamma(h) &\equiv \gamma_\tau \equiv \gamma(t, s) \\ &= E[(X_t - \mu_t)(X_s - \mu_s)] \\ &= E[(X_t - \mu)(X_{t+\tau} - \mu)] \end{aligned}$$

也就是说,平稳时间序列的自协方差函数 γ_τ 仅仅依赖于时间差 τ,与绝对时间无关。平稳时间序列的自相关函数(auto-correlation function,ACF)定义为

$$\rho(\tau) \equiv \rho_\tau \equiv \frac{\gamma_\tau}{\gamma_0} = \frac{E[(X_t - \mu)(X_{t+\tau} - \mu)]}{\text{Var}(X_t)}$$

对于平稳序列则有

$$\gamma_\tau = \text{Cov}(X_t, X_{t+\tau}) = \text{Cov}(X_{t-\tau}, X_t) = \gamma_{-\tau}$$

注意,自相关函数 ACF 并不唯一识别背景模型。虽然一个给定的随机过程都有唯一的 ACF,但是一个给定的自相关函数并不一定对应唯一的随机过程,即使是不同的正态过程,也可能有同样的自相关函数。这时,就需要所谓的可逆性条件(invertibility condition)来保证唯一性。这样就可以在可逆性条件下通过自相关函数去识别一个随机过程。关于可逆性条件,请参见后面章节中的介绍。

如果 $\{x_t\}_{t=1}^T$(代表 $x_1, x_2, \cdots, x_T$)为时间序列 $\{X_t\}_{t=1}^T$(代表 $X_1, X_2, \cdots, X_T$)的样本,滞后期 τ 的样本自协方差函数(sample auto-covariance function,SACVF)及滞后期 τ 的样本自相关函数(sample auto-correlation function,SACF)分别定义为

$$\hat{\gamma}_\tau = \frac{1}{T} \sum_{t=\tau+1}^T (x_t - \bar{x})(x_{t-\tau} - \bar{x})$$

和

$$\hat{\rho}_\tau = \frac{\hat{\gamma}_\tau}{\hat{\gamma}_0}$$

这里 $\bar{x} = \frac{1}{T} \sum_{t=1}^T x_t$ 为样本均值。在不会发生误解的情况下,上面两个样本函数的"样本"二字往往省略,它们的英文缩写也用 ACVF 和 ACF。

(三)差分算子和滞后算子

1. 差分算子

人们总是希望把非平稳时间序列变换成平稳序列,以便于用数学方法来处理,而最常用的变换是差分变换。

对于序列 $\{X_1, X_2, \cdots, X_N\}$,其一阶(向后)差分(first-order (backward) difference)定义为 $\{y_2, \cdots, y_N\}$,这里 $y_t = \nabla x_t \equiv x_t - x_{t-1}$。

二阶差分(second-order difference)定义为

$$\begin{aligned}\nabla^2 x_t &= \nabla(\nabla x_t) \\ &= \nabla x_t - \nabla x_{t-1} \\ &= (x_t - x_{t-1}) - (x_{t-1} - x_{t-2}) \\ &= x_t - 2x_{t-1} + x_{t-2}\end{aligned}$$

类似地 p 阶差分为

$$\nabla^p x_t = \nabla^{p-1}(\nabla x_t) = \nabla^{p-1} x_t - \nabla^{p-1} x_{t-1}$$

s 期滞后差分为

$$\nabla_s x_t = x_t - x_{t-s}$$

显然 $\nabla_s \nabla = \nabla \nabla_s$;对于常数 c,$\nabla c = 0$。

2. 滞后算子

滞后(后移)算子(lag (back-shift) operator) L 定义为 $L y_t \equiv y_{t-1}$,显然,$\nabla \equiv 1 - L$。滞后算子有下面的性质:

- $L^s y_t = y_{t-s}$
- $Lc = c$
- $Lc y_t = c y_{t-s} = cL y_t$
- $(a_1 L^i + a_2 L^j) y_t = a_1 L^i y_t + a_2 L^j y_t = a_1 y_{t-i} + a_2 y_{t-j}$
- $L^i L^j y_t = L^{i+j} y_t = y_{t-i-j}$
- $L^0 = 1$
- $L(c x_t) = cL x_t = c x_{t-1}$
- $L(x_t + y_t) = x_{t-1} + y_{t-1}$
- $(1-L)^n = \sum_{i=0}^{n} (-1)^i \binom{n}{i} L^i$
- p 阶差分:$\nabla^p x_t = (1-L)^p x_t = \sum_{i=0}^{p} (-1)^i \binom{p}{i} x_{t-i}$
- k 期滞后差分:$\nabla_k x_t = x_t - x_{t-k} = (1-L^k) x_t$

(四)趋势平稳过程

趋势平稳过程(trend stationary process)定义为

$$x_t = f(t) + y_t$$

这里的 $f(t)$ 是 t 的任意实值函数,而 $\{y_t\}$ 为一个平稳过程。它可以看成围绕着 $f(t)$ 周围的平稳过程。前面的带漂移的随机游走是一个最简单的趋势平稳过程,它可以写成下面形式:

$$x_t = \mu + \beta t + w_t, w_t \sim iid(0, \sigma^2)$$

上式中的 $f(t)$ 在这里是 $E(x_t) = \mu + \beta t$，而 $\mathrm{Var}(X_t) = \sigma^2$，因均值随时间而变，它不是平稳过程。在取一阶差分后，可以得到

$$\nabla x_t = \beta + w_t - w_{t-1}$$

显然，∇x_t 是一个平稳的 MA(1) 过程（后面要介绍），均值为 β，方差为 $2\sigma^2$。

图 5-2 为模拟的趋势平稳过程（图 5-2(a)）和样本自相关函数图（图 5-2(b)），以及其一的差分序列（图 5-2(c)）和样本自相关函数图（图 5-2(d)）。

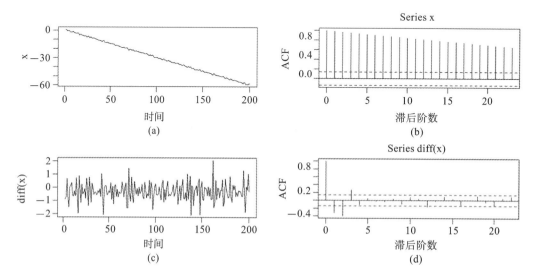

图 5-2　模拟的趋势平稳过程和样本自相关函数图，以及其一的差分序列和样本自相关函数图

这里模拟的序列为 $x_t = 0.5 - 0.3t + y_t$，其中的 y_t 属于后面要介绍的平稳的移动平均 MA(2)。

（五）MA 模型

假定 $w_t \sim wn(1, \sigma_w^2)$，如果序列 $\{X_t\}$ 满足

$$X_t = \mu + w_t + \theta_1 w_{t-1} + \cdots + \theta_q w_{t-q}$$

则称其为 q 阶 MA 过程，即 q 阶移动平均过程（moving average process），记为 MA(q)。令移动平均算子 $\theta(L) = 1 + \theta_1 L^1 + \theta_2 L^2 + \cdots + \theta_q L^q$，则该模型为

$$X_t = \mu + \theta(L) w_t$$

考虑 L 为一个复变量，$\theta(L) = 0$ 称为该模型的特征方程（characteristic equation）。

而 MA(q) 的自相关函数为

$$\gamma_0 = \sigma^2(1 + \theta_1^2 + \cdots + \theta_q^2)$$

$$\rho_j = \begin{cases} \dfrac{\theta_j + \sum\limits_{i=1}^{q-j} \theta_i \theta_{i+j}}{1 + \theta_1^2 + \cdots + \theta_q^2}, & j = 1, 2, \cdots, q \\ 0, & j > q \\ \rho_{-j}, & j < 0 \end{cases}$$

由这个表达式可以看出,MA(q)的自相关函数 ρ_j,在 $j > q$ 时为 0,因此,可用自相关函数来大致判断 MA 过程的阶数。

图 5-3 为模拟的不同参数的 MA(2)过程的 ACF 图,三组过程的 θ 参数分别为(0.5,0.3),(0.5,-0.3),(-0.75,-0.3)。注意三个图在滞后期为 0 的 ACF 均为 1。

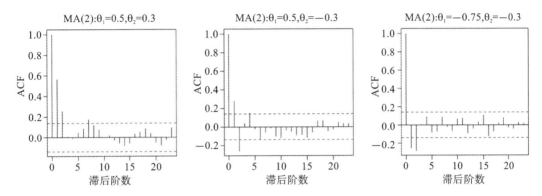

图 5-3 模拟的不同参数的 MA(2)过程的 ACF 图

显然,无论系数 $\{\theta_i\}$ 是多少,MA(q)过程总是平稳的,在 MA(∞)时需要系数的绝对可加条件。关于可逆性,请先看下面例子。

例 5.1.1 具有同样 ACF 的序列不一定都可逆。假定有两个 MA(1)过程:

模型 A: $\qquad X_t = w_t + \theta w_{t-1}$

模型 B: $\qquad X_t = w_t + \theta^{-1} w_{t-1}$

容易验证,它们有完全一样的 ACF。因此不能从给定的 ACF 来唯一地确定 MA 过程。现在试图用 $\{X_t\}$ 来表示 $\{w_t\}$,得到

模型 A: $\qquad w_t = X_t - \theta X_{t-1} + \theta^2 X_{t-2} - \theta^3 X_{t-3} + \cdots$

模型 B: $\qquad w_t = X_t - \theta^{-1} X_{t-1} + \theta^{-2} X_{t-2} - \theta^{-3} X_{t-3} + \cdots$

如果 $\theta < 1$,则模型 A 的 X_{t-j} 的系数序列收敛,而模型 B 的 X_{t-j} 的系数序列不收敛。因此模型 B 不是可逆的。

对于一般的 MA(q)来说

$$X_t - \mu = \theta(L) w_t$$

即

$$w_t = \theta^{-1}(L)(X_t - \mu)$$

如果

$$\theta(L) = \prod_{i=1}^{q}(1 - \lambda_i L)$$

部分分式展开,得到

$$\pi(L) = \theta^{-1}(L) = \sum_{i=1}^{q} \frac{m_i}{1 - \lambda_i L}$$

只有在 $|\lambda_i| < 1 (i = 1, \cdots, q)$,权重 $\pi_j = -\sum_{i=1}^{q} m_i \lambda_i^j$ 是绝对可加时,$\pi(L)$ 收敛。由于特征方程 $\theta(L) = 0$ 的根为 λ_i^{-1},所以,如果 MA(q)过程的特征方程的根都在单位圆外,则该

过程是可逆的。

(六) AR 模型

假定 $\{w_t\}$ 是均值为 0、方差为 σ^2 的白噪声序列,如果均值为 0 的序列 $\{X_t\}$ 满足

$$X_t = \phi_1 X_{t-1} + \cdots + \phi_p X_{t-p} + w_t$$

则称它为 p 阶 AR 过程,即 p 阶自回归过程(auto regressive process)AR(p)。如果 X_t 的均值 μ 不等于 0,则上式等价于

$$X_t = \alpha + \phi_1 X_{t-1} + \cdots + \phi_p X_{t-p} + w_t$$

式中的 $\alpha = (1 - \phi_1 - \cdots - \phi_p)\mu$。令 $\phi(L) = 1 - \phi_1 L - \phi_1 L^2 - \cdots - \phi_p L^p$ 则该模型可以写成

$$\phi(L) = \alpha + w_t$$

考虑 L 为一个复变量,则

$$\phi(L) = 0$$

称为该 AR 模型的特征方程。如果 AR(p)的特征方程的根都在单位圆外,则该过程为平稳的。AR(p)过程总是可逆的,在 AR(∞)时需要系数的绝对可加条件(详细证明过程可查阅其他资料)。

和 AR 模型有关的一个概念是偏自相关函数(partial auto-correlation function, PACF),后面会用样本 PACF 条形图来判断 AR 的阶数。PACF 是基于下面一系列 AR 模型定义的:

$$x_t - \mu = \phi_{11} x_{t-1} + w_{1t},$$
$$x_t - \mu = \phi_{21} x_{t-1} + \phi_{22} x_{t-2} + w_{2t},$$
$$\vdots$$
$$x_t - \mu = \phi_{p1} x_{t-1} + \phi_{p2} x_{t-2} + \cdots + \phi_{pp} x_{t-p} + w_{pt}$$

这里的系数 $\{\phi_{jj}\}$,即每个 AR 模型的最后一个系数,称为偏自相关函数。样本偏自相关函数 $\hat{\phi}_{jj}$ 是根据上面 p 个 AR 模型用最小二乘法解出来的。也可以用上面的 Yule-Walker 方程组来计算 PACF,利用各阶的样本 ACF 矩阵 $\hat{P}_i$ 及样本 ACF $\hat{\rho}_i (1 \leqslant i \leqslant p)$ 得到

$$\hat{\phi}^{(i)} = \hat{P}_i^{-1} \hat{\rho}_i = (\hat{\phi}_1^{(i)}, \cdots, \hat{\phi}_i^{(i)})^{\mathrm{T}}$$

只留下向量 $\phi^{(i)}$ 的最后一项 $\hat{\phi}_i^{(i)}$,这就是 PACF 的第 i 个值 PACF(i)。

注意,在正态假定下,偏自相关函数为

$$\phi_k = \mathrm{Cov}(X_t, X_{t+k} \mid X_{t+1}, X_{t+2}, \cdots, X_{t+k-1})$$

可以表明,对于 AR(p)过程,当 $j > p$ 时,偏自相关系数 $\phi_{jj} = 0$,因此可以用 PACF 来大致判断 AR 模型的阶数。

图 5-4 为模拟的不同参数的 AR(2)过程的 PACF 图,三组过程的 ϕ 参数分别为(0.5, 0.3),(0.5, -0.5),(-0.75, -0.3)。

例 5.1.2 判断一个 AR(2)过程的平稳性。考虑 AR(2)过程

$$X_t = X_{t-1} - 0.5 X_{t-2} + w_t$$

是否平稳的问题。其特征方程为

$$\phi(L) = 1 - L + 0.5 L^2 = 0$$

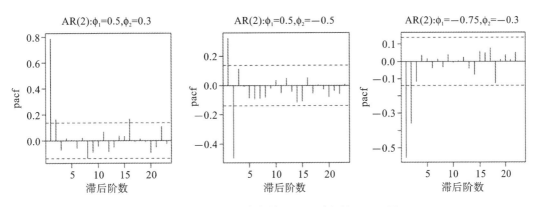

图 5-4　模拟的不同参数的 AR(2) 过程的 PACF 图

这个特征方程可以用 R 代码 polyroot(c(1,−1,0.5)) 来解,并用 Mod() 函数求其模。得到它的两个根为 $1\pm i$,两个根的模均为 $\sqrt{2}=1.414214$,显然在单位圆外,因此过程是平稳的。而 Yule-Walker 方程

$$\rho_k = \rho_{k-1} - 0.5\,\rho_{k-2} \quad 或 \quad \rho_k - \rho_{k-1} + 0.5\,\rho_{k-2} = 0$$

的辅助方程为

$$y^2 - y + 0.5 = 0$$

其解为 $0.5\pm 0.5i$,而模为 $1/\sqrt{2}=0.7071066$,在单位圆内,这也从另一方面验证了该过程为平稳的。

(七) ARMA 模型

如果 X_t 的期望为 $\mu=0$,则自回归移动平均过程 ARMA(p,q) 定义为

$$X_t = \phi_1 X_{t-1} + \cdots + \phi_p X_{t-p} + w_t + \theta_1 w_{t-1} + \cdots + \theta_q w_{t-q}$$

或者 $\phi(L)X_t = \theta(L)w_t$,这里算子

$$\phi(L) = 1 - \phi_1 L - \phi_2 L^2 - \cdots - \phi_p L^p$$
$$\theta(L) = 1 + \theta_1 L + \cdots + \theta_q L^q$$

如果 X_t 的期望 μ 不等于 0,则上面的定义可写为

$$X_t = \phi_0 + \phi_1 X_{t-1} + \cdots + \phi_p X_{t-p} + w_t + \theta_1 w_{t-1} + \cdots + \theta_q w_{t-q}$$

这里 $\phi(L) = (1-\phi_1-\cdots-\phi_p)\mu$。

使得过程(因果)平稳的 $\{\phi_i\}$ 值满足 $\phi(B)=0$ 的根在单位圆外,而使得过程可逆的 $\{\theta_i\}$ 最小值满足 $\theta(B)=0$ 的根在单位圆外。ARMA 比纯粹的 AR 或 MA 的参数少。

令算子

$$\varphi(L) = \theta(L)/\phi(L) = \sum_{i\geqslant 1} \varphi_i L^i$$

则 ARMA 可写成纯 MA 过程 $X_t = \varphi(L)w_t$,即

$$X_t = \sum_{j=0}^{\infty} \varphi_j w_{t-j}$$

令算子

$$\pi(L) = \phi(L)/\theta(L) = 1 + \sum_{i\geqslant 1} \pi_i L^i$$

则 ARMA 可写成纯 AR 过程 $\pi(L) X_t = w_t$，即

$$\sum_{j=0}^{\infty} \pi_j X_{t-j} = w_t$$

显然，$\pi(L)\varphi(L) = 1, \pi(L)\theta(L) = \phi(L), \varphi(L)\phi(L) = \theta(L)$。

平稳的 ARMA(p,q) 过程的均值为

$$E[X_t] = \frac{\phi_0}{1 - \phi_1 - \cdots - \phi_p}$$

根据 $\phi(L) X_t = \theta(L) w_t, E[\phi(L) X_t] = \theta(L) w_t$，为了得到 ARMA 模型 $\phi(L) X_t = \theta(L) w_t$ 的关于 $\gamma(h)$ 的方程，根据

$$E[(X_t - \phi_1 X_{t-1} - \cdots - \phi_p X_{t-p}) X_{t-h}] = E[(w_t + \theta_1 w_{t-1} + \cdots + \theta_q w_{t-q}) X_{t-h}]$$

则有

$$\gamma(h) - \phi_1 \gamma(h-1) - \cdots - \phi_p \gamma(h-p)$$
$$= E(\theta_h w_{t-h} X_{t-h} + \cdots + \theta_q w_{t-q} X_{t-h})$$
$$= \sigma_w^2 \sum_{j=0}^{q-h} \theta_{h+j} \phi_j$$

这里 $\theta_0 = 1$。但具体的参数 φ_j 如何求呢？根据 $\varphi(L)\phi(L) = \theta(L)$，有

$$1 + \theta_1 L + \cdots + \theta_q L^q = (\varphi_0 + \varphi_1 L + \cdots)(1 - \phi_1 L - \phi_1 L^2 - \cdots - \phi_p L^p)$$

$$\Leftrightarrow$$

$$1 = \varphi_0$$
$$\theta_1 = \varphi_1 - \phi_1 \varphi_0$$
$$\theta_2 = \varphi_2 - \phi_1 \varphi_1 - \cdots - \phi_2 \varphi_0$$
$$\vdots$$

这等价于 $\theta_j = \phi(\varphi_j)$，而 $\theta_0 = 1$，对于 $j < 0, j > q, \theta_j = 0$。

当然，也可以直接考虑形式 $X_t = \varphi(L) w_t$，有

$$\gamma(h) = E(X_t X_{t-h}) = \sigma_w^2(\varphi_0 \varphi_h + \varphi_1 \varphi_{h+1} + \varphi_2 \varphi_{h+2} + \cdots)$$

可以表明：对于定义为 $\phi(L) X_t = \theta(L) w_t$ 的 ARMA 过程 $\{X_t\}$，如果多项式 $\theta(z)$ 没有根在单位圆上，则存在多项式 $\tilde{\phi}$ 和 $\tilde{\theta}$ 以及白噪声序列 $\{\tilde{w}_t\}$，使得 $\{X_t\}$ 满足 $\tilde{\phi}(B) X_t = \tilde{\theta}(B) w_t$，而这是一个（因果）平稳及可逆的 ARMA 过程。因此，对于很一般的 ARMA 过程，总是可以转换成（因果）平稳及可逆的 ARMA 过程。

根据 ACF 和 PACF 图对 ARMA 模型阶数进行直观判断。

根据平稳序列的性质，当实际的时间序列均值和方差大致不变时，有可能用平稳序列来近似，即可以试试 ARMA 模型来拟合数据。而如果实际时间序列在一些差分变换之后均值及方差大致不变，则可以试试 ARIMA 模型，或者在这些差分后试试 ARMA 模型。

但是，即使一个序列可以用 ARMA 模型，如何选择它的阶数也是个问题。一种直观方法就是用序列的样本 ACF 和样本 PACF 条形图来判断其阶数，虽然比较粗糙，但总比没有强。我们通常所说的 ACF 图形实际上是样本 ACF 图形，而 PACF 是用最小二乘法估计出来的样本偏自相关函数 $\{\hat{\phi}_{jj}\}$。后面凡是涉及图形，均省去"样本"两字，简称为偏自相关函数。

对于纯随机过程(ARMA(0,0)),由于观测值之间独立,ACF 和 PACF 的值很小,它们的条形图没有什么突出的模式。一个拟合得很好的时间序列的残差的 ACF 和 PACF 条形图就应该如同纯随机过程一样,数值很小。

而对于一般的 ARMA(p,q)序列阶数的确定,则有表 5-1 介绍的 PACF 及 ACF 条形图直观判断法。

表 5-1 如何使用 PACF 及 ACF 条形图的拖尾和截尾判断 ARMA 模型

模　　型	AR(p)	MA(q)	ARMA(p,q)
PACF 图形	第 p 个条后截尾	拖尾	头 p 个条无规律,其后截尾
ACF 图形	拖尾	第 q 个条后截尾	头 q 个条无规律,其后拖尾

所谓拖尾就是条形图以指数形式或周期形式衰减;所谓截尾就是图形在若干期之后变得很小而且没有什么模式。如果 ACF 和 PACF 的条形图中均没有截尾,而且至少有一个图没有显示以指数形式或正弦形式衰减,那么说明该序列不是平稳序列。上述的图形判别法不太准确,只能做个参考。即使是根据软件模拟出来的 ARMA(p,q)序列的 ACF 和 PACF 条形图,也不一定完全满足上表的规律,但不会差很多。

图 5-5 展示了 MA(2)、AR(2)、ARMA(2,2)理论上精确的 PACF 图和 ACF 图(图 5-5(a)、图 5-5(b)、图 5-5(c)),以及模拟的同样参数、同样过程的样本 PACF 图和样本 ACF 图(图 5-5(d)、图 5-5(e)、图 5-5(f))。从图 5-5 可以大致看出如何利用表 5-1 的规律来判断 ARMA 的阶数。

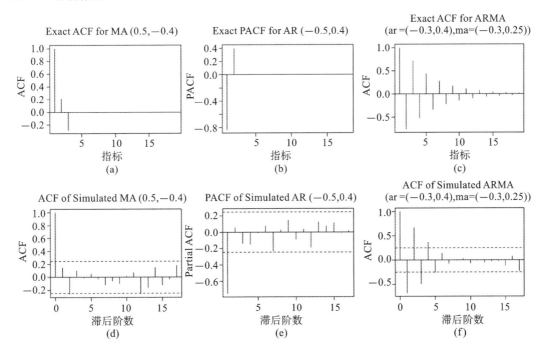

图 5-5 理论的 MA(2)、AR(2)、ARMA(2,2)及模拟的同样过程的 PACF 图和 ACF 图

例 5.1.3 一个 ARMA(1,1)过程转换成纯 MA 过程和纯 AR 过程。考虑 ARMA(1,

1)过程
$$X_t = -0.4 X_{t-1} + w_t + 0.2 w_{t-1}$$

显然 $\phi(L) = (1 + 0.4L), \theta(L) = (1 + 0.2L)$。它们的根都在单位圆外,因此过程是平稳及可逆的。于是

$$\begin{aligned}\varphi(L) &= \theta(L)/\phi(L) \\ &= (1+0.2L)/(1+0.4L) \\ &= (1+0.2L)(1+(-0.4)L+(-0.4)^2 L^2+(-0.4)^3 L^3+\cdots) \\ &= 1+(0.2-0.4)L+(0.2-0.4)\times(-0.4)L^2+(0.2-0.4)(-0.4)^2\times L^3+\cdots\end{aligned}$$

因此,对于 $i = 1, 2, \cdots$,有

$$\varphi_i = (0.2-0.4)\times(-0.4)^{i-1} = -0.2\times(-0.4)^{i-1}$$

类似地,对于 $i = 1, 2, \cdots, \pi(L) = \phi(L)/\theta(L)$ 中的系数

$$\pi_i = (0.4-0.2)\times(-0.2)^{i-1} = 0.2\times(-0.2)^{i-1}$$

显然 $\{\varphi_i\}$ 和 $\{\pi_i\}$ 在 i 增加时很快趋于 0。

例 5.1.4 ARMA(1,1) 过程 $\phi_1 = 0.9, \theta_1 = 0.5$ 转换成 MA(∞) 过程的计算。这可以用 R 计算。下面是计算代码及 50 个参数 φ_1 的输出:

```
ARMAtoMA (ar=.9, ma=.5, 50)
```

```
 [1] 1.400000000 1.260000000 1.134000000 1.020600000
 [5] 0.918540000 0.826686000 0.744017400 0.669615660
 [9] 0.602654094 0.542388685 0.488149816 0.439334835
[13] 0.395401351 0.355861216 0.320275094 0.288247585
[17] 0.259422826 0.233480544 0.210132489 0.189119240
[21] 0.170207316 0.153186585 0.137867926 0.124081134
[25] 0.111673020 0.100505718 0.090455146 0.081409632
[29] 0.073268669 0.065941802 0.059347622 0.053412859
[33] 0.048071573 0.043264416 0.038937975 0.035044177
[37] 0.031539759 0.028385783 0.025547205 0.022992485
[41] 0.020693236 0.018623913 0.016761521 0.015085369
[45] 0.013576832 0.012219149 0.010997234 0.009897511
[49] 0.008907760 0.008016984
```

```
plot(ARMAtoMA(ar=.9, ma=.5, 50), xlab="i", ylab=expression (psi[i]))
title("ARMA to MA") ;abline (h=0,lty=2)
```

图 5-6 为这 50 个参数 φ_i 的点图。从图上看,这些参数逐渐地趋于 0。这里所选择的 $\varphi_1 = 0.9$ 使得收敛较慢(当 $\varphi_1 = 1$ 时就不平稳了);如果取 $\varphi_1 = 0.2$,则第 15 个参数就已经很小了,$\varphi_{15} = 1.14688\times 10^{-10}$。

(八)ARIMA 模型

如果 $\{X_t\}$ 是不平稳的,而

$$W_t = \nabla^d X_t = (1-L)^d X_t$$

是平稳的 ARMA(p, q) 过程,即

$$W_t = \phi_1 W_{t-1} + \cdots + \phi_p W_{t-p} + w_t + \cdots + \theta_q w_{t-q}$$

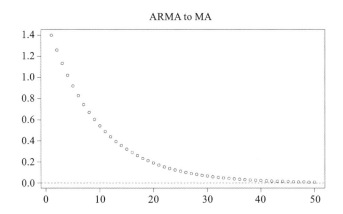

图 5-6 ARMA(0.9,0.5)过程转换成 MA(∞)过程的前 50 个参数 φ_i

或者
$$\phi(L) W_t = \theta(L) w_t$$
则称 $\{X_t\}$ 为整合的 ARMA 模型,即 ARIMA(p,d,q),显然
$$\phi(L)(1-L)^d X_t = \theta(L) w_t$$
说明:$\phi(L)(1-L)^d$ 有 d 个根在单位圆上(如 $L=1$),意味着 $\{X_t\}$ 为非平稳的,在单位圆上的根叫单位根(unit root)。作为特例,随机游走(随机徘徊)$X_t = X_{t-1} + w_t$,可以写成 $(1-L) X_t = w_t$,为 ARIMA(0,1,0)。

如果时间序列 $\{X_t\}$ 的 d 阶差分 $\nabla^d X_t$ 是平稳过程,则称 X_t 为 d 阶单整的,记为 $I(L)$,也称序列 X_t 有 d 个单位根。随机游走有一个单位根。

图 5-7 为模拟的不同参数的 ARIMA(1,1)及 ARIMA(1,1,1)序列。

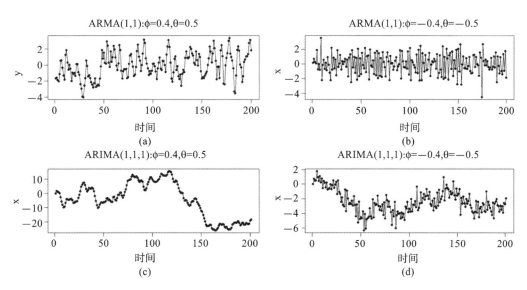

图 5-7 模拟的不同参数的 ARMA(1,1)及 ARIMA(1,1,1)序列

(九)季节模型

为了符号简洁,使用下列算子记号:

$$\phi_p(L) = 1 - \phi_1 L - \phi_2 L^2 - \cdots - \phi_p L^p$$
$$\Phi_P(L) = 1 - \Phi_1 L^s - \Phi_2 L^{2s} - \cdots - \Phi_P L^{Ps}$$
$$\theta_q(L) = 1 + \theta_1 L + \theta_2 L^2 + \cdots + \theta_p L^p$$
$$\Theta_Q(L) = 1 + \Theta_1 L + \Theta_2 L^{2s} + \cdots + \Theta_Q L^{Qs}$$

具有非平稳(通常的)的阶数(p,d,q),季节阶数(P,D,Q)及周期s的Box-Jenkins季节ARIMA模型(可乘季节ARIMA模型)记为

$$ARIMA(p,d,q) \times (P,D,Q)_s$$

其差分序列$W_t = \nabla^d \nabla_s^D X_t$满足具有周期$s$的$ARMA(p,q) \times (P,Q)_s$模型。例如ARIMA$(1,1,1) \times (1,1,1)_4$模型为

$$(1 - \phi_1 L)(1 - \Phi_1 L^4)(1 - L)(1 - L^4) X_t = (1 - \theta_1 L)(1 + \Theta_1 L^4) w_t$$

一个一般的可乘季节ARIMA模型为

$$\phi_p(L) \Phi_P(L) W_t = \theta_q(L) \Theta_Q L w_t$$

季节MA(Q)模型为

$$X_t = w_t + \Theta_1 w_{t-s} + \Theta_2 w_{t-2s} + \cdots + \Theta_Q w_{t-Qs}$$

或

$$X_t = \Theta_Q(L) w_t$$

季节AR(P)模型为

$$X_t = \Phi_1 w_{t-s} + \Phi_2 w_{t-2s} + \cdots + \Phi_p w_{t-Ps} + w_t$$

或

$$\Phi_P(L) X_t = w_t$$

三、时间序列分析的基本步骤

以下将用ARIMA模型来进行时间序列预测估计,分析时常见的步骤如下。

1. 输入数据并加以查阅

输入数据,并且确认观察数据中是否有任何不寻常的数据。

2. 转换数据

假若必要,需要转换数据,让数据的波动情况更为稳定。

3. 差分数据

假如数据不稳定,进行数据的差分,直到数据呈现稳定的状态。

4. 检验ACF与PACF

检验ACF与PACF,其中ACF是决定AR模型中的p参数,而PACF则是决定MA模型中的q参数。

5. 选择ARIMA模型

尝试选择适当的ARIMA模型,并且利用AIC指数来选择适当的模型。

6. 检验估计残差

检查模型中 ACF 的残差,并且检验残差,否则可以尝试修正的模型。

7. 检验是否为白噪声序列

当残差为白噪声序列时,则可以进行后几期的预测。

时间序列分析的一般流程如图 5-8 所示。

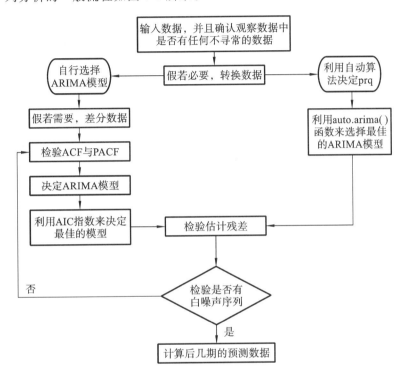

图 5-8 时间序列分析一般流程

在论文中,完成以上步骤后可对时间序列预测方法进行评估。一般来说,决定因素在于预测误差的大小,而预测误差即是预测数据与实际数据的差值,测量方法包括平均误差(mean error)、平均绝对误差(mean absolute deviation)、均方误差(mean square error, MSE)、平均百分比误差(mean percentage error)与平均绝对百分比误差(mean absolute percentage error, MAPE)等,其中较为常见的即为均方误差。对于同一个时间序列有几种可供选择的预测方法时,多以预测误差最小者为宜。

MSE 是误差平方和的平均数,计算公式为

$$\mathrm{MSE} = \frac{\sum_{i=1}^{n}(Y_i - F_i)^2}{n}$$

MAPE 是平均绝对百分比误差,计算公式为

$$\mathrm{MAPE} = \frac{1}{n}\sum_{i=1}^{n}\frac{|Y_i - F_i|}{F_i}$$

式中:Y_i 是第 i 期的实际值,F_i 是第 i 期的预测值,n 为预测误差的个数。

第二节 R 语言实战

考虑到方法的难度和实用性,本节主要介绍时间序列的相关检验及旅游研究领域常见季节 ARIMA 模型和 ARIMAX 模型。本节会使用的包和函数如表 5-2 所示。

表 5-2 主要介绍的包和函数

包	函 数	应 用
ggplot2	autoplot	自动可视化函数
tseries	adf.test	单位根检验
base	diff	差分操作
	arima	ARIMA、ARIMAX 等相关时间序列模型
stats	acf	自相关系数
	pacf	偏自相关系数
	window	切分时间序列数据
	Box.test	白噪声检验
forecast	forecast	时间序列模型预测
	auto.arima	拟合最好的时间序列模型

一、时间序列的相关检验

对于时间序列数据,最重要的检验是时间序列数据是否为白噪声数据,以及时间序列数据是否平稳。如果时间序列数据是白噪声数据,说明其没有任何有用的信息。针对时间序列的很多分析方法,都要求所研究的时间序列是平稳的,所以判断时间序列是否平稳,以及如何将非平稳的时间序列转化为平稳的时间序列,对时间序列数据的建模研究是非常重要的。

(一)白噪声检验

如果一个序列是白噪声(即独立同分布的随机数据),那么就不用再对其建立时间序列模型进行预测了,因为预测随机数是无意义的。因此在建立时间序列分析之前,需要先对其进行白噪声检验。

常用的白噪声检验方法是 Ljung-Box 检验,其原假设和备择假设分别为:

H0:延迟期数小于或等于 m 期的序列之间相互独立(序列是白噪声);

H1:延迟期数小于或等于 m 期的序列之间有相关性(序列不是白噪声)。

在 R 中,可以通过 Box.test()函数进行时间序列的白噪声检验。

例 5.2.1 在航空公司乘客信息数据集(AirPassengers.csv)中,包含了飞机乘客数量随时间的变化情况。请使用 R 生成一组与乘客数量平均值相同、标准差为 50 的随机数,对比分析这两组数据,进行白噪声检验,并对结果进行可视化分析。

首先读取实际数据和随机生成数据。程序如下。

```
library(dplyr);library(tidyr);library(zoo);library(tseries);library(ggplot2)
AirPas <-read.csv ("AirPassengers.csv", stringsAsFactors=FALSE)
AirPas$date <-as.Date(AirPas$date, format ="%m/%d/%Y")
set.seed (123)
AirPas$randdata<-round(rnorm(nrow(AirPas),mean=mean(AirPas$value), sd=50))
head(AirPas, 2)
```

上面的程序从 csv 文件中读取飞机航班乘客数量随时间变化的数据,并生成一组随机数序列来进行白噪声检验。

```
AirPas %>%gather(key ="dataclass", value ="Number", - date) %>%
  ggplot(aes(x =date, y =Number)) +
  geom_line(aes(colour =dataclass, linetype =dataclass)) +
  theme(legend.position =c(0.15,0.8))
```

为了更好地了解两组数据,可以将它们进行可视化,得到如图 5-9 所示的时间序列变化曲线。

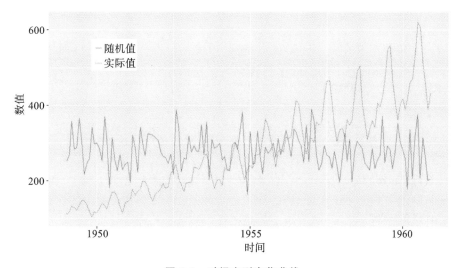

图 5-9　时间序列变化曲线

由图 5-9 可以发现,随机序列的变化情况几乎没有规律可循,而飞机乘客序列则是有规律变化的。

下面使用 Box.test() 函数,对航班乘客数量数据进行 Ljung-Box 检验(即白噪声检验)。

```
Box.test(AirPas$value, type ="Ljung-Box")
```

从 Ljung-Box 检验的输出结果可以发现,假设检验的 p-value<2.2e-16,说明在显著水平为 0.05 的条件下,可以拒绝原假设,认为该序列不是白噪声数据,即航班乘客数量的变化序列有进一步分析的价值。

接下来对随机生成的数据(randdata),使用同样的方式进行白噪声检验。程序如下。

```
Box.test(AirPas$randdata, type ="Ljung-Box")
```

从 Ljung-Box 检验的输出结果可以发现,"p-value=0.7164">0.05,接受原假设,即认为该随机序列为白噪声数据,没有研究价值。

(二)平稳性检验

时间序列是否是平稳的,对选择预测的数学模型非常关键。如果一组时间序列数据是平稳的,可以直接使用自回归移动平均模型(ARMA)进行预测,如果数据是不平稳的,就需要尝试建立差分自回归移动平均模型(ARIMA)等进行预测。

判断序列是否平稳有两种检验方法:一种是根据时间序列图和自相关图的特征进行判断;另一种是构造检验统计量进行假设检验,比如使用单位根检验。第一种的判断方法比较主观,而第二种则是客观的判断方法。

常用的单位根检验方法是 ADF 检验,它能够检验时间序列中单位根的存在性,其检验的原假设和备择假设如下。

H0:序列是非平稳的(序列有单位根)

H1:序列是平稳的(序列没有单位根)

在 tseries 包中,包含一个 adf.test()函数,该函数可以对序列进行单位根检验,判断序列是否平稳。

例 5.2.2 请使用 R 中的 arima.sim()函数生成一组符合 ARIMA(2,2,2)模型的时间序列数据,用于演示如何将不平稳的序列转化为平稳的序列,并使用 ADF 检验方法判断该序列是否平稳

求解程序如下。

```
adfdata <-arima.sim(list (order =c(2,2,2),ar =c(0.8897, -0.4858),
                    d=2, ma =c(-0.2279, 0.2488) ), n =200)
diff1 <-diff (adfdata)
diff2 <-diff (diff1)
diff3 <-diff (diff2)
## 可视化 4 种曲线
par (mfrow=c (2,2) , family ="STKaiti")
plot (adfdata, main="ARIMA (2, 2, 2)")
plot (diff1, main="差分 1 次")
plot (diff2, main="差分 2 次")
plot (diff3, main="差分 3 次")
```

上面是生成随机时间序列数据并对其进行差分操作的程序。在使用 arima.sim()函数时,参数 ar=c(0.8897,−0.4858)指定了 AR(p)模型的两个系数,参数 d=2 表示序列为 2 阶单整,参数 ma=c(−0.2279,0.2488)指定了 MA(q)模型的两个系数,参数 n=200 表示序列的长度为 200 。

可以使用 diff()函数对数据进行差分(后面的数据减去前面的数据)操作,得到新的时间

序列数据。4 种序列的可视化图像如图 5-10 所示。

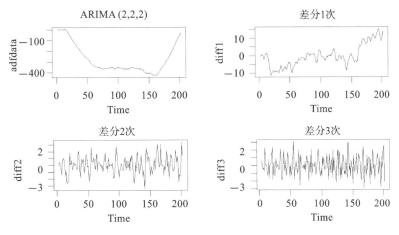

图 5-10 差分前后序列图

从图 5-10 中可以看出，原始 ARIMA(2,2,2)序列和差分一次后的序列是不平稳的，而差分 2 次和差分 3 次后的序列是平稳的。

下面使用 adf.test()函数进行单位根检验，结果如表 5-3 所示。

表 5-3 序列平稳性检验结果

检 验 程 序	p-value	结　　果
adf.test(adfdata)	0.99	不平稳
adf.test(diff1)	0.8219	不平稳
adf.test(diff2)	0.01	平稳
Box.test(diff2,type="Ljung-Box")	5.215e-13	不是白噪声
Box.test(diff3,type="Ljung-Box")	0.3882	是白噪声

从单位根和白噪声检验结果可以发现，原始数据和一阶差分后的序列均是不平稳的，二阶差分后序列转化为平稳序列，且不是白噪声数据，三阶差分后已经是白噪声序列，即认为原始数据是二阶单整序列，因此可以对原始序列数据建立 ARIMA(p,2,9)模型进行预测。

二、季节 ARIMA 模型

ARMA 模型主要针对的是平稳的一元时间序列。不平稳的一元时间序列数据可采用差分运算得到平稳的序列，这样的序列称为差分平稳序列。差分自回归移动平均模型（autoregressive integrated moving average，ARIMA）是差分运算与 ARMA 模型的组合，即任何非平稳序列如果能够通过适当阶数的差分实现平稳，就可以对差分后的序列拟合 ARMA 模型。

对于一个时间序列 $\{x_t\}_{t=1}^{T}$，ARIMA(p,d,q)模型可以表示为

$$(1-L)^d x_t = \frac{(1-\sum_{i=1}^{q}\beta_i L^i)}{(1-\sum_{i=1}^{p}\alpha_i L^i)}\varepsilon_t$$

其中,L 是延迟算子,延迟算子使用 d 阶差分表示时可记为 $\nabla^d x_t = (1-L)^d x_t$,$d$ 是大于等于 0 的整数。若 $d = 0$ 时,ARIMA(p,d,q)模型实际上就是 ARMA(p,q)模型。

如果差分后平稳的序列同时具有时间周期性的趋势,则可使用季节性差分自回归移动平均模型(seasonal auto-regressive integrated moving average,SARIMA)来拟合数据。由于旅游领域相关研究具有很明显的季节性,此类模型最为常用,因此本节将着重介绍。

SARIMA 模型也可以写成季节 ARIMA 模型,它本质上是把一个时间序列模型通过 ARIMA(p,d,q)中的 3 个参数来决定,其中 p 代表自相关(AR)的阶数,d 代表差分的阶数,q 代表滑动平均(MA)的阶数,然后加上季节性的调整。根据季节效应的相关特性,SARIMA 模型可以分为简单 SARIMA 模型和乘积 SARIMA 模型。

简单 SARIMA 模型指的是序列中的季节效应和其他效应之间是加法关系,即

$$x_t = T_t + S_t + \varepsilon_t$$

通常情况下,简单步长的差分即可将序列中的季节信息充分提取,简单的低阶差分可将趋势信息提取充分,提取完季节信息和趋势信息后的残差序列就是一个平稳序列,可以使用 ARMA 模型拟合。

简单步长的差分通常称为 k 步差分,可表示为 $\nabla_k x_t = x_t - x_{t-k}$,延迟算子使用 k 步差分表示时可记为 $\nabla_k x_t = (1-L^k)x_t$。所以简单 SARIMA 模型实际上就是通过季节差分(k 步差分)、趋势差分(p 阶差分)将序列转化为平稳序列再对其进行拟合。它的模型结构可表示为

$$\nabla_k (1-L)^d x_t = \frac{(1-\sum_{i=1}^{q}\beta_i L^i)}{(1-\sum_{i=1}^{p}\alpha_i L^i)}\varepsilon_t$$

其中,k 为周期步长,d 为提取趋势信息所用的差分阶数。

当序列具有季节效应,而且季节效应本身还具有相关性时,季节相关性可以以周期步长为单位。当需要差分平稳时,可以使用 ARIMA(P,D,Q)模型提取。由于短期相关性和季节效应之间具有乘积关系,所以拟合的模型为 ARIMA(p,d,q)与 ARIMA(P,D,Q)period 的乘积,用 SARIMA(p,d,q)×ARIMA(P,D,Q)period 表示,其模型结构为

$$\nabla_k (1-L)^d x_t = \frac{(1-\sum_{i=1}^{q}\beta_i L^i)}{(1-\sum_{i=1}^{p}\alpha_i L^i)} \times \frac{(1-\sum_{i=1}^{Q}\theta_i L^{Di})}{(1-\sum_{i=1}^{P}\varphi_i L^{Di})}\varepsilon_t$$

(一)SARIMA 数据准备

例 5.2.3 对飞机乘客信息数据集(datasets 包中的 AirPassengers 数据)中飞机乘客数量的变化进行可视化分析,判断该序列是否为平稳序列。为便于后面的研究,请将该序列切分为训练集和测试集两部分。

首先读取数据并对其可视化，程序如下。

```
library(datasets);library(ggplot2)
AirPas <-AirPassengers
head (AirPas)
autoplot(AirPas)+ggtitle("飞机乘客数量变化趋势")
```

上面的程序是执行数据准备工作的，在读取数据后，进行序列可视化后的图像如图 5-11 所示。

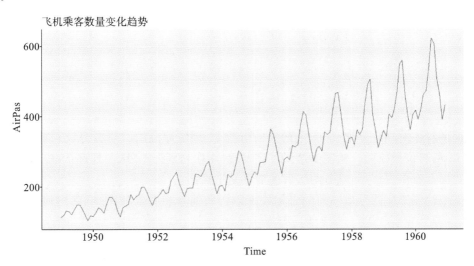

图 5-11　飞机乘客数量变化趋势

从图 5-11 中可以发现，飞机乘客变化的趋势整体上是不平稳的序列，而且还具有周期性的变化特点，数量的变化大约是以年为周期稳定增加的。

为了进一步评价时序模型，可以将飞机乘客数据切分为训练集和测试集，如将 1959 年之前的数据作为训练集，用于训练一个合适的 ARIMA 模型，将 1959 年（含）之后的数据作为测试集来验证模型的预测效果。

时序数据的切分可以使用 window() 函数完成，程序如下。

```
AirPas_train <-window (AirPas, end=c (1958, 12))
AirPas_test <-window (AirPas, star=c(1959, 1))
```

（二）数据平稳性分析

例 5.2.4　针对例 5.2.3 中切分后的飞机乘客数量变化数据集，使用 adf.test() 函数对序列及其差分结果进行单位根检验，分析序列的平稳性。

对切分后的训练数据集进行分析，程序如下。

```
adf.test (AirPas_train, k=12)
```

```
data:  AirPas_train
Dickey-Fuller = -1.8449, Lag order = 12, p-value
= 0.641
alternative hypothesis: stationary
```

```
adf.test (diff (AirPas_train) ,k=12)
```

```
data:  diff(AirPas_train)
Dickey-Fuller = -1.9293, Lag order = 12, p-value
= 0.6059
alternative hypothesis: stationary
```

```
adf.test (diff(diff(AirPas_train)) ,k=12)
```

```
data:  diff(diff(AirPas_train))
Dickey-Fuller = -7.6169, Lag order = 12, p-value
= 0.01
alternative hypothesis: stationary
```

上面的程序对训练序列、训练序列的一阶差分、训练序列的二阶差分，分别进行了延迟阶数为 12 的单位根检验。从输出结果可以发现，在序列延迟 12 阶的情况下，原始数据和一阶差分数据都有单位根，而差分两次后的数据是平稳的。

接下来绘制二阶差分后序列的自相关系数图和偏自相关系数图，观察序列的特性。程序如下。

```
AirPasdiff2 <-diff(diff(AirPas_train))
p1 < - autoplot (acf (AirPasdiff2, lag.max = 60, plot = F))+
  ggtitle("序列自相关图")
p2 < - autoplot (pacf (AirPasdiff2, lag.max = 60,plot = F))+
  ggtitle('序列偏自相关图')
gridExtra::grid.arrange (p1, p2,nrow= 2)
```

上面的程序对二阶差分后的序列自相关系数和偏自相关系数进行可视化，得到如图 5-12 所示的图像。

从图 5-12 的自相关系数图和偏自相关系数图可以发现，该序列具有周期性，其周期为 12。然而，通过图像并不能很好地确定参数 p 和 q 的取值。

(三) SARIMA 模型建立

例 5.2.5 利用例 5.2.4 的分析结果，建立飞机乘客数量变化的季节 SARIMA 模型，并进行预测分析。

可以使用 auto.arima() 函数来确定 ARIMA 模型的参数。

```
library(forecast)
auto.arima (AirPas_train)
```

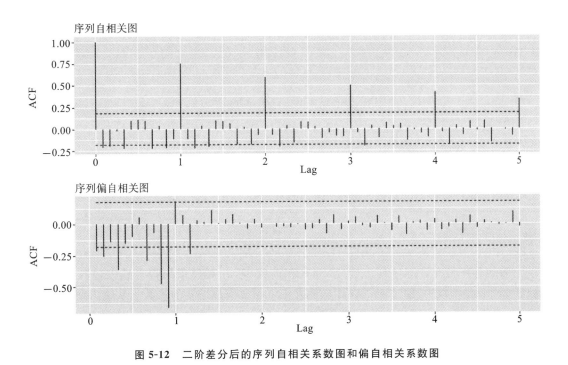

图 5-12 二阶差分后的序列自相关系数图和偏自相关系数图

```
Series: AirPas_train
ARIMA(1,1,0)(0,1,0)[12]

Coefficients:
         ar1
      -0.2397
s.e.   0.0935

sigma^2 = 103.6:  log likelihood = -399.64
AIC=803.28   AICc=803.4   BIC=808.63
```

上面的程序通过 auto.arima()函数来确定模型的参数,而且输出中建议使用季节 ARIMA (1,1,0)×(0,1,0)[12]模型来拟合数据,这时模型的 AIC 取值为 803.28。

下面使用 arima()函数指定参数,拟合 SARIMA(1,1,0)×(0,1,0)[12]模型,其程序如下。

```
ARIMA <-arima (AirPas_train, c(1, 1, 0),seasonal =list (order =c(0, 1, 0), period = 12))
summary (ARIMA)
```

```
Call:
arima(x = AirPas_train, order = c(1, 1, 0), seasonal = list(order = c(0, 1,
    0), period = 12))

Coefficients:
         ar1
      -0.2397
s.e.   0.0935

sigma^2 estimated as 102.7:  log likelihood = -399.64,  aic = 803.28

Training set error measures:
                    ME     RMSE      MAE         MPE
Training set -0.01614662 9.567988 7.120167 -0.03346415
                  MAPE     MASE       ACF1
Training set 2.90195 0.321312 0.00821521
```

```
Box.test (ARIMA$residuals, type ="Ljung-Box")
```

```
data:  ARIMA$residuals
X-squared = 0.0083029, df = 1, p-value = 0.9274
```

上面的程序是在训练序列上建立 SARIMA 模型,并对模型的拟合残差进行白噪声检验。在 arima() 函数中,通过 seasonal 参数来指定季节模型需要的参数。从输出结果可以发现,在训练集上模型的平均绝对值拟合误差 MAE = 7.12,非常小,说明 SARIMA (1,1,0)×(0,1,0)[12] 模型在训练数据集上拟合效果非常好。在拟合残差的白噪声检验中,"p-value = 0.9274"即模型的残差已经是白噪声数据,数据中的有用信息已经得到充分的提取。

SARIMA (1,1,0)×(0,1,0)[12] 模型在训练集上的拟合效果很好,那么在测试数据集上是否还能有很好的表现呢?下面使用 forecast() 函数测试后面的 24 个数据,并将预测结果可视化进行比较分析。

```
par(family ="STKaiti")
plot(forecast(ARIMA, h=24), shadecols ="oldstyle")
points (AirPas_test,col ="red")
lines (AirPas_test, col ="red")
```

上面是将预测结果和测试序列可视化的程序,得到的可视化图像如图 5-13 所示。

图 5-13 中带散点的细曲线为测试序列。由图 5-13 可知,模型很好地学习到了序列的周期性和增长趋势。最后两年的预测数据与实际数据相比,虽然大小偏低,但从整体来说预测效果不错,是可以接受的。

三、多元时间序列 ARIMAX 模型

前面讨论的是一元时间序列,但在实际情况中,很多序列的变化规律会受到其他序列的影响,往往需要建立多元时间序列的 ARIMAX 模型。

ARIMAX 模型是指带回归项的 ARIMA 模型,又称扩展的 ARIMA 模型。回归项的引入有利于提高模型的预测效果。引入的回归项一般是与预测对象(被解释变量)相关程度较高的变量。比如分析居民的消费支出时,消费会受到收入的影响,如果将收入也纳入研究

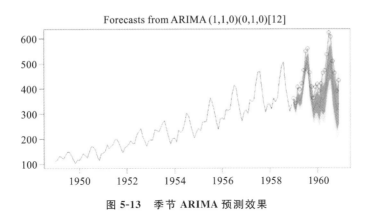

图 5-13 季节 ARIMA 预测效果

范围,就能够得到更精确的消费预测。

(一) ARIMAX 数据准备

例 5.2.6 对燃气炉数据集(gas furnace data.csv)中天然气的输入速率和二氧化碳的输出浓度随时间变化的情况进行可视化分析,判断该序列是否平稳。为便于后面的分析,请将序列切分为训练集和测试集两部分。

首先读取数据,并对数据进行可视化分析,程序如下。

```
gasco2 <-read.csv('gas furnace data.csv')
GasRate <-ts(gasco2$GasRate)
CO2 <-ts(gasco2$'CO2')
p1 <-autoplot (GasRate)
p2 <-autoplot (co2)
gridExtra::grid.arrange(p1, p2, nrow=2)
```

上面的程序首先读取数据集,然后对两组序列进行可视化,分别使用 ts() 函数将天然气的输入速率和 CO_2 的输出浓度转化为时序数据 GasRate 和 CO_2,得到两个序列的变化曲线如图 5-14 所示。

通过图 5-14 可以发现,两个序列的波动情况都在一定的范围内,可以认为它们是平稳的时间序列数据。

将数据集的 80% 用于建立模型,剩下的 20% 作为测试集,使用 window() 函数进行数据切分。程序如下。

```
trainnum <-round(nrow(gasco2)*0.8)
GasRate_train <-window(GasRate,end =trainnum)
GasRate_test <-window(GasRate,start =trainnum+1)
CO2_train <-window(CO2,end =trainnum)
CO2_test <-window(CO2,start =trainnum+1)
```

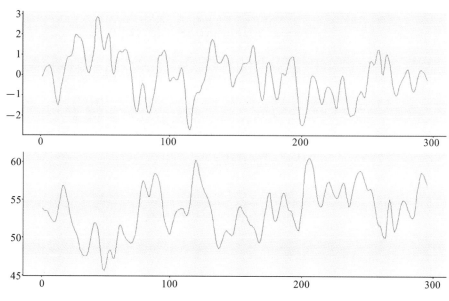

图 5-14 两个序列的变化曲线

(二)ARIMAX 模型的建立

例 5.2.7 针对例 5.2.6 中切分后的燃气炉数据集,请使用 auto.arima()函数寻找最适合的模型参数,建立多元时间序列 ARIMAX 模型并进行预测分析,其中天然气的输入速率为输入变量二氧化碳的输出浓度为需要预测的序列。

先对模型参数进行识别,和前面不同的是,需要指定要预测的序列和自变量序列数据。程序如下。

```
auto.arima(y=CO2_train,xreg =GasRate_train)
```

```
Series: CO2_train
Regression with ARIMA(2,1,2) errors

Coefficients:
         ar1      ar2      ma1     ma2    xreg
       1.4773  -0.7232  -0.3818  0.2742  0.0520
s.e.   0.0858   0.0710   0.1011  0.0881  0.1113

sigma^2 = 0.1006:  log likelihood = -62.46
AIC=136.92   AICc=137.29   BIC=157.7
```

上面的程序在使用 auto.arima()函数时,使用参数"y=CO2_train",使用参数"xreg=GasRate_train"来指定建模时使用的自变量序列为"GasRate_train"。从输出结果可以发现,效果最好的 ARIMAX 模型为 ARIMAX(2,1,2)。

使用 arima()函数建立 ARIMAX(2,1,2)模型,程序如下。

```
ARIMAXmod <-Arima(CO2_train,order =c(2,1,2),xreg =GasRate_train)
summary(ARIMAXmod)
```

```
Series: CO2_train
Regression with ARIMA(2,1,2) errors

Coefficients:
         ar1      ar2      ma1     ma2    xreg
      1.4773  -0.7232  -0.3818  0.2742  0.0520
s.e.  0.0858   0.0710   0.1011  0.0881  0.1113

sigma^2 = 0.1006:  log likelihood = -62.46
AIC=136.92   AICc=137.29   BIC=157.7

Training set error measures:
                    ME        RMSE       MAE
Training set 0.003694667 0.3131359 0.2320132
                    MPE       MAPE       MASE
Training set 0.009857144 0.4359391 0.3913876
                    ACF1
Training set -0.0003209599
```

```
plot(forecast(ARIMAXmod,h=length(GasRate_test),xreg =GasRate_test))
lines(CO2_test,col="black")
```

上面是建立 ARIMAX(2,1,2)模型并可视化在测试集上的预测效果的程序。从输入出结果可以发现,GasRate_train(天然气的输入速率)的系数为 0.232,拟合模型在训练集上的预测的绝对值误差很小。

在使用 forecast()函数预测 ARIMAX 模型时,需要通过 xreg 参数来指定输入自变量的数据,这里为 GasRate_test(天然气的输入速率测试序列)。最后得到的可视化图像如图5-15所示。

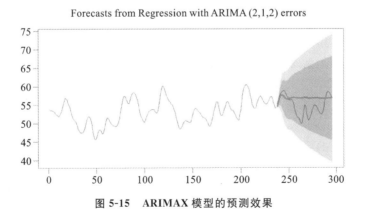

图 5-15　ARIMAX 模型的预测效果

在图 5-15 中,细线为原始的 CO_2 的输出浓度序列,粗线为对应测试集上的预测数据。预测值在开始部分很好地拟合了真实数据的变化趋势,但是后面的预测结果就变得不准确了。这说明时间序列预测的相关算法在短期内还是非常有效的,所以在实际应用中,尽可能地进行短期预测的应用。

第三节 经典文献导读

目前,时间序列分析被广泛应用于旅游业相关文献中,其最主要的用途为旅游需求预测,相关文章主要分为两类。

(1) 外部比较:就是将时间序列分析模型作为基线模型与最新的其他种类的模型进行对比,突出其他模型良好的预测效率。

(2) 内部优化:就是将时间序列分析内部各种类型的模型作为主干,对比不同时间序列模型的预测效率,进而融合其他模型,最终优化时间序列模型。

下面将分享两篇时间序列模型的经典论文,一篇将时间序列模型作为基线模型,另一篇不断优化时间序列模型。

Forecasting tourism demand with multisource big data

Hengyun Li, Mingming Hu, Gang Li

《Annals of Tourism Research》

Volume 83,2020,Pages 75-83,ISSN 0160-7383

利用多源大数据预测旅游需求

谈到旅游大数据,大多数研究要么是在革新方法或模型,要么是在改变数据来源。本文主要基于多来源的互联网大数据(百度搜索引擎和两个在线旅游平台携程和去哪儿),预测中国四姑娘山的游客人数,下面我们来看具体内容。

多源还是单源? 如何选择数据源能获取更良好的预测结果?

作者通过相关文献发现了现有研究的局限性,找出合适的数据源进行比较。其一,现有研究只是证明了不同类型的互联网大数据的好处,但很少有人在旅游需求预测中考虑多个数据源(Pan、Yang,2017)。其二,来自单一来源或平台的数据可能会限制模型预测性能的稳定性和泛化性。也就是说,预测可能在一种情况下成功,但在其他情况下失败(Phillips等,2017)。其三,Pan 和 Yang(2017)揭示了如果数据高度相关,多源大数据在旅游需求预测中的局限性。他们的研究表明,与只有一个数据源的预测模型相比,包含搜索查询和网络流量数据只略微降低了平均绝对百分比误差(MAPE)。考虑到大数据预测的这种局限性,利用更具多样性和互补性的多源大数据来提高旅游需求预测的准确性尤为有益。其四,搜索查询数据与社交媒体数据是不同的。与社交媒体讨论相比,搜索通常是在私下进行的,而且参与人数要多得多,因此,社交媒体数据作为额外的数据源,可以很好地补充搜索查询数据的预测工作。

除了引入多源数据,还应选择哪些方法?

作者选择了合适的多源数据和现在常用的一些优秀模型,提出了研究框架(图 5-16),将搜索查询和在线评论数据整合到旅游需求预测中。该框架包括四个步骤:数据收集;数据处理和变量计算;模型规范;模型估计和预测性能评价。第一步,作者收集了三种类型的数据:

来自旅游景点官方网站的每周游客到达数据,来自百度搜索引擎的搜索查询数据,来自携程和去哪儿的在线评论数据。第二步,作者根据第一步收集的数据计算了三种变量,分别是百度搜索引擎中不同关键词的周搜索量、周评论量和周平均评论评分。第三步,通过构建时间序列基准模型,验证多源大数据在旅游需求预测中的作用:①季节(SNAIVE)、指数平滑状态空间(ETS)和自回归综合移动平均(ARIMA)模型;②使用搜索查询数据的预测模型,包括以搜索查询数据为解释变量的 ARIMA 模型(ARIMAX)、支持向量机(SVM)和随机森林(RF);③包括搜索查询和在线回顾数据的预测模型(ARIMAX、SVM 和 RF)。作者选择上述预测模型是因为早期的研究揭示了这些模型在使用高频数据进行精确预测方面的优势(Cui、Gallino、Moreno 等,2018;Geva 等,2017;Pan 等,2012)。第四步,根据平均绝对误差(MAE)、均方根误差(RMSE)、MAPE 和 Diebold-Mariano(DM)检验(Harvey、Leybourne 和 Newbold,1997)对模型进行估计和预测性能评价。

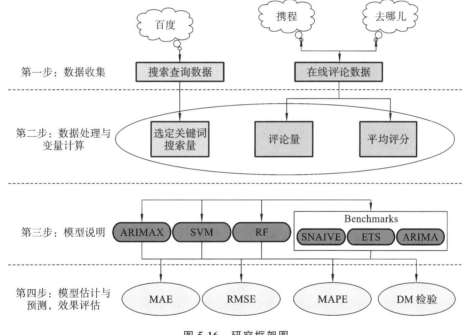

图 5-16 研究框架图

在数据方面,作者选择了中国国家公园四姑娘山的需求数据,通过游客到达量来衡量旅游需求。2017 年 1 月 2 日至 2019 年 7 月 14 日(共 132 周),四姑娘山的每周游客到达人数从四姑娘山官网收集。为了预测四姑娘山的游客到达人数,作者关注了两类互联网大数据,即搜索查询数据和在线评论数据。

首先,从百度的搜索引擎收集搜索查询数据。搜索引擎使游客能够"探索"目的地,游客的搜索行为在整个过程中被记录下来。作者选择百度作为搜索查询数据源,是因为它在中国占据了 70% 以上的市场份额(cui,2019)。遵循 Li 等人的关键词选择方法,在百度索引中(2017 年),作者选择了 8 个与四姑娘山相关的中文关键词:"四姑娘山攻略""四姑娘山天气""四姑娘山海拔""四姑娘山在哪里""四姑娘山景区""四姑娘山门票""四姑娘山旅游"和"四姑娘山住宿"。作者使用百度索引来衡量每个关键字的搜索量。百度的每一个关键词的每日搜索索引都是通过自编的 Python 爬虫工具从其网站(百度指数)收集的,然后聚合到每周的搜索量中。

其次,从在线旅游平台收集在线评论数据。在线评论数据包括两个维度,分别是周评论量和周平均评论评分。携程和去哪儿是国内知名的在线旅游平台。经过认证的携程或去哪儿用户可以在网上发布旅游景点评价。2017 年 1 月 2 日到 2019 年 7 月 14 日,作者使用了自编译的 Python 爬虫工具收集了去哪儿的 1367 条评论、携程的 678 条评论。为了结合两个网站的在线评论,所有的评论及其评分都是混合的,如果两个评论的评分和文本内容相同,作者只保留一个。最终,作者从这两个网站收集了 1645 个独特的在线评论和评分,然后根据时间戳进行排名,并以每周为基础,提取两个变量:①每周评论的数量;②每周评论的平均评分。评论的平均评分反映了游客的满意度水平,而评论的数量反映了特定旅游景点的受欢迎程度。完整的数据集横跨 132 周。作者使用前 107 周的游客入境、搜索查询和在线评论的数据进行初始模型估计,之后生成 1 至 12 周的预测。然后,每次将估计的子样本延长一周,生成最多 12 周的滚动预测,直到纳入所有可用数据为止。随后对 12 个预测水平的准确性进行评估。

如何具体地建立模型并评估模型的优劣?

为探讨多源互联网大数据在旅游需求预测中的作用,作者构建了 7 个模型(表 5-4)。SNAIVE、ETS 和 ARIMA 模型是时间序列模型,仅依赖历史旅游需求数据。ARIMAX1 是一个以搜索查询数据为解释变量的 ARIMA 模型。SNAIVE、ETS、ARIMA 代表基本基准模型。ARIMAX2、ARIMAX3 和 ARIMAX4 是以搜索查询数据和在线评论数据为解释变量的 ARIMAX 模型:ARIMAX2 包含去哪儿和携程联合的在线评论数据,ARIMAX3 包含去哪儿的在线评论数据,ARIMAX4 包含携程的评论数据。

表 5-4 预测模型中包含的变量

模 型	历史序列	搜索查询	在线评论 (去哪儿和携程)	在线评论 (去哪儿)	在线评论 (携程)
SNAIVE	√				
ETS	√				
ARIMA	√				
ARIMAX1	√	√			
ARIMAX2	√	√	√		
ARIMAX3	√	√		√	
ARIMAX4	√	√			√

同时由于目前对于利用互联网大数据建模旅游需求的最佳方法,学者们尚未达成共识。因此,作者构建了 SVM 和 RF 两种 AI 模型并进行了估计,把它们与 ARIMAX 在预测性能方面进行比较。用两个尺度相关误差和一个百分比误差来评价预测精度。MAE、RMSE 和 MAPE 的计算公式分别为

$$\text{MAE} = \frac{\sum_{i=1}^{n} |y_i - \hat{y}_i|}{n}$$

$$\mathrm{RMSE} = \sqrt{\frac{1}{n}\sum_{i=1}^{n}(y_i - \hat{y}_i)^2}$$

$$\mathrm{MAPE} = \frac{1}{n}\sum_{i=1}^{n}\frac{|y_i - \hat{y}_i|}{y_i}$$

式中：y_i 为实际抵港游客人数；$\hat{y}_i$ 为预计抵港游客人数；n 为待评估预测的数量。

ARIMA 是一个经典的时间序列随机过程模型，它包含自回归（AR）、移动平均（MA）和差分分量（Cho，2003）。ARIMA 已被广泛应用于许多研究领域，如电价预测（Contreras、Espinola、Nogales 等，2003），股价预测（Pai、Lin，2005），旅游需求预测（Claveria、Torra，2014）。该模型的一般形式（Pankratz，2009）为

$$\left(1 - \sum_{i=1}^{p}\Phi_i L^i\right)(1-L)^d Y_t = \left(1 + \sum_{i=1}^{q}\Theta L^i\right)\varepsilon_t$$

式中：$\left(1 - \sum_{i=1}^{p}\Phi_i L^i\right)$ 为 AR 分量；$\left(1 + \sum_{i=1}^{q}\Theta L^i\right)\varepsilon_t$ 为 MA 分量；$(1-L)^d$ 是 d 倍差分。

当解释性变量（本研究中的搜索查询和/或在线评论变量）包含在模型中时，ARIMA 模型称为 ARIMAX。它的形式是

$$\left(1 - \sum_{i=1}^{p}\Phi_i L^i\right)(1-L)^d Y_t = \sum_{k=1}^{u}\sum_{i=1}^{r}\eta_{ki} L^i X_{kt} + \left(1 + \sum_{i=1}^{q}\Theta L^i\right)\varepsilon_t$$

式中：X_{kt} 是解释性变量；L^i 表示滞后；η_{ki} 是 $L^i X_{kt}$ 的系数。

上式中的参数 p 和 q 由自相关函数检验和部分自相关函数检验确定（Box、Jenkins、Reinsel，1994）。参数 d 通过单位根检验确定（Dickey、Fuller，1979）。解释变量及其滞后可以通过 Akaike 信息准则指数（Akaike，1974）来确定。具体的 SVM 和 RF 模型我们不在此赘述。

为了更好地评估，作者进行了两组比较（图 5-17）。第一组比较用于检验将互联网大数据（搜索查询数据和在线评论数据）纳入单一预测模型是否可以提高预测精度；第二组用于测试将携程和去哪儿的在线评论数据合并为一个预测模型是否能提高预测精度。

为了检验与基准时间序列模型和仅使用互联网搜索查询数据的模型相比，将搜索查询数据和在线评论数据合并到一个预测模型中是否会提高预测精度，构建并估计了 SNAIVE、ETS、ARIMA、ARIMAX1 和 ARIMAX2 模型。作者以 SNAIVE、ETS、ARIMA 和 ARIMAX1 模型为基准。SNAIVE、ETS 和 ARIMA 模型都是时间序列模型，ARIMAX1 是一个以搜索查询数据为先导指标的 ARIMAX 模型。ARIMAX2 是一个以百度搜索查询数据和去哪儿、携程在线评论数据为主导指标的 ARIMAX 模型。采用 DM 检验来评估一个模型对另一个模型的预测精度提高的统计显著性。以 ARIMAX1（相对于 ARIMA）对 MAE 的改进为例，改进计算公式为

$$\mathrm{Improvement} = \frac{\mathrm{MAE(ARIMA)} - \mathrm{MAE(ARIMAX1)}}{\mathrm{MAE(ARIMA)}} \times 100\%$$

时间序列分析在此类问题中效果如何？

通过比较，作者有了以下发现。

在第一组比较中，首先，与基准（SNAIVE、ETS 和 ARIMA 模型）相比，ARIMAX1（以

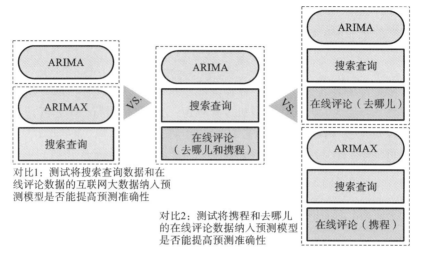

图 5-17　比较框架图

搜索查询数据为先导指标)在提前 1~6 周预测时提高了预测精度;然而,ARIMAX1 在预测未来 9 周和 12 周时表现更差。这表明,四姑娘山的搜索查询数据可能只对短期游客到达预测有效。但与 SNAIVE、ETS 和 ARIMA 相比,ARIMAX2(包括搜索查询数据和在线评论数据作为领先指标)在 1~12 周内持续提高预测精度。DM 检验结果表明,在统计学上,与 SNAIVE 和 ETS 相比,ARIMAX2 的改进一致显著,而与 ARIMA 相比,仅在预测 1~3 周前有显著性改进。其次,以 ARIMAX1 为基准时,ARIMAX2 在 12 个预测水平上的预测精度均有显著的提高:MAE 从 27.87% 提高到 54.96%;RMSE 从 28.28% 提高到 49.80%;MAPE 从 22.03% 提高到 62.35%。DM 检验结果进一步表明,这些改善在所有水平上至少在 10% 显著性水平上具有统计学意义。这些结果共同证明了四姑娘山多源大数据预测相比于单源大数据预测或传统时间序列模型预测更具优越性。

在第二组比较中,从 MAE、RMSE 和 MAPE 值的改善来看,支持向量机和随机森林在增强旅游需求预测方面的积极作用是明显的,尽管改善不像 ARIMAX2 和 ARIMAX1 那样显著。当预测提前 9 周和 12 周到达时,在线评论数据在预测性能改善方面的积极作用不能被任何 AI 模型在 MAE、RMSE、MAPE 或 DM 检验结果方面一致验证。基本上,在线评论数据在提高旅游需求预测方面的积极作用似乎对短期预测更有效。

总的来说,虽然机器学习的相关方法已经得到了长足发展,但是时间序列分析,特别是多元时间序列分析在特定方面仍有优势。

文章得出的主要结论如下。

(1)基于搜索引擎和在线旅游平台的互联网大数据的旅游需求预测可以显著提高预测效果。

(2)与基于搜索引擎单源数据的旅游需求预测相比,基于搜索引擎和在线旅游平台多源大数据的旅游需求预测效果更好。

(3)与基于单一平台在线评论数据的旅游需求预测相比,基于多平台的预测效果明显更好。

> The role of disaggregated search data in improving tourism forecasts: Evidence from Sri Lanka
>
> Kanchana Wickramasinghe, Shyama Ratnasiri
>
> 《Current Issues in Tourism》
>
> Volume 24, 2021, 2740-2754, ISSN 1368-3500

分类搜索数据在改善旅游预测中的作用:来自斯里兰卡的证据

疫情暴发后,要制定有效的政策以增强旅游业的抵御能力,基本上需要关于旅游需求变化和相关经济成本的全面经验信息。这篇文章的作者利用区域和时间分类旅游数据和谷歌搜索数据提高了旅游预测的准确性。此外,为了更全面地了解疫情对旅游需求的影响,本文采用了游客到达数和客夜数两个时间序列变量。下面我们来看文章的具体内容。

旅游学研究中多元时间序列的可用变量

文章以斯里兰卡为研究对象。2009年5月斯里兰卡内战结束后,国际游客人数和客夜(即酒店管理中的每客每间夜)数大幅回升(班达拉,2019;Wickramasinghe,2011)。由于该国冲突后回归和平环境,在2019年之前的近十年里,旅游业一直是一个快速增长的行业,旅游业收入也显示出稳步增长。2018年入境人数超过230万,相当于斯里兰卡同年人口的10.75%左右。2019年4月发生的恐怖袭击导致2019年的入境人数和客夜数骤减。月度数据显示,到2019年12月,游客数量几乎恢复了。

通过文献综述,作者发现了过往文献的缺陷,并通过多元时间序列分析来弥补相关问题。第一,本文使用两个时间序列变量来表示旅游需求,即国际到达和国际客夜。在旅游预测文献中,大多数研究只使用单一的时间序列。第二,本文对国际抵达总人数和客夜进行了地理和时间上的分类预测。作者使用月度数据来仔细了解短期内的旅游需求变化。本文将单个国家的国际入境人数划分为五个主要地区,该分类考虑了国际旅游主要客源国的地理分布。第三,本文将大数据用于生成单个目的地的旅游总需求的分类预测。

如何进行多元时间序列的研究设计?

在数据方面,作者选取了来自斯里兰卡旅游发展局的年度统计报告2004年1月至2019年12月五个地区(欧洲、亚洲、太平洋、美洲和其他)的月度游客到达数据和客夜数据。后续作者进行了平稳性检验,以消除时间序列中由于单位根的存在而产生的伪回归问题。作者在多元时间序列模型中使用了两个解释变量,即谷歌趋势数据和虚拟变量来表示结构断裂。具体的数据筛选可以参考上一篇文章。

根据斯里兰卡旅游发展局2017年对离开斯里兰卡的外国游客进行的调查所揭示的旅行计划信息,选择了采用谷歌趋势数据的滞后数量。调查发现,约91%的游客会提前6个月计划行程。因此,作者认为谷歌趋势变量包含了6个滞后。

由于国内冲突的影响,斯里兰卡的国际抵达人数出现了明显的波动。作者使用Quandt-Andrew的断点检验和多重断点检验来检查时间序列是否存在统计上显著的结构断裂。在多元模型中引入虚拟变量来捕捉结构断裂的影响,在单变量模型中没有考虑这些影响。

在模型建立方面,旅游文献明确指出,没有一种预测方法在所有情况下都表现最佳

(Ghalehkhondabi 等，2019；Jiao 和 Chen，2019；Khaidietal，2019；Songtal，2019；Song 和 Li，2008)。差分自回归移动平均(ARIMA)模型是旅游经济学文献中最常用的单变量模型，该模型被广泛用作评估和比较的基准(Jiao 和 Chen，2019)。Song 等人(2019)的综述发现 SARIMA 模型近年来在旅游预测研究中受到了广泛关注。Thushara 等人(2019)发现 SARIMA 模型在预测前 10 个客源国的入境人数方面优于 ARIMA 模型。文献指出，扩展单变量模型以包括解释性可以改善预测。然而，可用来作为预测模型解释变量的数据类型有限，这使得实现此类模型具有挑战性(Volchek 等，2019)。

综上所述，本文旨在利用谷歌搜索数据对 ARIMA 和 SARIMA 模型进行扩展，开发用于预测的 ARIMAX 和 SARIMAX 模型。作者估计了来自五个区域(欧洲、亚洲、太平洋、美洲和其他地区)的到达和客夜的四种类型的模型(ARMA、ARMAX、SARMA 和 SARMAX)及它们的总数。对于每个区域，四种类型的模型分别在每个变量的水平和对数转换版本上进行估计。总的来说，每个地区分别估计了 8 个到达变量和客夜变量的模型，这有助于为每个地区的到达和客夜分别确定高度准确的预测模型。

ARMA 模型可以指定为

$$\Phi(B) y_t = c + \Theta(B) e_t$$

式中：$\Phi(B) = 1 - \phi_1 B - \cdots - \phi_p B^p$；$\Theta(B) = 1 - \theta_1 B - \cdots - \theta_q B^q$。

ARMAX 模型可以指定为

$$\Phi(B) y_t = \beta x_t + \Theta(B) z_t$$

式中：x_t 是 t 时刻的协变量；β 是它的系数；B 是后移算子。

SARMA 模型可以指定为

$$\Phi(B^{12})\phi(B)\ln(Y_{j,t}) = \alpha + \Theta(B^{12})\theta(B) z_{j,t}$$

SARMAX 模型可指定为

$$\Phi(B^{12})\phi(B)\ln(Y_{j,t}) = \alpha + \sum_0^i \beta_i \ln(X_{j,t-1}) + \Theta(B^{12})\theta(B) z_{j,t}$$

其中

$$\Phi B^{12} = 1 - \phi_1 B^{12} - \phi_2 B^{24} - \cdots - \phi_p B^{12p}$$
$$\phi B = 1 - \phi_1 B - \phi_2 B - \cdots - \phi_p B$$
$$\Theta B^{12} = 1 - \theta_1 B^{12} - \theta_2 B^{24} - \cdots - \theta_p B^{12p}$$
$$\theta B = 1 - \theta_1 B - \theta_2 B - \cdots - \theta_p B$$

式中：ΦB^{12} 为季节算子；ϕB 为 AR 算子；ΘB^{12} 为季节移动平均(MA)算子；θB 为 MA 算子。

数据频率设置为 12，因为作者在模型中使用了月数据，其中 $Y_{j,t}$ 是 t 时刻从 j 区域到达的数量，$X_{j,t-1}$ 表示协变量，$z_{j,t}$ 是 t 时刻 j 区域的误差项，B 是 Backshift 算子。

如何进行多元时间序列模型的评估？

基于赤池信息准则(Akaike information criterion，AIC)，选取每个区域 8 种模型下的最优模型。选择 AIC 值最低的模型进行下一步预测。每个区域采用 8 个最优模型进行预测。2004 年 1 月至 2017 年 12 月的子样本用于训练模型。采用 2018 年 1 月至 2019 年 4 月的子样本对模型进行评估。在评估模型时，作者故意排除了 2019 年 5 月至 12 月这段时间，因为

2019 年 4 月底发生了恐怖袭击,导致旅游业下滑。预测是截至 2020 年 4 月的。

预测的准确性取决于预测值与实际值的接近程度,预测值与实际值之间的差值表示预测误差。最常用的评估旅游预测准确性的措施是平均绝对百分比误差(MAPE)、均方根误差(RMSE)、均方根百分比误差(RMSP)和平均绝对误差(MAE)(Wu 等,2017)。其他可用的方法包括均方误差(MSE)、泰尔统计量、平均绝对偏差和平均绝对平方误差。各种研究都使用了一种或多种方法来比较预测的准确性。作者采用 MAPE、RMSE 和 MAE 方法来选择最佳的预测模型,因为它们是旅游预测文献中广泛使用的方法。它们可以按如下方式指定。

$$\text{MAPE} = \frac{1}{n} \sum_{t=1}^{n} \frac{|A_t - F_t|}{A_t}$$

$$\text{RMSE} = \sqrt{\frac{1}{n} \sum_{t=1}^{n} (A_t - F_t)^2}$$

$$\text{MAE} = \frac{\sum_{t=1}^{n} |A_t - F_t|}{n}$$

式中:A_t 是 t 时刻的实际值;F_t 是 t 时刻的预测值;n 是观测数。

将每个区域计算的预测结果与行政报告中记录的实际抵达人数进行比较,以计算偏离程度。偏差百分比用以下公式计算。

$$百分比偏差 = \frac{(实际值 - 预测值) \times 100}{预测值}$$

由于游客量的减少可归因于疫情的影响,因此偏差的大小可被视为疫情对国际旅游业影响程度的重要指标。分别计算每个区域的偏差,分类偏差提供了关于每个源区域影响程度的有用信息。作者使用游客到达预测和客夜预测来估计斯里兰卡的旅游支出。旅游支出调查的每日人均游客支出数据用于计算每个地区的总预测和实际支出(SLTDA,2017)。

季节多元时间序列模型预测效果是否最好?有最为优秀的模型吗?

文章最后作者进行了稳定性检验,用于估计时间序列模型平稳性的 Dickey-Fuller 广义最小二乘(DF-GLS)检验的结果显示所有变量及其对数变换的水平都是平稳的。

最后通过比较,作者给出了每个区域和模型类型的最优模型(使用 AIC 值识别),发现对于每个区域,SARMA 和 SARMAX 模型优于它们的单变量模型(分别是 ARMA 和 ARMAX 模型),因此,作者只报告用于动态预测的 SARMA 和 SARMAX 的最佳模型。正如作者在前面强调的那样,SARMAX 模型包括哑变量来表示结构性断裂、谷歌趋势数据及其滞后,此外还有季节性和非季节性项。

使用 MAPE、RMSE 和 MAE 分别确定了入住时间和游客入住时间的最佳预测模型。三个预测精度指标值最小的模型被选为可用于预测的最佳模型。这三种方法一致地识别出大多数模型中误差最小的模型。在预测来自美洲地区的到达人数时,RMSE 和 MAE 指标都显示 SARMAX 模型是误差最小的模型,而 MAPE 指标则显示 SARMA 模型误差最小。综合考虑各指标的价值,作者得出结论,SARMAX 模型是预测美国游客入境的最佳模型。在确定预测欧洲游客过夜的最佳模型时采用了同样的方法。对于所有地区,带有季节项的模型(SARMA 或 SARMAX 模型)的表现都优于对应的模型(ARMA 和 ARMAX 模型)。之前的一项研究证实,使用季节性术语可以提高预测斯里兰卡旅游需求的准确性(Thushara

等,2019)。作者还清楚地表明,在预测到达的 6 个模型中,谷歌趋势数据和虚拟变量提高了 4 个模型的预测精度。在客夜情况下,作者发现谷歌趋势数据提高了 6 个模型中 5 个模型的准确性,这为现有文献中使用谷歌趋势数据提高预测精度增加了证据。

对于总抵港旅客数和总客夜数,SARMAX(3,0,4)(1,0,2)[12]模型是最佳拟合模型。对于来自欧洲地区的入境旅客,SARMAX(3,0,4)(1,0,2)[12]为最拟合值。SARMAX(3,0,3)(2,0,2)[12]模型优于其他模型。使用谷歌趋势数据和虚拟变量并不能帮助改善亚洲地区的到达或客夜的预测。这可能是因为谷歌搜索引擎在中国没有被使用,而中国在到达和客/夜数方面都是最大的客源国。对于太平洋地区和美洲地区来说,这两个地区的 SARMAX 模型是最适合住宿和客/夜的模型。谷歌趋势数据并没有提高预测来自"其他"地区的抵达人数的准确性。对于其他地区的客夜,SARMAX(3,0,3)(1,0,0)[12]的对数变换模型效果最好。

新的数据或模型可以有效提高预测精度吗?

本文旨在通过将谷歌趋势数据纳入传统预测方法,对斯里兰卡的国际游客到达人数和游客入住时间进行分类预测。区域分类数据纳入 ARMA、ARMAX、SARMA 和 SARMAX 模型,我们可以清楚看到季节时间序列模型较其他模型具有明显优势,而在具体的区域分类预测中,不同模型有细微的差距,并不存在一个模型在所有区域都表现出明显优势的情况。

同时越来越多的观点认为,谷歌趋势数据可以提高旅游预测的准确性,无论是游客到达数还是在客夜数方面。本文研究发现谷歌趋势数据的加入提高了到达模型 6 个地区中 4 个地区的预测精度;提高了 6 个模型中 5 个预测游客入住时间的准确性。

结果还表明,两种时间序列的旅游支出预测结果存在差异。当使用游客到达数进行估计时,与预测相比,预先的游客支出为 40%。当使用游客过夜时间进行估算时,1 月和 2 月的旅游支出有所增加,而总体损失仅为 28%。

通过本文的研究,我们可以发现在预测中使用分类数据的重要性。地理分类预测基本上揭示了特定区域旅游需求趋势变化的幅度,可以有效地利用这些信息来理解基于单个国家背景的全球冲击在地理上的不同反应。此外,使用多个序列进行预测可以揭示旅游需求的重要信息,这些信息对不同利益相关者的重要性可能不同。

基于文章的局限性,未来我们可以引入百度数据和其他机器学习的方法来对文章内容进行补充,还可以对更多的旅游胜地进行研究。

本章小结

本章主要介绍了时间序列的关键原理和概念,以及怎样使用 R 语言对时间序列模型进行预测的相关应用实例。首先介绍了以下概念:平稳性、自协方差函数和自相关函数、差分算子和滞后算子、趋势平稳过程、MA 模型、AR 模型、ARMA 模型、ARIMA 模型、季节模型。其次介绍了以下几个应用实例:检验数据是否为白噪声,单位根检验数据的平稳性;使用季节趋势的 ARIMA 模型预测航班的客流量;使用 ARIMAX 模型进行多元时间序列分析预测二氧化碳浓度。

关键概念

白噪声检验 平稳性检验 自回归移动平均模型

一、选择题(二维码在线答题)

二、简答题

1. 在 R 的 datasets 包中,包含一个名为 Nile 的数据集,该数据是一个时间序列数据,主要记录了 1871—1970 年尼罗河每年的流量,请进行如下分析:

(1) 对该时间序列数据进行白噪声检验,判断其是否为白噪声?

(2) 判断该时间序列数据是否平稳?

(3) 选择合适的时间序列模型,对后面 10 年的流量情况进行预测,并对模型进行介绍。

2. 时间序列分析作为一种传统预测方法,随着机器学习的发展日渐式微,你认为未来应该如何发展和使用时间序列分析?

第六章

聚类分析

学习目标

聚类分析也称群分析、点群分析,是指将物理或抽象对象的集合分为由类似的对象组成的多个类的分析过程。聚类是根据"物以类聚"的原理,对样品或指标进行分类的一种多元统计分析方法。通过本章的学习,使学生达成以下学习目标。

(1)知识目标:了解聚类分析算法的定义、基本思想、方法类别以及每种聚类分析算法的具体步骤。

(2)能力目标:通过 R 语言代码实操练习,掌握层次聚类、K-means 聚类等聚类算法的实际操作过程。

(3)素养目标:通过对聚类分析的学习,深化以文塑旅、以旅彰文的思想,通过对旅游领域中应用聚类分析算法的经典文献进行分析,了解其在游客画像、目的地推荐等方面发挥的重要作用,进一步明确聚类算法在旅游领域中的实际应用价值。

案例引导

当前,互联网用户增长进入瓶颈期——全国总网民数量徘徊在 10.11 亿人左右,互联网普及率已经达到 71.6%;流量却牢牢把控在巨头手中。自微信、今日头条、抖音之后,鲜有新的流量平台崛起,使用者流动相对固化。对在线旅游平台(OTA)来说,依靠流量红利获取业务持续增长的情况现在已不复存在,新客户的获取成本增加、难度节节攀升。聪明的营销人都知道,"了解你的客户"十分重要,而这就需要进行用户画像。

用户画像的核心工作是为用户打标签。打标签的重要目的之一是为了让人能够理解并且方便计算机处理,例如可以做分类统计:喜欢参加旅游团的用户有多少?喜欢参加旅游团的人群,男女比例是多少?其入住习惯是什么?用户画像完成后,就可以进行客户分群、搜索引擎、推荐引擎、广告投放等数据挖掘工作,这些工作能进一步提升营销精准度,提高信息获取的效率,所以,在旅游大数据应用中,用户画像的构建极为关键。

OTA 平台通过聚类分析进行客户画像,从而了解客户价值。通过客户的最近消费时间间隔(recency)、消费频率(frequency)和消费金额(monetary)来进行细分,识别高价值会员客户，简称 RFM。通过构建模型以及应用聚类分析，识别每个客户显著不同的表现特征，并基于该特征描述，定义不同等级的客户识别类别，如重要客户、重要发展客户、重要挽留客户、一般客户、低价值客户等。根据每个客户的类型特性，对各类客户群进行客户价值排名，针对不同类型的客户群提供不同的产品和服务，并根据各个客户群进行特征分析，采用一些销售手段和策略，如会员升级和保级、积分兑换调整、交叉销售等。

OTA 平台充分利用 RFM 用户分析，以数据驱动客户精细化管理，不仅仅将精力放在创造更多的点击量上，而是通过数据管理实现从增加点击率到提高留存率、客户忠诚度以及建立客户关系的转变，而这正是 OTA 成功的关键。

第一节 理论基础

随着数据对我们当今生产生活的影响不断加深，数据挖掘成为人们深入了解事物本质的重要方法，聚类分析作为一项十分重要的数据挖掘手段，是使用某种相似度度量方法以组内尽可能相似、组间尽可能相异的方式将数据集进行分组，最终使聚类结果达到规定的评价准则的要求的过程。

我们简单思考以下问题。

> 聚类分析思想是如何产生的？
> 在生活中我们经常能听到"物以类聚"的说法，而聚类分析正是研究"物以类聚"的一种方法。人类认识世界往往先将被认识的对象进行分类，早先人们主要靠经验和专业知识实现分类，但随着生产技术和社会科学的发展，对分类学的要求越来越高，靠经验和专业知识来分类越来越难，于是数学被引入分类学中，形成了数值分类学。后来随着多元分析的引进，聚类分析又逐渐从数值分类学中分离出来成为一个相对独立的分支。

一、聚类分析的定义

聚类分析（cluster analysis）也称群分析、点群分析，是指将物理或抽象对象的集合分为由类似的对象组成的多个类的分析过程。聚类是一种无监督学习，是把数据对象划分成子集的过程。每个子集是一个簇（cluster），簇中的对象彼此相似，但是与其他簇中的对象不相似。由聚类分析产生的一个簇的集合称为一个聚类。例如，可以根据各个银行网点的储蓄量、人力资源状况、营业面积、特色功能、网点级别、所处功能区域等，将网点分为几个等级，再比较各银行之间不同等级网点数量情况。一些经典的算法，如随机森林、支持向量机都是基于对数据标签进行学习，但是通常我们获得的数据是没有标签的，只有特征列数据，这时我们就不能够使用之前的算法进行建模，而需要采用一种新的方式进行样本区分。

在生活中，可以采用人工方式将数据分类，利用经验分析数据的结构将其区分，但是这样往往会耗费大量的人力、物力，需要较多的资源，而且还需要有着大量经验的专业人员才可以完美实现分类。所以就产生了聚类相关的算法,例如高斯混合聚类、密度聚类、K-Means聚类等。它们都是通过对无标记训练样本的学习来解释数据的内在性质和规律。聚类的本质其实就是数据集合的划分,就是将数据清楚地划分到几个有区分的类别中,有时也将这个类别称为簇。聚类不像有监督学习,可以有一定的参考指标,它没有统一的划分标准,完全是按照算法的定义来划分数据。

二、聚类分析的基本思想

> 分组:聚类分析的过程就是把一个数据对象分成若干个组(或者簇)的过程。
> 相似:组内的对象具有很高的相似性,而对于另外一些组,则要求尽可能地不相似。
> 评估:聚类完成后,还需要使用一些评价函数对聚类结果进行度量,通常涉及距离度量。

一般情况下,所研究的样品或指标(变量)存在程度不同的相似性(亲疏关系)。于是根据一批样品的多个观测指标,具体找出一些能够度量样品或指标之间相似程度的统计量,将这些统计量作为划分类型的依据,把一些相似程度较大的样品(或指标)聚合为一类,把另一些彼此之间相似程度较大的样品(或指标)聚合为另一类。关系密切的聚合到一个小的分类单位,关系疏远的聚合到一个大的分类单位,直到把所有的样品(或指标)都聚合完毕,将不同的类型一一划分出来,形成一个由小到大的分类系统。最后再把整个分类系统画成一张分群图(又称谱系图),用它把所有的样品(或指标)间的亲疏关系表示出来。

三、聚类分析的分类

聚类分析不仅可以用来对样品进行分类,也可以用来对变量进行分类。对样品的分类常称为Q型聚类分析,对变量的分类常称为R型聚类分析。聚类分析的方法还是比较粗糙的,理论上也不算完善,但由于它能解决许多实际问题,所以很受实际研究者重视,与回归分析、判别分析一起称为多元分析的三大方法。

根据分类对象的不同,聚类分析可分为以下几种。

(一)R型聚类分析

对指标变量进行分类称为R型聚类分析。通过对变量的相关系数矩阵内部结构的研究,找出能够控制所有变量的少数几个随机变量去描述多个随机变量之间的相关关系,然后再根据相关性的大小把变量分组,使同组变量之间的相关性较高,不同组变量之间的相关性较低。

R型聚类分析的优点如下。

(1)不但可以了解个别变量之间的亲疏程度,而且可以了解各个变量组合之间的亲疏程度。

(2)根据变量的分类结果及它们之间的关系,可以选择主要变量进行回归分析或Q型聚类分析。

(二)Q型聚类分析

对样本进行分类称为Q型聚类分析,它在计算中是从样品的相似系数矩阵出发,它的思路与 R 型因子分析相同,只是出发点不同而已。

Q 型聚类分析的优点如下。

(1)可以综合利用多个变量的信息对样本进行分类。

(2)分类结果是直观的,聚类谱系图能够非常清楚地表现其数值分类结果。

(3)聚类分析所得到的结果比传统分类方法更细致、全面、合理。

例如,在医生医疗质量研究中,有 N 个医生参加医疗质量评比,每一个医生有 K 个医疗质量指标被记录,利用聚类分析可以将 N 个医生按其医疗质量优劣分为几类,或者把 K 个医疗质量指标所反映的问题按侧重点不同分为几类。前者是聚类分析中的样品聚类,后者是指标聚类。

无论是 R 型聚类还是 Q 型聚类,关键是如何定义相似性,即如何把相似性数量化。聚类的第一步需要给出两个指标或两个样品间相似性度量的统计量。

聚类分析中用来衡量样本个体之间属性相似程度的统计量和用来衡量指标变量之间属性相似程度的统计量是不同的,前者用的统计量是距离系数,后者用的统计量是相似系数。距离系数的定义有很多,如欧式距离、曼哈顿距离、切比雪夫距离等。相似系数的定义也有很多,如相关系数、列联系数。

四、聚类分析中的距离度量方法

欧氏距离(Euclidean distance)是最易于理解的一种距离计算方法,源自欧氏空间中两点间的距离公式,即两点之间直线距离。n 维空间中,$\boldsymbol{x} = (x_1, \cdots, x_n)^{\mathrm{T}}, \boldsymbol{y} = (y_1, \cdots, y_n)^{\mathrm{T}}$,向量 $\boldsymbol{x}$ 和 $\boldsymbol{y}$ 的欧氏距离为

$$D = \sqrt{(\boldsymbol{x} - \boldsymbol{y})^{\mathrm{T}}(\boldsymbol{x} - \boldsymbol{y})} = \sqrt{\sum_{i=1}^{n}(x_i - y_i)^2}$$

曼哈顿距离(Manhattan distance),也称为城市街区距离。曼哈顿距离计算公式比欧氏距离简单很多,只需要把两个点的 x 坐标相减取绝对值,y 坐标相减取绝对值,再加和,即

$$D = \sum_{k=1}^{n}|x_k - y_k|$$

想象自己在曼哈顿要从一个十字路口开车到另外一个十字路口,实际驾驶距离就是曼哈顿距离,而这也是曼哈顿距离名称的来源。

切比雪夫距离(Chebyshev distance)来源于国际象棋,国王走一步能够移动到相邻的 8 个方格中的任意一个,那么国王从格子 (x_1, y_1) 走到格子 (x_2, y_2) 最少需要的步数是 $\max(|x_2 - x_1|, |y_2 - y_1|)$ 步,类似的距离度量方法称为切比雪夫距离。

$$D = \max_{k}(|x_k - y_k|)$$

除此之外,还有余弦距离、皮尔逊距离、杰卡德距离、汉明距离、马氏距离等多种距离计算方法。

五、聚类分析的算法步骤

聚类分析应遵循以下步骤。

步骤1:选择聚类分析变量。

这些变量应具备以下特点：①和聚类分析的目标相关；②反映了要分类对象的特征；③在不同对象的值具有明显差异；④变量之间不应该高度相关。

对变量高度相关的处理办法有两种：①在对案例聚类分析之前，先对变量进行聚类分析，在各类中选择具有代表性的变量作为聚类变量；②对变量做因素分析，产生一组不相关变量作为聚类变量。

步骤 2：计算相似性。

相似性是聚类分析的一个基本概念，反映了研究对象之间的亲疏程度。聚类分析就是根据研究对象之间的相似性来进行分类的。

步骤 3：聚类。

选定聚类方法，确定形成的类数。

步骤 4：聚类结果的解释。

得到聚类结果后，对聚类结果进行验证和解释，以保证聚类解是可信的。

六、聚类分析方法的类别

目前存在大量的聚类方法，其选择取决于数据类型、聚类目的和具体应用。聚类方法主要分为五大类：基于划分的聚类方法、基于层次的聚类方法、基于密度的聚类方法、基于网格的聚类方法和基于模型的聚类方法。

（一）基于划分的聚类方法

基于划分的聚类方法其原理很简单，想象你有一堆散点需要聚类，想要的聚类效果就是"类内的点都足够近，类间的点都足够远"。首先你要确定这堆散点最后聚成几类，然后挑选几个点作为初始中心点，再对数据点做迭代重置（iterative relocation），直到最后到达"类内的点都足够近，类间的点都足够远"的目标。也正是根据所谓的启发式算法，形成了 K-means 算法及其变体（包括 K-medoids、K-modes、K-medians、Kernel K-means 等）算法。

基于划分的聚类方法的优点是对大型数据集简单高效，时间复杂度、空间复杂度低。这种方法也有其局限性：数据集大时结果容易局部最优；需要预先设定 K 值，对最先的 K 个点选取很敏感；对噪声和离群值非常敏感；无法处理非球形等不规则的数据。

（二）基于层次的聚类方法

基于层次的聚类方法是指对给定的数据进行层次分解，直到满足某种条件为止。该方法根据层次分解的顺序分为自底向上法和自顶向下法，即凝聚式层次聚类方法和分裂式层次聚类方法。

1. 自底向上法

首先，每个数据对象都是一个簇，计算数据对象之间的距离，每次将距离最近的点合并到同一个簇。然后，计算簇与簇之间的距离，将距离最近的簇合并为一个大簇。不停地合并，直到合成一个簇，或者达到某个终止条件。

簇与簇的距离的计算方法有最短距离法、中间距离法、类平均法等，其中，最短距离法是将簇与簇之间的距离定义为簇与簇之间数据对象的最短距离。自底向上法的代表算法是 AGNES 算法。

2.自顶向下法

此方法在一开始所有个体都属于一个簇,然后逐渐细分为更小的簇,直到最终每个数据对象都在不同的簇中,或者达到某个终止条件为止。自顶向下法的代表算法是 DIANA 算法。

基于层次的聚类方法的主要优点为距离和规则的相似度容易定义,限制少,不需要预先制定簇的个数,可以发现簇的层次关系。基于层次的聚类方法的主要缺点为计算复杂度太高,奇异值也能产生很大影响,算法很可能聚类成链状。

图 6-1 是基于层次的聚类方法示意图,上方显示的是 AGNES 算法的步骤,下方是 DIANA 算法的步骤。这两种方法没有优劣之分,只是在实际应用的时候要根据数据特点及想要的簇的个数,来考虑是自底向上更快还是自顶向下更快。

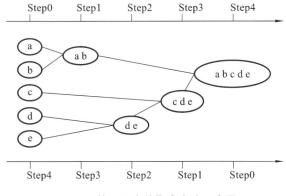

图 6-1　基于层次的聚类方法示意图

(三)基于密度的聚类方法

基于密度的聚类方法的主要目标是寻找被低密度区域分离的高密度区域。与基于距离的聚类方法不同的是,基于距离的聚类方法的聚类结果是球状的簇,而基于密度的聚类方法可以发现任意形状的簇。

基于密度的聚类方法是从数据对象分布区域的密度着手的。如果给定类中的数据对象在给定的区域中,则数据对象的密度超过某一阈值就继续聚类。

这种方法通过连接密度较大的区域,能够形成不同形状的簇,而且可以消除孤立点和噪声对聚类质量的影响,以及发现任意形状的簇,如图 6-2 所示。

基于密度的聚类方法中最具代表性的是 DBSCAN 算法、OPTICS 算法和 DENCLUE 算法。

(四)基于网格的聚类方法

基于网格的聚类方法将空间量化为有限数目的单元,可以形成一个网格结构,所有聚类都在网格上进行。基本思想就是将每个属性的可能值分割成许多相邻的区间,并创建网格单元的集合。每个对象落入一个网格单元,网格单元对应的属性空间包含该对象的值,如图 6-3 所示。

基于网格的聚类方法的主要优点是处理速度快,其处理时间独立于数据对象数,而仅依赖量化空间中的每一维的单元数。这类算法的缺点是只能发现边界是水平或垂直的簇,而

图 6-2 基于密度的聚类方法示意图

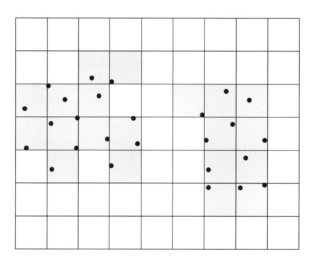

图 6-3 基于网格的聚类方法示意图

不能检测到斜边界。另外,在处理高维数据时,网格单元的数目会随着属性维数的增长而呈指数级增长。

(五)基于模型的聚类方法

基于模型的聚类方法试图优化给定的数据和某些数学模型之间的适应性。该方法给每一个簇假定了一个模型,然后寻找数据对给定模型的最佳拟合。假定的模型可能是代表数据对象在空间分布情况的密度函数或者其他函数。这种方法的基本原理就是假定目标数据集是由一系列潜在的概率分布所决定的。

图 6-4 对基于划分的聚类方法和基于模型的聚类方法进行了对比。左侧给出的是基于距离的聚类方法,核心原则就是将距离近的点聚在一起。右侧给出的基于概率分布模型的聚类方法,这里采用的概率分布模型是有一定弧度的椭圆。

图 6-4 中左右两侧分别标出了两个实心的点,两点的距离很近,在基于距离的聚类方法中,它们聚在一个簇中,但在基于概率分布模型的聚类方法中它们在不同的簇中,这是为了满足特定的概率分布模型。

在基于模型的聚类方法中,簇的数目是由基于标准的统计数字自动决定的,噪声或孤立点也是通过统计数字来分析的。

图 6-4　基于划分的聚类方法和基于模型的聚类方法对比示意图

七、聚类分析算法步骤

(一)K-means 算法

K-means 算法是 IEEE 2006 年 ICDM 评选出的数据挖掘的十大算法中排名第二的算法,排名仅次于 C4.5 算法。

1. 基本原理

在给定 K 值和 K 个初始类簇中心点的情况下,把每个点(数据记录)分到离其最近的类簇中心点所代表的类簇中,所有点分配完毕之后,根据一个类簇内的所有点重新计算该类簇的中心点(取平均值),然后再迭代地进行分配点和更新类簇中心点的步骤,直至类簇中心点的变化很小,或者达到指定的迭代次数。

2. 步骤

(1)将 k 个特征空间内的点设置为初始聚类中心。

(2)分别计算其他所有点与所有聚类中心的距离(欧氏距离),未知的点以距离它们最近的聚类中心作为其标记类别。

(3)按照聚类之后的标记类别,分别计算出每个聚类的新中心点(平均值)。

(4)若新老聚类中心点相同(理想状态下,一般为到达某个阈值之下即认为迭代完成),则算法收敛,若不同,回到(2),重复上述操作(进行迭代)。

算法步骤如图 6-5 所示。

3. 主要特点

(1)发现球形互斥的簇:由于 K-means 算法一般是以欧氏距离作为相似性度量指标,所以 K-means 算法对于球形互斥的簇的聚类效果会比较好。

(2)对低维数据集效果较好:同样的数据量,维度越高,数据矩阵越稀疏,当数据维度比较高时,数据矩阵是一个稀疏矩阵,K-means 算法稀疏矩阵数据聚类效果不佳。

(3)容易陷入局部最优:对于 K-means 算法来说,初始聚类中心的确定十分重要,因为不同的聚类中心会使算法沿着不同的路径搜索最优聚类结果,不过对于陷入局部最优这个问题可以从初始聚类中心的选择来进行改进。

4.优缺点

(1)优点:简单、时间复杂度、空间复杂度低。

(2)缺点:随机初始化的中心点对结果影响很大。

5.算法优化

(1)Canopy算法。

Canopy Clustering 这个算法是 2000 年提出来的,此后与 Hadoop 配合成为一个比较流行的算法。确切地说,这个算法获得的并不是最终结果,它是为其他算法服务的,比如 K-means 算法。它能有效地降低 K-means 算法中计算点之间距离的复杂度。

Canopy 算法流程如下。

①给定样本列表 $L=x_{1,2,\cdots,m}$ 以及先验值 T_1 和 T_2($T_1>T_2$)。

②从列表 L 中获取一个节点 P,计算 P 到所有聚簇中心点的距离(如果不存在聚簇中心,那么此时点 P 形成一个新的聚簇),并选择出最小距离 D。

③如果距离 D 小于 T_1,则表示该节点属于该聚簇,可添加到该聚簇列表中。

④如果距离 D 小于 T_2,则表示该节点不仅仅属于该聚簇,还表示和当前聚簇中心点非常近,所以将该聚簇的中心点设置为该簇中所有样本的中心点,并将 P 从列表 L 中删除。

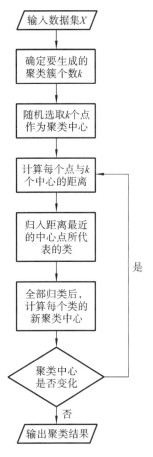

图 6-5 算法步骤

⑤如果距离 D 大于 T_1,那么节点 P 形成一个新的聚簇。

⑥直到列表 L 中的元素数据不再有变化或者元素数量为 0 的时候,结束循环操作。

Canopy 算法得到的最终结果的值,聚簇之间是可能存在重叠的,但是不会存在某个对象不属于任何聚簇的情况。

可以看到 Canopy 算法可以将一堆杂乱的数据大致划分为几块,所以 Canopy 算法一般会和 K-means 算法配合使用。在使用 Canopy 算法时,阈值 T_1、T_2 的确定是十分重要的。T_1 的值过大,会导致更多的数据被重复迭代,形成过多的 Canopy;T_1 的值过小则导致相反的效果。T_2 的值过大,会导致一个 Canopy 中的数据太多,反之则过少。这样的情况都会使运行的结果不准确。

优点:改进了选取 K 值的问题,抗干扰能力变强,可以把某些较小点的簇直接去掉;每个 Canopy 内的 centerpoint 作为 K 更加精确;只是在每个 Canopy 内做聚类,减少计算量。

缺点:仍然有可能落入局部最优解。

(2)K-means++算法。

K-means++算法在聚类中心的初始化过程中的基本原则是使得初始的聚类中心之间相互的距离尽可能远,这样可以避免出现上述问题。从而可以解决 K-means 算法对初始簇心比较敏感的问题,K-means++算法和 K-means 算法的区别主要在于初始的 K 个中心点的选择方面。

K-means 算法使用随机给定的方式,K-means++算法采用下列步骤给定 K 个初始质点。

①从数据集中任选一个节点作为第一个聚类中心点。

②计算数据集中的每个点 x 到所有已有聚类中心点的距离和 $D(X)$,基于 $D(X)$ 采用线性概率(每个样本被选为下一个中心点的概率)选出与下一个聚类中心点距离较远的一个点成为新增的一个聚类中心点。

③重复步骤②直到找到 k 个聚类中心点。

④这种依靠中心点和中心点之间的有序性进行中心点划分的方式,虽然避免了初始值敏感的问题,但对于特别离散的数据,效果就不是很好了。

(3)二分 K-means 算法。

同样是为了解决 K-means 算法对初始簇心比较敏感的问题,二分 K-means 算法和前面两种寻找其他质心不同,它是一种弱化初始质心的一种算法。

这个算法的思想是首先将所有点作为一个簇,然后将该簇一分为二。之后选择能最大程度降低聚类代价函数(也就是误差平方和)的簇划分为两个簇(或者选择最大的簇等,选择方法多种)。以此进行下去,直到簇的数目等于用户给定的数目 k 为止。

二分 K-means 算法的步骤如下。

①将所有样本数据作为一个簇放到一个队列中,从队列中选择一个簇进行 K-means 算法划分,划分为两个子簇,并将子簇添加到队列中。

②循环迭代第一步操作,直到聚簇数量、最小平方误差、迭代次数等达到中止条件,此时队列中的簇就是最终的分类簇集合。

从队列中选择划分聚簇的规则一般有两种方式,分别如下。

第一种是对所有簇计算误差和 SSE(SSE 也可以认为是距离函数的一种变种),选择 SSE 最大的聚簇进行划分操作(优选这种策略)。

$$SSE = \sum_{i=1}^{n} \omega_i (x_i - a_i)^2$$

第二种是选择样本数据量最多的簇进行划分操作。

优点:极大地减少了 K-means 算法的相似度计算,每一步都是误差最小,不存在随机选取初始点的问题。

(4)mini batch K-means 算法。

mini batch K-means 使用了一种称为 mini batch(分批处理)的方法对数据点之间的距离进行计算。mini batch 的优点是计算过程中不必使用所有的数据样本,而是从不同类别的样本中抽取一部分样本来代表各自类型进行计算。由于计算样本量少,所以会相应地减少运行时间,但另一方面抽样也必然会带来准确度下降的弊端。mini batch K-means 算法适用于存在巨大的数据集合的情况。

实际上,这种思路不仅应用于 K-means 聚类,还广泛应用于梯度下降、深度网络等机器学习和深度学习算法。

该算法的算法流程和K-means算法类似,具体如下。

①首先抽取部分数据集,使用K-means算法构建出K个聚簇点的模型。

②继续抽取训练数据集中的部分数据集样本数据,并将其添加到模型中,分配给距离最近的聚簇中心点。

③更新聚簇中心点值。

④循环迭代步骤②和步骤③操作,直到中心点稳定或者达到迭代次数,停止计算操作。

由于mini batch K-means算法跟K-means算法是极其相似的两种聚类算法,因此应用场景基本一致。

(5)K-medoids算法(K-中心聚类算法)。

K-medoids算法与K-means算法对于中心点的选取不同,K-medoids选取当前簇中距离其他所有点距离之和的最小的点作为中心点,K-means选取当前簇内所有点的平均值作为中心点。

(二)层次聚类算法

层次聚类算法分为自顶向下法和自底向上法两类。凝聚式层次聚类(HAC)(合成聚类)是自底向上法的一种聚类算法。HAC首先将每个数据点视为一个单一的簇,然后计算所有簇之间的距离来合并簇,直到所有的簇聚合成为一个簇为止。

因此,聚类的层次结构用一棵树(或树状图)表示。树的根是收集所有样本的唯一聚类,而叶子是只有一个样本的聚类。

1. 具体步骤

(1)首先我们将每个数据点视为一个单一的簇,然后选择一个测量两个簇之间距离的度量标准,例如我们使用平均连接(average linkage)聚类作为标准,将两个簇之间的距离定义为第一个簇中的数据点与第二个簇中的数据点之间的平均距离。

(2)在每次迭代中,我们将两个具有最小平均连接的簇合并成为一个簇。比如,根据我们选择的距离度量,这两个聚类之间的距离最小,因此是最相似的,应该组合在一起。

(3)重复步骤(2)直到所有的数据点合并成一个簇(直到到达树的根),我们只有一个包含所有数据点的聚类。在进行层次聚类时,我们可以选择设定迭代次数,使合并聚类算法于一定时间停止,以此避免继续将距离过大的簇进行合并。

2. 优缺点

(1)优点。

①层次聚类算法一次性地得到了整个聚类的过程,只要得到了聚类树,想要分多少个簇都可以直接根据树结构来得到结果,改变簇的数目不需要再次计算数据点的归属。

②在聚类形状方面,层次聚类适用于任意形状的聚类,并且对样本的输入顺序是不敏感的。

(2)缺点。

①时间复杂度计算量大,因为要每次都要计算多个簇内所有数据点的两两距离。

②聚类终止条件的不精确性,层次聚类要求指定一个合并或分解的终止条件,比如指定聚类的个数或是两个距离最近的聚类之间的最小距离阈值。

(三)均值偏移聚类算法

均值偏移(mean shift)聚类算法是一种基于滑动窗口(sliding-window)的算法,找到数据点的密集区域。这是一个基于质心的算法,通过将中心点的候选点更新为滑动窗口内点的均值来完成,定位每个组/类的中心点。这些候选窗口在后期处理阶段被过滤,以消除几乎重复的部分,形成最后一组中心点及其对应的组。

1. 具体步骤

(1)确定滑动窗口半径 r,以随机选取的 C 点为中心、r 为半径的圆形滑动窗口开始滑动,均值漂移类似一种爬山算法,在每一次迭代中向密度更高的区域移动,直到收敛。

(2)每一次滑动到新的区域,计算滑动窗口内的均值来作为中心点,滑动窗口内的点的数量为窗口内的密度。在每一次移动中,窗口会向密度更高的区域移动。

(3)移动窗口,计算窗口内的中心点以及窗口内的密度,知道没有方向在窗口内可以容纳更多的点,即一直移动到圆内密度不再增加为止。

(4)步骤(1)到步骤(3)会产生很多个滑动窗口,当多个滑动窗口重叠时,保留包含最多点的窗口,然后根据数据点所在的滑动窗口进行聚类。

2. 优缺点

(1)优点。

①不同于 K-means 算法,均值偏移聚类算法不需要我们知道有多少类/组。

②与基于密度的聚类方法相比,K-means 算法受均值影响较小。

(2)缺点。

选择窗口大小/半径 r 是非常关键的,不能疏忽。

(四)基于密度的聚类算法

基于密度的聚类算法(DBSCAN)是一个比较有代表性的基于密度的聚类算法,类似于均值偏移聚类算法。

1. 具体步骤

DBSCAN 以一个从未访问过的任意起始数据点开始,这个点的邻域是用距离 ε(所有在 ε 距离的点都是邻点)来提取的。

(1)首先确定半径 r 和 minPoints,从一个没有被访问过的任意数据点开始,以这个点为中心、r 为半径的圆内包含的点的数量是否大于或等于 minPoints,如果大于或等于 minPoints 则该点被标记为 central point,反之则会被标记为 noise point。

(2)重复步骤(1),如果一个 noise point 存在于某个 central point 为半径的圆内,则这个点被标记为边缘点,反之仍为 noise point。重复步骤(1),直到所有的点都被访问过。

(3)一旦我们完成了当前的聚类,就会检索并处理一个新的未访问点,这将导致进一步的聚类或噪声的发现。这个过程不断重复,直到所有的点都被标记为访问,因为在所有的点都被访问过之后,每一个点都被标记为属于一个聚类或者是噪声。

2. 优缺点

(1) 优点。

① 可以对任意形状的稠密数据集进行聚类,相对的,K-means 之类的聚类算法一般只适用于凸数据集。

② 可以在聚类的同时发现异常点,对数据集中的异常点不敏感。

③ 聚类结果没有偏倚,相对的,K-means 之类的聚类算法初始值对聚类结果有很大影响。

(2) 缺点。

① 如果样本集的密度不均匀、聚类间距差相差很大时,聚类质量较差,这时用 DBSCAN 聚类一般不适合。

② 调参相对于传统的 K-means 之类的聚类算法稍复杂,主要需要对距离阈值 ε,邻域样本数阈值 minPoints 联合调参,不同的参数组合对最后的聚类效果有较大影响。

(五) 用高斯混合模型的最大期望聚类

K-means 算法的缺点在于对聚类中心均值的简单使用。图 6-6 中的两个圆如果使用 K-means 算法则不能做出正确的类的判断。同样的,如果数据集中的点类似图 6-6 中曲线的情况也是无法正确分类的。

图 6-6 无法使用 K-means 聚类分析的数据点

使用高斯混合模型(GMM)聚类首先假设数据点是呈高斯分布的,相对应 K-means 算法假设数据点是圆形的,高斯分布(椭圆形)给出了更多的可能性。我们有两个参数来描述簇的形状:均值和标准差。所以这些簇可以采取任何形状的椭圆形,因为在 x、y 方向上都有标准差。因此,每个高斯分布被分配给单个簇。

所以要进行聚类首先应该找到数据集的均值和标准差,采用最大期望(EM)优化算法。

1. 具体步骤

(1) 选择簇的数量(与 K-means 算法类似)并随机初始化每个簇的高斯分布参数(均值和方差)。也可以先观察数据给出一个相对精确的均值和方差。

(2) 给定每个簇的高斯分布,计算每个数据点属于每个簇的概率。一个点越靠近高斯分布的中心就越可能属于该簇。

(3)基于这些概率我们计算高斯分布参数使得数据点的概率最大化,可以使用数据点概率的加权来计算这些新的参数,权重就是数据点属于该簇的概率。

(4)重复迭代步骤(2)和(3)直到在迭代中的变化不大。

2.优点

①GMM 使用均值和标准差,簇可以呈现出椭圆形而不仅仅限制于圆形。K-means 算法是 GMM 的一个特殊情况,协方差在每个聚类所有维度上都接近于 0 时簇就会呈现圆形。

②GMM 是使用概率,所以一个数据点可以属于多个簇。例如,如果一个数据点位于两个重叠的聚类的中间,可以说 X% 属于 1 类,而 Y% 属于 2 类。

第二节　R 语言实战

一、层次聚类法实例

(一)基本思想

(1)每一个样本作为一类。

(2)按照某一种方法进行距离度量,如欧氏距离。

(3)距离最短划为一类。

(4)重复步骤(2)和(3),每次减少一类,直至所有样本合成一类。

这里我们用鸢尾花数据集作为实验数据。案例数据的"iris"函数图像如图 6-7 所示。

```
data(iris)#  载入数据
plot(iris)#  画图
```

注意:一般聚类前要将数据进行标准化,消除量纲影响。

```
irisScaled <-scale(iris[, -5])#  数据标准化
# iris[, -5]去掉第五列的数据,因为第五列的数据是字符型
```

(二)计算样本之间的距离

```
d <-dist(irisScaled[, 1:4])
fitH <-hclust(d, "ward.D2")
#  数值计算距离
#  注释:在聚类中求两点的距离有:
#  1,绝对距离:manhattan
#  2,欧氏距离:euclidean 默认
#  3,闵科夫斯基距离:minkowski
#  4,切比雪夫距离:chebyshev
```

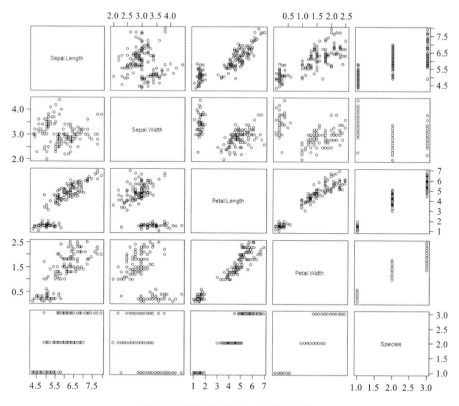

图 6-7 案例数据的"iris"函数图像

```
# 5、马氏距离:mahalanobis
# 6、蓝氏距离:canberra
# 根据距离聚类
out.hclust=hclust(out.dist,method="complete")
# 注释:聚类中集合之间的距离:
# 1、类平均法:average
# 2、重心法:centroid
# 3、中间距离法:median
# 4、最长距离法:complete 默认
# 5、最短距离法:single
# 6、离差平方和法:ward
# 7、密度估计法:density
```

```
#（1）聚类方法"centroid"相对应使用的距离为平方欧氏距离 squared Euclidean distances.
    如:hclust.centroid <-hclust(dist(cent)^2, method ="cen")
#（2）聚类方法"ward.D2"相对应使用的距离为欧氏距离 "Euclidean" distances.
#（3）聚类方法"average"(=UPGMA)相对应使用的距离为"bray"(=Bray-Curtis) distances.
```

（三）生成聚类结果

```
plot(fitH)
```

聚类结果图像如图 6-8 所示。

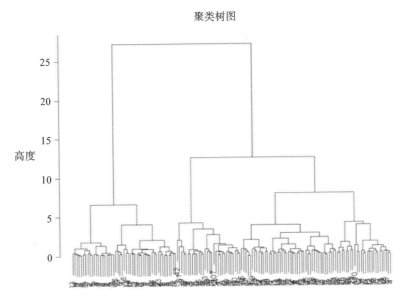

图 6-8　聚类结果图像

（四）生成三类

```
rect.hclust(fitH, k =3, border ="red")
```

图 6-9 中被框在一起的就是一个类别。

二、K-means 算法实例

（一）加载示例数据

本例我们继续使用 R 中内置的鸢尾属植物的数据，首先载入数据集 iris，调用 head() 函数查看数据集的前 6 行，调用 table() 函数查看字段 Species 各种值的出现次数。

```
data(iris)
head(iris,6)
  Sepal.Length Sepal.Width Petal.Length Petal.Width Species
1          5.1         3.5          1.4         0.2 setosa
2          4.9         3.0          1.4         0.2 setosa
3          4.7         3.2          1.3         0.2 setosa
```

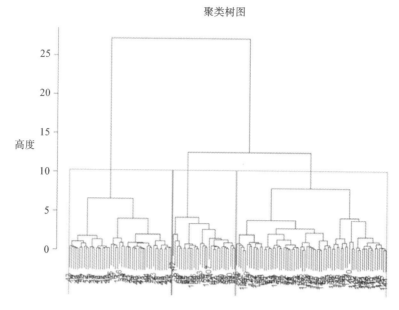

图 6-9 聚类(三类)结果图像

```
4       4.6     3.1     1.5     0.2 setosa
5       5.0     3.6     1.4     0.2 setosa
6       5.4     3.9     1.7     0.4 setosa
> table(iris$ Species)

   setosa versicolor  virginica
       50         50         50
```

(二)进行 K-means 聚类

本例中,使用 kmeans()函数对案例数据进行聚类,将所有样本合并为 3 个簇。

```
# 调用 set.seed()函数设置随机数种子,使得每次运行的结果都相同。
set.seed(1234)

# 调用 kmeans()函数做 K- means 聚类,指定参数 centers= 3,表示聚类成 3 个簇,返回类型为
kmeans 的聚类结果对象。
kmeansObj< - kmeans(iris(,- 5), centers = 3)

# 调用 print()函数将聚类结果打印出来,其中包括了每个簇的大小、几何中心和每个数据样本属于
的簇(用 1、2 和 3 表示)。
```

print(kmeansObj)

K-means clustering with 3 clusters of sizes 50,38,62

```
Cluster means:
  Sepal.Length Sepal.Width Petal.Length Petal.Width
1     5.006000    3.428000     1.462000    0.246000
2     6.850000    3.073684     5.742105    2.071053
3     5.901613    2.748387     4.393548    1.433871

Clustering vector:
  [1] 1 1 1 1 1 1 1 1 1 1 1 1 1 1 1 1 1 1 1 1 1 1 1 1 1 1 1 1 1 1 1 1 1 1 1 1 1 1 1 1 1 1 1 1 1 1 1 1 1 1 1 1 1 1 1 1 1 1
1 3 3 2 3 3 3 3 3
 [59] 3 3 3 3 3 3 3 3 3 3 3 3 3 3 3 3 3 2 3 3 3 3 3 3 3 3 3 3 3 3 3 3 3 3 3 3 3 3 3 3 3 3 3 3 3 3 2 3 2 2 2 2
3 2 2 2 2 2 2 3 3 2
[117] 2 2 3 2 3 2 3 2 2 3 3 2 2 2 2 3 2 2 2 2 3 2 2 2 3 2 2 2 3 2 2 3

Within cluster sum of squares by cluster:
[1] 15.15100 23.87947 39.82097
 (between_SS / total_SS =  88.4 %)

Available components:

[1] "cluster"      "centers"      "totss"        "withinss"     "tot.withinss" "betweenss"    "size"
[8] "iter"         "ifault"
```

这里可以进行 K-means 聚类结果和实际类别之间的比较,调用 table() 函数得到聚类结果和实际类别的交叉表。

```
table(kmeansObj$ cluster, iris$ Species)

  setosa versicolor virginica
1     50          0         0
2      0          2        36
3      0         48        14
```

(三)聚类结果的可视化

在完成样本的聚类算法后,我们可以通过 R 的 plot 语句画出 K-means 的聚类结果散点图,直观地观察所有样本的分类情况。

```
# 画出字段 Petal.Width 和 Sepal.Width 的 K-means 聚类结果散点图。调用 plot()函数,指定
参数 col= kmeansObj$ cluster,表示根据聚类结果中簇的不同而标示不同的颜色,画出字段
Petal.Width 和 Sepal.Width 的散点图
```

```
plot(iris[c("Petal.Width", "Sepal.Width")], col= kmeansObj$ cluster)

# 调用points()函数,指定pch= 8,表示用"米"字形符号画出聚类结果中簇的几何中心 points
(kmeansObj$ centers[,c("Petal.Width","Sepal.Width")],col = 1:3,pch = 8,cex= 2)
```

最后绘制的 K-means 聚类散点图如图 6-10 所示。

通过散点图可以清晰地看出,对数据进行聚类分析后,样本已经实现类别区分,完成了划分目标。

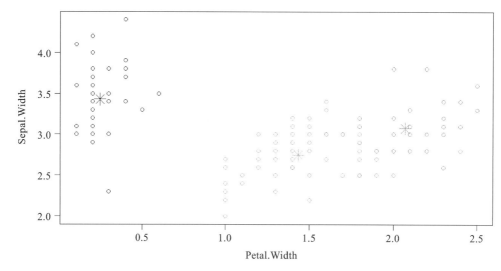

图 6-10 绘制的 K-means 聚类散点图

第三节 经典文献导读

聚类是数据挖掘、模式识别等研究方向的重要研究内容之一,在识别数据的内在结构方面具有极其重要的作用。聚类主要应用于模式识别中的语音识别、字符识别等,机器学习中的聚类算法应用于图像分割和机器视觉,图像处理中聚类用于数据压缩和信息检索。聚类的另一个主要应用是数据挖掘(多关系数据挖掘)、时空数据库应用(GIS 等)、序列和异类数据分析等。聚类学习是较早被用于模式识别及数据挖掘任务的方法之一,并且被用来研究各种应用中的大数据库,因此用于大数据的聚类算法受到越来越多的关注。

通过对近几年旅游领域高质量期刊中使用聚类分析的研究进行筛选,本章挑选了一篇具有代表性的研究论文进行文献解析导读,主要目的是带领读者熟悉聚类分析在旅游研究领域中的应用场景、应用思路与应用方法。

> Classifying multi-destination trips in Austria with big data
>
> Irem Önder
>
> Tourism Management Perspectives
>
> 21 (2017) 54-58

多目的地旅游是一项有趣的研究,目的是了解哪些目的地会被合并为一次旅游。这项研究的目的是根据 Flickr 上的地理标记照片对奥地利的多目的地旅游进行识别和分类。结果表明,旅游有三种类型:①单目的地旅游(57%);②大本营旅游(30%);③区域旅游(13%)。此外,作者还进行了聚类分析,以对城市进行分类。第一个集群涵盖奥地利东部,包括维也纳和格拉茨等大城市,第二个集群包括奥地利西部。本文的实际贡献包括开展联合营销活动和打造新的旅游产品,如同一集群中城市之间的远足路线。

该研究是在 Önder 等(2016)的研究基础上,将研究对象聚焦于多目的地旅游,基于从 Flickr 检索到的数据,对奥地利的多目的地旅游进行识别和分类。研究中,通过对目的地进行调查,了解如果游客在逗留期间访问了该国的多个目的地,会访问哪些目的地组合;通过使用拍摄照片的地理位置,对多目的地游客进行分类,并根据旅游模式对目的地进行聚类。

Flickr 数据通过应用程序编程接口(API)在互联网上公开。为了收集 Flickr 上照片的元数据,我们开发了一个应用程序,该应用程序可以检索在指定时间范围内拍摄的给定目的地照片的元数据。本文收集的元数据包括:①用户定义的文本信息,如图像的标题、描述和标签;②地理信息,如经度、纬度和位置的纯文本名称,例如"维也纳/奥地利";③拍摄或上传照片的日期。

此外,还检索了用户特定信息,如姓名、当前位置和当前职业。照片的经度和纬度有两种不同的定义。第一种是当用户将照片锚定在地图上时,Flickr 会自动分配第一个地理位置。第二种直接来自 Flickr 用户的相机,该相机内置 GPS 系统,能自动为照片分配地理位置(Pereira 等,2011)。数据收集于 2012 年 3 月至 7 月进行。这些数据包括 2007 年 1 月 1 日至 2011 年 12 月 31 日拍摄的奥地利及其所有地区(维也纳、布尔根兰、克恩滕、施泰尔马克、上奥地利、下奥地利、萨尔茨堡、蒂罗尔和福拉尔贝格)Flickr 用户标记的照片,它们是基于 Flickr 上照片中包含的标签检索的。该研究收集的照片总数为 1183889 张。

收集的照片可能是目的地居民或游客拍摄的,因此,下一步是分离这两个组。

先前的研究使用启发式方法根据地理标记照片之间的时间跨度对居民和游客进行分类。例如,De Choudhury 等人(2010)使用第一张照片和最后一张照片之间的 21 天时间跨度,以及在同一城市访问的至少 2 个景点,作为游客的指示,而 Girardin 等人(2008)选择了 30 天时间跨度来识别游客。由于没有严格的方法来识别游客,本文遵循 Girardin 等人(2008)的程序。

首先,确定了个人用户,样本中总共有 27901 个个人用户。然后,对每个人的第一张和最后一张在线照片的拍摄日期进行比较,时间跨度小于 30 天的用户被归类为游客。最终研究样本包括 1183889 张来自奥地利的照片,其中 883465 张来自居民,300424 张来自游客。游客总数为 20067 人。

本文应用 Lue 等人(1993)的旅游模式分类的修改版本,根据游客的旅游模式对游客进行分类。为了考虑多目的地旅游,每个游客必须在研究样本中的两个不同目的地至少停留一晚。旅游分类如下：①单一目的地游客，访问一个目的地并度过多个夜晚的游客；②大本营游客，在一个目的地度过多个夜晚，在其他目的地度过一个夜晚的游客；③区域游客，在多个目的地度过一晚以上的游客。最后，进行聚类分析，根据去过相同目的地的游客对相似的地区和城市进行分类。

多旅游模式的结果表明，57%的游客是在单一目的地旅游，他们在奥地利的平均停留时间为5.08天，30%的游客是平均停留5.56天的大本营游客，而剩余的13%的研究样本是平均在奥地利停留8.11天的区域游客。

图6-11所示的是基于研究样本的多目的地旅游模式图，气泡的大小表示参观目的地游客数量的多少，箭头显示了从该目的地出发的游客的方向和年龄百分比。例如，维也纳拥有最多的多目的地游客，箭头显示在奥地利旅游的游客从梅尔克、林茨、萨尔茨堡、格拉茨、因斯布鲁克和哈尔施塔特前往维也纳。然而，这些游客中只有一小部分在维也纳逗留后前往其他城市。在萨尔茨堡，到过维也纳的游客只占开车过夜人数的4%，到过因斯布鲁克、格拉茨和梅尔克的游客仅占1%。

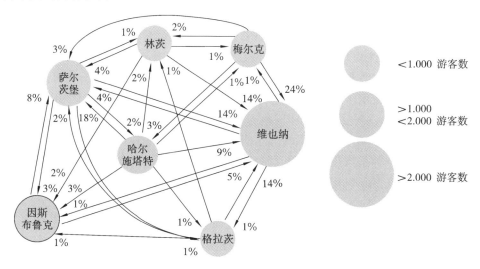

图6-11 基于不同旅游类型的城市之间的差异

基于不同旅游类型的城市之间的差异也可以从结果中看出。例如，维也纳主要是一个单一目的地城市，因为大多数游客只停留在维也纳(67%)，另有21%的游客将维也纳作为大本营。梅尔克是一个区域旅游城市，因为大多数前往梅尔克的游客也会在其他城市度过多个夜晚(58%)，而只有1%的游客将梅尔克作为单一目的地。这些特点也反映在每个目的地花费的时间上。例如，维也纳游客平均停留2.55天，梅尔克游客平均停留1.08天。萨尔茨堡吸引的主要是大本营游客(47%)，他们主要住在萨尔茨堡，但也会在其他城市度过几晚，其次是区域游客(32%)和单一目的地游客(22%)。萨尔茨堡的游客平均停留1.63天。哈尔斯塔特是萨尔茨堡附近的一个小城市，主要是区域游客(49%)和大本营游客(47%)。

此外，本文还进行了聚类分析，对同一游客访问的城市进行分组，以确定城市地图和旅游类别是否一致。因此，同一游客访问的城市必须位于同一集群中。由于这项研究的重点是多目的地旅游，因此只有7920名去过至少两个不同城市的游客被纳入分析。此外，只有接待了超过10名游客的城市被纳入聚类分析，以确保数据集更加通用。在计算每对城市的Yule系数后，将相似度矩阵转换为距离矩阵，以使用沃德方法进行分层聚类分析。

聚类分析结果表明，基于在奥地利进行的多目的地旅游，有两个主要聚类。第一个集群环绕奥地利东部，包括维也纳、格拉茨、林茨和萨尔茨堡等，第二个集群指的是奥地利阿尔卑斯山区的西部。例如，在奥地利逗留期间，同一批游客访问了维也纳和梅尔克，根据旅游地图，大多数游客都留在了维也纳，该图显示了旅游的目的地。其中一个原因可能是这些目的地之间的距离很近（87千米）以及具有良好的交通连接。

这项研究的结果表明，当游客在奥地利进行多目的地旅游时，他们倾向于去距离较近的地方。这项研究展示了如何从Flickr中检索奥地利多目的地旅游的数据，并将其用于目的地营销。多目的地旅游数据对于规模较小的目的地尤其重要，这些目的地的营销预算远小于维也纳等大城市，因为这些规模较小的旅游目的地可以联合起来吸引游客。例如，目的地可以在彼此的DMO网站上发布在线广告。萨尔茨堡可以在其网站上做广告，因为萨尔茨堡是一个大本营城市，许多游客也会从这里访问哈尔施塔特。

营销目的地有不同的方式，了解同一游客在度假期间访问了哪些目的地是促进目的地营销的重要途径。奥地利国家旅游局可以根据聚类分析的结果，利用这些信息创建一系列规模较小和规模较大的目的地。未来的研究可能会将季节性因素纳入此类聚类分析中，以便对冬季游客和夏季游客进行分类，并确定每组游客到访的地区。另外，可以在更大范围内确定多目的地旅游模式，包括跨国旅游。此外，通过聚类分析找到每种游客类型中的子类别，如大本营游客的子类别也会是一项有趣的研究。这项研究可以在全世界不同地区开展，以了解文化差异是否会影响不同地区或城市的游客停留时间。

这项研究旨在展示如何使用大数据对多目的地旅游进行分类，以及目的地如何从旅游中受益。这项研究的一个局限性源于这样的假设，即所有在Flickr上上传照片的游客都会在他们访问的所有城市或地区拍摄和上传照片，而事实可能并非如此。此外，在Flickr上上传照片的游客可能不能代表整个游客样本。另一个局限性与数据的收集时间有关，数据收集于2012年，可能不再代表这一快速增长的在线数据源。然而，当时收集的数据的范围和数量足以确保结果对奥地利具有代表性。此外，统计表明，在过去10年中，研究样本城市的过夜次数增加了1‰～5‰，这表明奥地利旅游目的地的分类在这几年不会发生变化。多目的地旅游信息可用于加强单个DMO的营销，并为相关目的地的合作营销提供信息。较小的目的地可以利用这些信息打造与其他目的地的联合旅游产品以吸引更多来自大城市的游客。

本章小结

本章主要阐述了聚类分析算法的定义、基本思想、方法类别以及每种聚类分析算法的具体步骤，同时，通过R语言代码实操讲解，演示了聚类分析算法的实际操作过程。最后对旅游领域中应用聚类分析算法的经典文献进行导读，展示了聚类算法在旅游领域中的实际应用价值。

关键概念

K-means 聚类　层次聚类　密度聚类　均值偏移聚类　高斯混合模型聚类

复习思考题

一、选择题（二维码在线答题）

二、简答题

1. K-means 算法的聚类数 k 应该如何确定？
2. 初始的 k 个假设聚类中心位置对 K-means 算法有哪些影响？
3. DBSCAN 算法的几个参数应该如何选择？
4. K-means＋＋算法和二分 K-means 算法对 K-means 算法做了哪些改进？
5. 在 mclust 包中包含一个 diabetes 数据集（加载 mclust 包后，可通过代码"head(diabetes)"查看数据的前 5 行，通过"? diabetes"查看每个变量的具体意义），该数据集包含 145 名糖尿病患者的 3 个指标的测量数据，针对该数据集，只考虑 3 个指标数据，使用 K-means 聚类对数据进行聚类分析，找到合适的聚类数目，并对聚类效果进行评估。
6. 判断第 5 题中的 diabetes 数据集的分布情况是否适合使用密度聚类，如果适合，请给出聚类结果；如果不适合，请说明理由。
7. 举例讨论 K-means 算法在旅游业中的应用。

第七章

决策树与随机森林

学习目标

决策树与随机森林是一种高效的机器学习方法,也是机器语言学习中需要了解和掌握的一种方法。通过本章的学习,学生应达成以下目标。

(1)知识目标:了解决策树及随机森林的基本概念以及相互关系;熟悉递归法、熵、信息增益的基本概念,以及决策树的优化方法;掌握 R 语言软件构建对数据进行决策树和随机森林预测的方法。

(2)能力目标:掌握决策树及随机森林的相关理论知识,以及如何构建、优化决策树;掌握 R 语言操作步骤,并对代码进行分析和解读,培养数据处理和分析能力。

(3)素养目标:在数据这个大王国中,不同类型的数据具有不同的作用。党的十八大以来,数字中国成为新时代中国发展的时代话题,各类大数据、云计算中心也如雨后春笋般出现并发展,数据在当今时代的重要性和潜藏的巨大价值显而易见。当代大学生应掌握前沿的数据分析处理技术,在大量数据中找到规律、价值、意义,适应中国式现代化发展的需求。决策树和随机森林作为机器学习的一种高阶方法,也是数据处理的一种重要手段,能够对海量数据进行分类和预测处理。

案例引导

如今,旅游品质化成为消费新趋势,设计和规划契合消费者消费新需求的旅游产品,是旅游业生存和发展的必由之路。在党的二十大报告中,习近平总书记多次提到了"文化"一词,"文化融入旅游,旅游借助文化"的文旅结合形式成为旅游品质化发展的科学路径。

的确,文化与旅游的结合是提升旅游业发展质量和水平的新路径,但旅游也能与其他资源结合,从而形成不同的旅游路径,丰富旅游业发展的内容和形式。例如:旅游与红色资源相结合,形成了红色旅游;旅游与工业资源相结合,形成了工业旅游。

如果把文化旅游与工业旅游等看作不同路径,则可以运用随机森林来预测不同的路径对旅游消费者的吸引力大小。每一条旅游路径都是由不同旅游景点构成,通过随机森

林也能对各个景点进行重新排序,从而构建出一条更加合理的、满足旅游者偏好和需求的路径。随机森林可以就旅游者的特征,如收入、年龄、家庭情况,以及不同的旅游路径的特点,如消费水平、体验感等,为不同的旅游者匹配不同路径。在同一条旅游路径中,根据各个景点之间的性质、距离等进行重新排序,为旅游者设置更契合的旅游路径。

为旅游者规划不同的旅游路径或旅游线路是旅游定制化的体现,这种服务形式也是新发展时期旅行社契合消费新需求的选择。在自媒体泛滥的今天,旅游者获得信息的渠道增加,获取信息的速度也显著加快,对旅游已形成了自己的观点和需求。旅游产品的供给方只有主动满足旅游者需求的新变化,才能获取市场竞争力。通过为不同旅游者规划线路,一方面能够避免旅游线路的同质化,最大限度地满足旅游者的体验需求,另一方面也可以通过提高旅游者的满意度来培养忠诚顾客。

第一节 理论基础

决策树和随机森林存在内在的联系,因此,在学习随机森林之前,有必要对决策树的相关知识进行学习,并厘清决策树与随机森林的内在关系和逻辑。

随机森林是由 Leo Breiman 于 2001 年提出的一种集成学习模型,结合了他在 1996 年提出的 Bagging 集成学习理论与 Ho 在 1998 年提出的随机子空间方法。随机森林包含多个由 Bagging 集成学习技术训练得到的决策树,当输入待分类的样本时,最终的分类结果由单个决策树的输出结果投票决定。用通俗的话语来说,即随机森林是高阶的决策树,是多棵决策树的组合。随机森林输出的结果由所有决策树的结果决定,并根据少数服从多数的原则判断得到。

顾名思义,决策树即为一种用于决策的树状结构,通过已知的某些因变量,并根据一定的逻辑和判断关系,从而得出相应的结果。

决策树分为两类:当因变量为数值型时,可用决策树处理回归问题,此时构建的决策树称为回归树;当因变量为类别型时,可利用决策树处理分类问题,此时的决策树称为分类树。因此,分类树常被用于预测定性变量,即类别变量;而回归树被用于定量变量。

分类树和回归树的区别在于:分类树使用区间内的多数类别作为预测值,而回归树使用区间内的平均值作为预测值。在使用过程中,两种类型的决策树的操作过程十分相似。

(1)当因变量是数值型或连续型时,构建的决策树为回归树。

(2)当因变量为类别型或离散型时,构建的决策树为分类树。

记 $X=(X_1,X_2,\cdots,X_p)^T$,建立回归树的过程可分为两步。

第一步:将自变量空间 $(X_1,X_2,\cdots,X_p)$ 的可能取值构成的集合分割成 j 个互不相容的区域 $P_1,P_2,\cdots,P_j$。

第二步:对落入区域 P_j 的每个观测值做同样的预测,预测值取为 P_j 区域上训练数据的平均响应值。

在回归树中,响应预测值取它所属的叶节点的训练观测的平均响应值。对于回归树,可使用最小化残差平方和作为节点的分裂标准。在进行节点分裂时,残差平方和下降最多,即两个子节点的残差平方和的总和最小。

决策树的主要优点在于构建的模型具有可读性,便于理解,预测速度快。所以,在研究或生活中,决策树被频繁使用。比如,明天下雨,如果你有雨伞,你就选择出门;明天下雨,如果你没有雨伞,就选择宅家,这就是一个简单的决策树。这样的例子在生活中还有很多。

那么,决策树在生活和学习中如此常见,决策树应该如何构建呢?是不是所有决策树都如以上例子所述的那般简单呢?

一、决策树的构建

其实,决策树构建十分简单。构建决策树的逻辑为:根据观察到的数据,并根据一定的原则,就能建立决策树模型。数据是通过观察或者收集得到的,而构建的逻辑是根据研究或实践的特殊需求构造的。通过构建决策树模型,可对新数据进行预测,并输出结果。一般来说,决策树的构建比较简单,但决策树的稳健性却并不完美。

决策树是通过一定的逻辑构建起来的,所以,不同的逻辑构建不同的决策树。不同原则或逻辑构建起来的决策树对同一数据输出的结果是不同的,因此,输出的结果并不稳健。为了让构建出来的模型更加稳健,便有了随机森林,即随机森林是多棵决策树组合而成的更加稳健的模型。

接下来,我们将用以下数据集来构建决策树。数据被分为两个部分,一部分为"特征",一部分为"标签"。特征是构建决策树的节点,而标签对应的则为输出的结果。

根据表 7-1 所示的数据集,请思考以下两个问题?

如果出发时间为 8:00,天气状况是晴天,未发生事故,那通勤时间是长还是短呢?

如果出发时间为 10:00,天气状况是晴天,未发生事故,未停车,那通勤时间是长还是短呢?

表 7-1 决策树数据示例表 1

特 征				标 签
出发时间	天气状况	事故	停车	通勤时间
8:00	晴天	否	否	短
8:00	阴天	否	是	短
9:00	雨天	是	否	短
9:00	晴天	是	是	长
10:00	阴天	是	是	长
10:00	晴天	否	否	短

答案显而易见,通过特征的限制,则很容易便能输出结果,这就是构建决策树的一般思路。接下来,我们通过以上数据构建决策树,如图 7-1 所示。

根据决策树,如果出发时间为 8:00,我们就能够非常容易地得到通勤时间为短。若天气状况是晴天,则我们能够非常容易地得到通勤时间为短,而不论是否发生事故、是否停车等

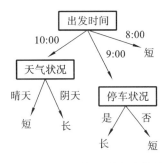

图 7-1　出发时间长短判断决策树图

其他因素。当然,如果出发时间是 10:00,天气状况是晴天,未发生事故,未停车,也能够很容易地得到通勤时间短的结果。

决策树构成要素解析图如图 7-2 所示。

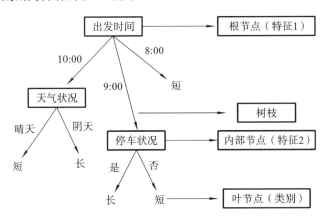

图 7-2　决策树构成要素解析图

决策树由内部节点、树枝、叶节点(终端节点)组成。

内部节点表示一个特征或属性的测试条件(用于区分具有不同特性的记录),叶节点表示最终的一个分类。用决策树分类,从根节点开始,对实例的某一特征进行测试,根据测试结果将实例分配到其子节点(选择适当的分支);沿着该分支可能到达叶节点或者到达另一个内部节点时,那么就使用新的测试条件递归执行下去,直到抵达叶节点。当到达叶节点时,便得到了最终的分类结果。

树的内部节点用"特征"做标签,树枝用"是否符合特征"做标签,叶节点用"类别"做标签。

二、节点的选择

在上面的案例中,我们通过决策树,可以清楚地知道通勤时间长短。比如,如果出发时间为 9:00,中途会停车,那通勤时间就一定是长。但是,以上决策树是将"出发时间"作为根节点构建的。但是,为什么要将"出发时间"作为根节点呢,可不可以将其他特征作为根节点呢? 有没有更好的决策树呢? 如何才能生成更加直观简单而又能解决实际问题的决策树呢?

（一）递归法

我们以表 7-2 中的数据为例来学习如何构建性能更好的决策树。

表 7-2 决策树数据示例表 2

地 形	自行车类别	天气状况	是否骑车
跑道	普通车	下雨	否
公路	普通车	晴天	是
跑道	山地车	晴天	是
公路	山地车	下雨	是
跑道	普通车	下雪	否
公路	普通车	下雨	是
公路	山地车	下雪	是
跑道	普通车	晴天	否
公路	普通车	下雪	否
跑道	山地车	下雪	是

根据表 7-2，我们可以知道，地形分为跑道和公路两种情况，自行车类别分为普通车和山地车两种情况，天气状况分为下雨、晴天、下雪三种情况，此外，对于是否骑车，有是和否两种结果。

我们可以使用递归法来创建决策树。递归法指的是：如果所有数据都属于同一类，则使用该标签创建叶节点；如果不是所有数据均属于同一类，则计算每个特征的得分，选择分数最高的特征，根据该特征的数值对数据进行划分，并递归调用。

根据表 7-2，我们可以进行以下分类。

以地形划分结果决策树图，如图 7-3 所示。

以自行车类别划分结果决策树图，如图 7-4 所示。

图 7-3 以地形划分结果决策树图 1　　图 7-4 以自行车类别划分结果决策树图

以天气状况划分结果决策树图，如图 7-5 所示。

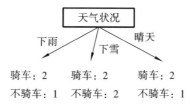

图 7-5 以天气状况划分结果决策树图 1

决策树可以按照以上三种情况进行划分,但以上哪一种的决策效果更精准呢?这就取决于每一个叶节点的得分。

对于以地形划分的第一种情况(图7-3),在公路这条树枝下,骑车为4,不骑车为1,所以取骑车;在跑道这条树枝下,骑车为2,不骑车为3,所以取不骑车。

在每一个叶节点上,均不存在唯一的选项,所以,决策会存在误差。如选择公路这一要素,有骑车和不骑车两种结果。这两种结果都是现实存在的,所以,不论最终舍弃掉哪个结果,都会产生误差。而我们要关注的,则是最小误差,即我们只要找到误差最小的那一棵树,就能获得性能较好的决策树。一般来说,最小误差通过每一棵树的平均误差率来评估。

平均误差率=误差/全部可能的结果

以地形划分的第一种情况,其平均误差率为(1+2)/10=3/10。以此类推,以自行车类别划分的第二种情况的平均误差率为2/10,以天气划分的第三种情况的平均误差率为4/10。

显然,以自行车类别划分的第二种情况的平均误差率最小,所以,选择以自行车类别作为根节点。并且,当自行车类别为山地车时,选择骑车这一结果的人数为4,选择不骑车这一结果的人数为0,即类别为山地车时的结果仅表现为骑车。因此,不再对山地车这一类别划分。

接下来,对以自行车为类别的第二种情况再次做递归处理(图7-4)。

在普通车这一类别中,有2条骑车、4条不骑车的结果。因此,对普通车创建叶节点进行再细分。

以地形划分结果决策树图,如图7-6所示。
以地形划分的平均误差率为1/6。
以天气状况划分结果决策树图,如图7-7所示。
以天气状况划分的平均误差率为2/6。

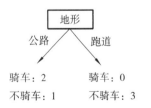 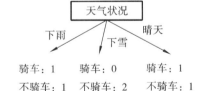

图7-6 以地形划分结果决策树图2　　图7-7 以天气状况划分结果决策树图2

以地形划分的平均误差率小于以天气状况划分的平均误差率,即选择地形继续进行划分,如图7-8所示。

因为跑道带来的结果全部是不骑车,属于同一类别,则不再进行划分。

接下来,在公路这一类别下,根据天气进行划分,如图7-9所示。

每一个类别下,都属于同一类,则不再进行再次划分。

将以上分析进行整理之后,得到如图7-10所示的决策树。

将不必要的文字进行整理之后的决策树如图7-11所示。

根据以上步骤,我们构建出了一棵最为简单的决策树。

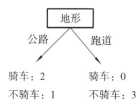

图 7-8 以地形划分结果决策树图 3

图 7-9 以天气状况划分结果决策树图 3

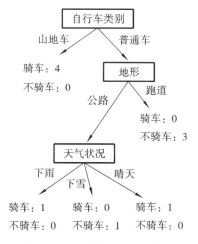

图 7-10 是否骑车的决策树图

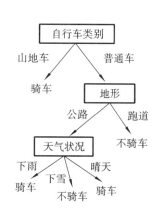

图 7-11 是否骑车的最简决策树图

在构建决策树的过程中,我们遇到的数不仅包括二值数,也包括非二值数,有时还会涉及实数值。

二值数包括是与否、男或女及本案例中自行车的类型(即山地车和普通车)等。

非二值数即为非数值类型的数,如本案例中的天气分类(晴天、下雨、下雪)等。

实数值则是实数,包括年龄、工资收入等。

多值特征有两种处理方式:第一种方式是按照多值特征的方法进行处理,即有多少种分类情况,就引导出多少种树枝出来;第二种方式是把多值转化为二值。

本案例中关于天气状况的划分,就是第一种多值数据处理的方式,如图 7-12 所示。

接下来,我们将以上信息转化为二值数进行划分,如图 7-13 所示。

图 7-12 多值数据处理方式示意图 1

图 7-13 多值数据处理方式示意图 2

在本案例中,仅有下雨、下雪、晴天三种情况。所以,不下雨又不下雪,则只能为晴天,故是否下雪分为了晴天和下雪两条树枝。

对于实数集,我们也可以划分为二值数据。如票价是否大于 100 元,或者对票价进行范围划分,即小于 50 元、50～80 元、80～120 元、120～150 元、大于 150 元。

(二) Hunt 算法

在决策树的算法中,有一大类决策树算法都属于自顶向下推导的决策树(top-down induction of decision trees,TDIDT),这类算法的共同点在于:在生长阶段自顶向下构建,而在剪枝阶段则自下向上进行修剪。现在所有 TDIDT 算法基于美国心理学家厄尔·亨特(Earl B. Hunt)等人在 20 世纪 60 年代提出的概念学习系统(concept learning system,CLS)框架,其中所使用的决策树构建算法被称为 Hunt 算法。

Hunt 算法是一种采用局部最优策略来构建决策树的代表性算法。在 Hunt 算法中,将训练记录相继划分成较纯的子集,以递归方式建立决策树。设 D_t 是与节点 t 相关联的训练数据集,而 $y = \{y_1, y_2, \cdots, y_c\}$ 是类标号,那么 Hunt 算法的递归描述如下。

(1) 如果 D_t 中所有记录都属于同一个类,则 t 是叶节点,用 y_t 标记。

(2) 如果 D_t 中包含属于多个类的记录,则选择一个属性测试条件,将记录划分成较小的子集。对于测试条件的每个输出,创建一个子女节点,并根据测试结果将 D_t 中的记录分布到子女节点中。然后,对于每个子女节点,递归地调用该算法。

我们将以表 7-3 所示的数据集为例来学习 Hunt 算法。

表 7-3　决策树数据示例表 3

编　号	是否有车	家庭情况	年收入/万元	是否拖欠贷款
1	是	未婚	12.5	否
2	否	已婚	10	否
3	否	未婚	7	否
4	是	已婚	12	否
5	否	离婚	9.5	是
6	否	已婚	6	否
7	是	离婚	22	否
8	否	未婚	8.5	是
9	否	已婚	7.5	否
10	否	未婚	9	是

该分类问题的初始决策树只有一个节点,类标号为"拖欠贷款者=否",意味大多数贷款者都按时归还贷款。

然而,该决策树需要进一步细化,因为根节点包含两个类别的记录。根据有车者测试条件,这些记录被划分为较小的子集,如图 7-14 所示。

有车者均未拖欠贷款,而无车者存在欠贷情况,也存在及时还贷的情况。所以,接下来对无车者进行 Hunt 算法计算,直到所有记录都属于同一类为止。每次递归调用所形成的决策树显示如图 7-15 所示。

图 7-14 以有车情况判断欠贷情况决策树图

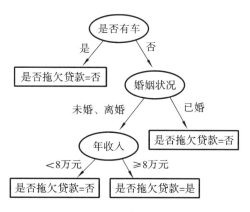

图 7-15 欠贷情况决策树图

(三) 基尼指数

基尼指数指的是,从概率分布$(p_1, p_2, \cdots, p_n)$中随机抽取两个观测值,则这两个观测值的类别不一致的概率为

$$\text{Gini}(p_1, p_2, \cdots, p_n) = \sum_{n=1}^{n} p_n(1-p_n) = \sum_{n=1}^{n} p_n - \sum_{n=1}^{n} p_k^2 = 1 - \sum_{n=1}^{n} p_k^2$$

其中,$\sum_{n=1}^{n} p_k^2$可以视作随机抽样的两个观测值同属于一个类别的概率。

对于二分类问题,基尼指数的值为$\text{Gini}(p_1, p_2) = 1 - p_1^2 - (1 - p_1^2) = 2p_1(1-p_1)$。此时,当$p_1 = 0.5$时,基尼指数达到最大值 0.5。

(四) 熵

熵指的是信息混乱的程度,混乱程度越高,熵的值越大;混乱程度越低,熵的值越小。

整个样本集合的熵如下表示:

$$\text{Lnfo} = -\sum_{i=1}^{m} p_i \log_2 p_i$$

其中,m指的是分类(决策)的种类,在表 7-2 的例子中,m的值为 2(骑车与不骑车)。p_i指的是一决策项产生的概率。

接下来,我们还是以表 7-2 所示数据为例来计算熵和基尼指数。

根据分析,骑车这一决策项的概率为 6/10,不骑车的概率为 4/10。所以,熵的值为$-(\frac{6}{10}\log_2\frac{6}{10} + \frac{4}{10}\log_2\frac{4}{10}) = 0.97095$。

熵的值越小,就越适合作为树的根节点。因为熵的值越小信息的混乱程度越低。即通过较少的次数,就能把结果分类做好,这样做出来的分类树看上去是简单的、清晰明了的。

那么,如何通过字段来求熵呢?

假设求 A 字段天气状况的熵。天气有三个枚举值,即下雨、下雪、晴天。下雨占 3/10,下雪占据 4/10,晴天占 3/10。

所以,该字段的熵为 $-\left(\frac{3}{10}\log_2\frac{3}{10}+\frac{4}{10}\log_2\frac{4}{10}+\frac{3}{10}\log_2\frac{3}{10}\right)=1.57095$。

基尼指数和熵十分类似,其差别在于:基尼指数更偏向连续属性,而熵更偏向离散属性。并且,基尼指数适用于最小化错误分类。

三、过拟合现象与剪枝

当我们把模型的结果和原始数据进行对比时,发现每个叶节点都是存在的,没有训练误差。而训练误差为 0 仅能说明模型契合训练数据,而对于预测数据的效果还未可知晓。

比如,通过以上数据或模型,我们知道,拥有普通车的人遇到公路地形,且天气状况为下雪,那他则不会选择骑车。但是,在现实生活中,满足以上三个条件,则一定不会选择骑车吗?如果他有一件防雪的外套或者他的自行车防滑,他是否还是会骑车?

我们称以上模型或数据发生了过拟合。过拟合发生在模型太过偏向训练数据时,即得到的模型太过于符合训练数据,只能在训练集上有很好的预测效果,在测试集上预测效果会很差,从而模型没有泛化能力。然而,我们的模型不仅要符合训练数据,还需要符合其他数据,比如测试数据。所以,在构建决策树时,我们会面临两个决策,即决策树生长不充分和决策树完全生长。决策树生长不充分导致决策树缺少判别能力,而决策树生长得过于充分又会导致过拟合。

一般而言,在解决实际问题时,我们会倾向于用简单的决策树,即生长得不完全充分的决策树来进行判别。只要能够实现目标,决策树也没有必要过于充分。所以,当决策树过于充分时,我们会对其进行剪枝。

剪枝是防止过拟合的一种办法,分为两种情况。

一种是当树达到一定深度时,提前结束树的生长,这种方法称为前剪枝。前剪枝即提前终止树的生长,在决策树的生长过程中,对每个节点进行划分之前就进行相应的估计,如果当前节点的划分对决策树模型的泛化能力没有提升,则不对当前节点进行划分,将它看为叶节点。

另一种则为后剪枝,即当树完全构建完成之后,再对树进行修剪,即当决策树生长得过大的时候,根据节点处的错误率,使用修剪规则将其修剪到合适的大小。如果减去某个子树能够提升模型的泛化能力,那么就将其减去得到新的叶节点,从而避免决策树的过拟合问题。

剪枝其实是在分类精度与烦琐的算法上的妥协。分类精度虽然下降了,但算法变得更加简单易懂了。当一定数量的树已经能够分析解释问题了之后,就没有必要再生长了。毕竟,有一个简单的方法来解释,为什么不用这个简单的呢?

修剪的规则为正则化方法。子树越大,决策树分枝越细致,则模型对训练数据的拟合程度就越好,但模型的复杂程度也会随之上升。反过来,子树越小,模型的复杂度就越小,模型对训练数据的拟合程度就会被削弱,但这种折中往往会提升决策树的泛化能力。

在进行剪枝的过程中,首先要对各个节点的熵进行计算,然后使树从叶节点自下向上递归进行收缩。

决策树剪枝示意图如图 7-16 所示。

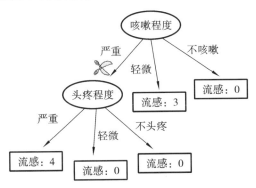

图 7-16　决策树剪枝示意图

剪枝后的决策树示意图如图 7-17 所示。

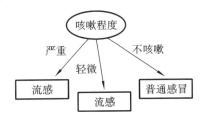

图 7-17　剪枝后决策树示意图

在"严重"的这条分支中,我们最终得到的叶节点为"流感",这是由少数服从多数的原则最终得到的。在图 7-16 中,流感最终为 4,普通感冒最终为 2,所以新得到的叶节点对应的判定为"流感"。该过程自下向上递归进行,直到不能继续为止,便得到了一棵代价函数最小的新的决策树。

四、随机森林

随机森林(random forest,RF)以决策树为基础构建 Bagging 分类树的基础上,进一步在决策树的训练过程中引入了自变量的随机选择,从而达到对树的去相关,实现对 Bagging 的改进。

随机森林是由多个决策树组合而成的。单个决策树的预测效果可能不佳,但多个决策树组合而成的随机森林则能够拥有较强的预测效果。

随机森林就像是一个少数服从多数的过程。假设随机森林由 100 个决策树组成。面对"是否要在雨天去骑车"这一问题,有 33 个决策树选择了否,其余的选择了是。那根据少数服从多数的原则,随机森林最终的结果会选择去骑车。

随机森林的随机性在于两个部分,即随机抽取训练数据和随机抽取自变量。随机森林的本质,在于多棵决策树的组合,然后取所有决策树的平均值(或多数值)作为最终的结果,以此来保证产生更加稳健的结果。但是,如果我们只有一组数据,那么这组数据则只会产生一个决策树模型,这样的平均值就没有实际价值了。处理这种问题的办法在于加入随机元素,即使用自助样本作为数据,或者每次随机选取部分自变量进入决策树。

随机森林构建的过程如下。

(1)制作 n 个自助样本。

(2)对每个自助样本,随机选择 m 个自变量,仅使用这些自变量制作一个较深的决策树模型。

(3)对于每个数据点,它的预测值就是这 n 个决策树的预测值的平均值。

(4)使用 Out-of-Bag 方法计算预测误差,并调整 m 的值,以获取最佳预测模型。

(一)自助法

自随机抽取训练数据的方法称为自助法,即 Bootstrap。自助法由 Bradley Efron 教授于 1977 年提出,该方法可以较少地损失数据。自助法被广泛应用于统计领域的各个分支,主要用来让数据或者统计量产生波动,从而计算出标准差/方差。

自助法的本质是"有放回的随机抽样",即每次随机抽取一个观测值后,再将其放回样本中,如此反复,直至得到 n 个观测值的自助样本。使用此自助样本作为训练集,以此来估计模型。

显然,因为这是有放回的抽样方法,所以,数据有被多次抽取出来的可能性,也存在某些数据一直没被抽到,因而它们没能被作为训练数据。在获得自助样本的 n 次抽样中(每次仅抽取一个观测值),某个观测值一直未被抽中的概率为 $\left(1-\frac{1}{n}\right)^n$。在样本容量很大的情况之下,则该观测值一直未被抽中的概率接近于其极限值 $\lim_{n\to\infty}\left(1-\frac{1}{n}\right)^n = \lim_{n\to\infty}\left(1+\frac{-1}{n}\right)^n = e^{-1}$($e^{-1}$ 的值大约为 0.368)。因此,在样本容量十分大的情况之下,自助样本中未出现的观测值所占的比重约为 36.8%。这些从始至终未被使用的观测值称为袋外观测值。由于袋外观测值并不出现于自助样本,所以,它们十分适合作为验证集使用,以此来验证集误差,这种误差被称为袋外误差。

使用自助法的好处在于,可以产生任意数量的样本。但自助法也会产生偏差。在机器学习中,自助法常用于集成学习。在统计学中,一般使用自助法估计某统计量的标准误,以评估该统计量的不确定性,即在多次随机抽样中的波动程度。

(二)袋外误差

Bagging 还提供了估计测试误差的简便方法,可以不用测试集或交叉验证。由于进行了有放回的再抽样,每棵树都有一些未使用的袋外观测值,这些未被使用的袋外观测值可作为测试集进行使用。

对于任意观测值 X_i,它未出现于大约 B/3 的决策树,故对于这些决策树而言是袋外观测值(也称为 OBB 观测值)。将这些未用到 X_i 的决策树的预测值结果进行平均,或多数投票,记为对第 i 个观测值的袋外观测值。由此,可得到对所有观测值的袋外观测值。将袋外观测值与实际观测值进行对比,即可得到袋外误差。

对于回归问题,袋外误差为 OOB 均方误差(OOB MSE),即

$$\mathrm{ESE}_{OOB} \equiv \frac{1}{n}\sum_{i=1}^{n}(\hat{y}_{i,OBB} - y_i)^2$$

对于分类问题,袋外误差则为 OOB 错误率(OOB error rate),即

$$\mathrm{Err}_{OOB} \equiv \frac{1}{n}\sum_{i=1}^{n}I(\hat{y}_{i,OBB} \neq y_i)$$

对于样本容量很大或变量很多的大数据,尤其方便使用袋外误差,作为对测试误差的估计。

第二节 R 语言实战

一、决策树的构建

我们用 R 语言中自带的数据,制作一个简单的决策树。

首先,调用 dplyr 这个 R 包。导入 R 语言中本身存在的数据 iris,并使用 View 查看 iris 数据,亦可以使用 Summary 对 iris 中的各数据类别状况进行查看。经过查看发现,该数据集能够通过决策树进行分类。

接下来,将 iris 中的 120 行数据作为训练数据,这是严谨性的要求。一般而言,我们会将数据集中 70%～80% 的数据作为训练数据。在具体操作中,还借助 "replace=F" 这个命令。"replace=F" 这个命令表示不放回的抽样。

接着,构建训练集和测试集。其中,将 s 作为训练集,iris 中除了 s 之外的数据作为测试集。

再者,利用 rpart 这个包进行模型的构建。其中,rpart 就是关于建立决策树模型的包。

开始正式构建模型。其中 Species 为因变量,~. 表示除了 Species 之外的所有数据为自变量,数据集为 trainset。

```
library(dplyr)
data(iris)
View(iris)
Summary(iris)
s=sample(c(1:nrow(iris)),120,replace=F)
trainset=iris[s,]
testset=iris[-s, ]
library(rpart)
fit1=rpart(Species~.,data=trainset)
```

用 summary 函数可将结果显示出来。

由于 Summary(fit1) 函数显示出来的数值太多,不方便在此次展现,感兴趣的同学可以在 R 语言里面自行查看。

接下来,利用 rpart.plot,将构建出来决策树模型可视化。rpart.plot 是一个将决策树画

出来的包。感兴趣的同学在 R 语言中输入命令，即可查看可视化示意图。此处不进行展示。

我们用 predict 函数来测试，构建模型的准确率。

```
Summary(fit1)
library(rpart.plot)
rpart.plot(fit1,type=2)
pre=predict(fit1,testset,type="class")
print(pre)
```

在这里，我们可用混淆矩阵来直观地判断预测的准确性。混淆矩阵又称误差矩阵，是表示精度评价的一种标准格式，一般用 n 行 n 列的矩阵形式来表示。混淆矩阵的每一列代表了预测类型，每一列的总数表示预测为该类别的数据的数目；每一行代表了数据的真实归属类别，每一行的数据总数表示该类别的数据实例的数目。

混淆矩阵案例表如表 7-4 所示。

表 7-4 混淆矩阵案例表

		预测数据		
		玉米	西红柿	土豆
真实数据	玉米	5	3	0
	西红柿	2	3	1
	土豆	0	2	11

在这个混淆矩阵中，真实数据和预测数据都表现为玉米、西红柿、土豆。玉米的真实数据为 8，但系统将其中 3 份预测为西红柿；西红柿的真实数据为 6，但其中 2 份被预测为玉米，1 份被预测为土豆；土豆的真实数据为 13，其中 2 份被预测为西红柿。由此可以看出，系统对于区分玉米和西红柿存在一些问题，但是区分土豆的效果还不错。所有正确的预测结果都在对角线上，所以，我们可以很方便地从混淆矩阵中看到哪里有错误，因为错误都处于对角线的外面。

了解了什么是混淆矩阵之后，通过混淆矩阵对预测的准确性进行输出。

```
t=table(pre,testset$Species)
print(t)
```

```
> print(t)
pre          setosa versicolor virginica
  setosa         11          0         0
  versicolor      0         11         1
  virginica       0          0         7
```

其中，setosa（丝质鸢尾）、versicolor（变色鸢尾）、virginical（弗吉尼亚鸢尾）指鸢尾花的三种不同类别。

根据以上混淆矩阵，我们可以很明显地看出来，仅 virginica 存在预测错误的现象。

除此之外，我们也可以通过计算得出具体的准确率。diag(t) 表示 t 的对角线上的数值。

```
acc=sum(diag(t))/nrow(testset)*100
print(acc)
```

```
> print(acc)
[1] 96.66667
```

准确率达到 96.6667%。

二、随机森林的构建

接下来,我们将用 ISLR 中的 Hitters 数据构建随机森林。

通过 summary() 函数观察数值状况。summary(Hitters) 会导出该数据的整体情况。观察发现,Salary 中存在 59 个空缺的数值,因此,将这 59 个空缺数值对应的所有数值进行删除。

对 Salary 中的数值取对数。将 Salary 这一列的数值删除,保留 LogSalary 这一列的数值。通过观察,Salary 为第 19 列,因此将第 19 列的数据删除。

设置 n=100,m=10,n 即 ntree,m 即 mtry,m=10 表示每次随机抽取 10 个自变量,n=100 表示制作 100 个树模型。我们所制作的模型为:选取 data1 中的数据制作树模型,每次随机选取 10 个,共制作 100 个树模型。系统默认 mtry=p/3,ntree=500,并且,m 最大为 19。

```
summary(Hitters)
library(ISLR)
Hitters =ISLR::Hitters
summary(Hitters)
data =na.omit(Hitters)
data$LogSalary =log(data$Salary)
data1 =data[ ,-19]
library(randomForest)
fit.rf <-randomForest(LogSalary~.,data1,mtry=10.,ntree=100)
```

随机森林不像线性回归模型,是没有公式的,它的结果是每个单独存在的数据点。但是,我们可以比较它的真实值和预测值之间的差距。

预测所制作的模型与原始数据之间的区别,并画出散点图及 y=x 这条线。

```
yhat <-predict(fit.rf,data1)
plot(data1$LogSalary,yhat,pch=16,main="Y vs.Predicted Y", col="blue")
abline(0, 1, lwd=5, col="red")
```

其中,横坐标 data1 $ LogSalary 与纵坐标 yhat 均代表相应的原始数据处理之后相的数据集(图 7-18)。

观察该图,我们会发现,预测效果特别好。因为所有值基本上都贴合 $y=x$ 这条线,即预测值贴合实际值。

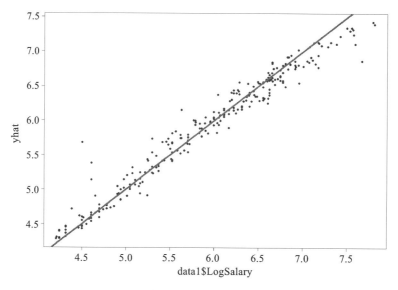

图 7-18 模型与原始数据关系展示图

当然,随机森林也会有预测误差,而预测误差的大小往往通过 out-of-Bag 计算。

什么是 out-of-Bag 呢?在使用自助法获取样本的时候,有一些数据可能没有被装进样本里。设共有 N 个数据,每次抽取一个,抽完之后放回,再继续抽取,一共抽 N 次,而这个数据自始至终都未抽到的概率为 $\left(1-\frac{1}{N}\right)^N \to \frac{1}{e}$,约为 0.368。这说明,在总体中,最终大概会有 36.8% 的数据不会被使用。

这部分数据虽然没有被运用到构建随机森林中去,也因此十分适合作为检验数据来检测随机森林模型的准确率。

接下来,我们便预测每一个决策树的误差,type="p" 表示点的类型为 point。

```
plot(fit.rf, type="p",pch=16,col="blue" )
```

如图 7-19 所示,当决策树越多时,误差逐渐变小。

当决策树数量为 20 时,将这 20 棵决策树产生的结果的平均值(或大多数)作为最终的预测值。而检验数据的来源为每一个树模型中未被运用到构建树模型中的 36.8% 的数据。将这些数据放在一起,去检验这 20 棵决策树最终得到的结果。

得到预测误差之后,我们就可以根据预测误差来选择最优的 ntree 和 mtry 了。

首先,找到最优的 ntree。我们不妨把 ntree 设置为很大的一个数值,然后经过观察再来选取最优的 ntree。

```
fit.rf.1 <-randomForest(LogSalary~., data1,mtry=10, ntree=500)
plot(fit.rf.1,col="red",pch=16,type="p",main="Tune ntree")
```

观察图 7-20 发现,当 ntree 大于 300 的时候,预测误差就变得比较小,且比较稳定了。所以,ntree 可以选择 300。

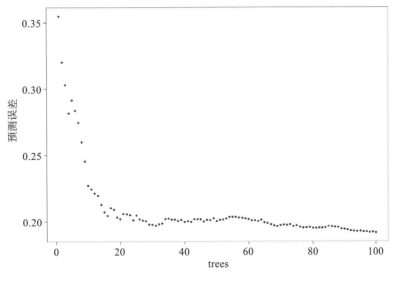

图 7-19 决策树数量与误差关系示意图

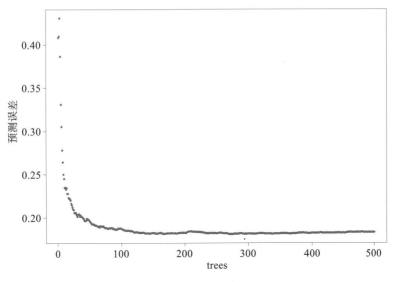

图 7-20 ntree 与误差关系展示图

```
rf.error.p <-1:19
for (i in 1:19){
    fit.rf <-randomForest(LogSalary~.,data1,mtry=i,ntree=300)
    rf.error.p[i]<-fit.rf$mse[300]
}
rf.error.p
plot(1:19,rf.error.p,pch= 16,xlab= "mtry",ylab= "OOB mse of mtry")
lines(1:19,rf.error.p)
```

接下来,找到最优的 mtry。因为 mtry 的数值只能为 1 到 19 之间的数值。所以,我们不妨设置一个循环命令来找到最优的 mtry。画出闪点图,用线将每一个点连起来。图 7-21 至图 7-24 说明了最佳的 mtry 的数值。

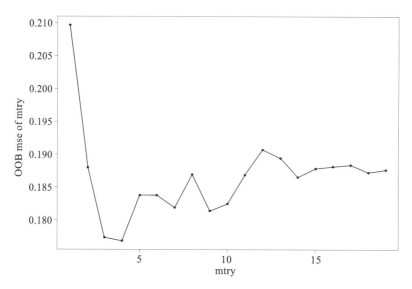

图 7-21　mtry 与误差关系展示图 1

其中,横坐标 mtry 是代表每个决策树包含的变量个数,纵坐标 OOB mse of mtry 指的是特定 mtry 处于特定值时的预测误差。

经过观察可以发现,mtry=4 时,误差最小,即最好的 mtry 为 4。每次计算得到的 mtry 的结果可能不一样,因为数据选择具有随机性。

要想得到在最优的 mtry,多跑几次以上代码,找出大多数情况下比较好的值。

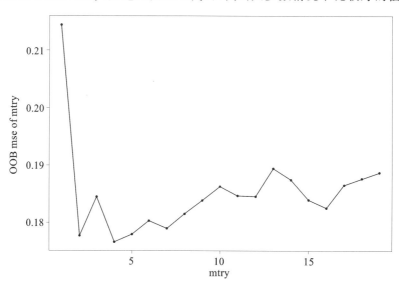

图 7-22　mtry 与误差关系展示图 2

根据观察可知,mtry=4 所代表的最小误差是比较稳定的。若不进行人为观察,系统默

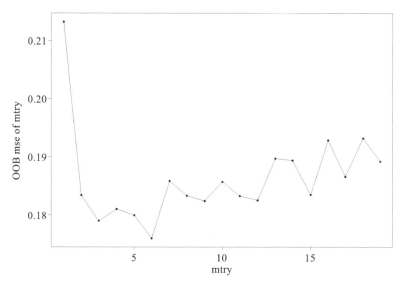

图 7-23 mtry 与误差关系展示图 3

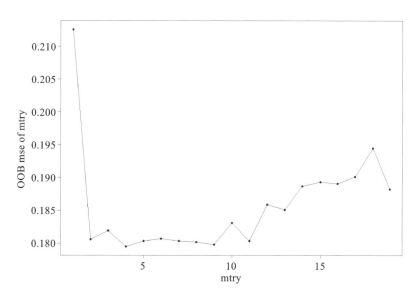

图 7-24 mtry 与误差关系展示图 4

认的 mtry＝p/3＝6。事实上，如果没有其他的要求，mtry＝6 基本上已经能满足需要了。

最终，我们确定了 ntree＝300，mtry＝4。

```
fit.rf.final<-randomForest(LogSalary~..data1,mtry=4,ntree=300)
plot(fit.rf.final)
```

观察图 7-25 可以发现，最终的平均误差约为 0.18，即预测精度在 80％以上。

接下来，我们以第一个人作为数据进行验证，检验我们的模型精度。

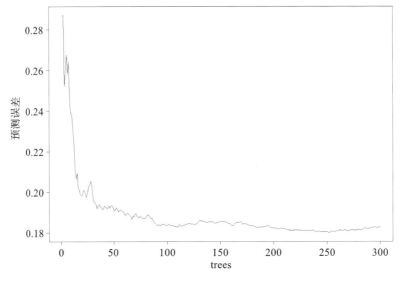

图 7-25 模型精度判断图

```
person<-data1[1, ]
fit.person<-predict(fit.rf.final, person)
fit.person
data1$LogSalary[1]
```

```
> fit.person
-Alan Ashby
   6.165973
```

根据观察,可以发现,预测值为 6.165973。

```
> data1$LogSalary[1]
[1] 6.163315
```

根据观察,可以发现,真实值为 6.163315。预测值与真实值差距很小,说明预测效果比较好。

第三节 经典文献导读

目前,随机森林机器学习方法已经被广泛运用于旅游学术问题之中。随机森林具有较强的稳健性,契合学科的特性和需要,对预测和判断类问题具有较好的分析性能和作用。接下来,我们将通过以下两篇文章来了解随机森林在旅游研究中的运用和意义。

> Using machine learning and big data for efficient forecasting of hotel booking cancellations
> Agustín J,Sánchez-Medina,Eleazar C-Sánchez
> 《International Journal of Hospitality Management》
> 2020,89:102546. DOI:10.1016/j.ijhm.2020.102546

本文对多种机器学习方法进行比较，以此判断各种方法对酒店预订取消的预测准确度。酒店客房是特殊产品，其不能形成库存，因此，若客房当晚未出租，就会给酒店带来损失。在酒店业中，管理者往往会选择超售的形式来提高出租率。所谓超售，是以超过客房容量的房间数进行销售。因为预订往往伴随着取消，所以，若想接近满房，则需要超过客房总数进行出租，否则就会带来客房的闲置，造成经济损失。然而，究竟预售多少间客房的尺度不好把控。一旦客人成功预订却不能成功入住（即入住客人数超过客房总数），就会给酒店带来纠纷，或者给酒店带来经济利益的损失（为了安抚客人，为他们购买其他酒店的高级客房），甚至信誉上的损失。所以，对管理者来说，若有一种方法能够准确地预测预订取消的情况，就能降低经营风险。

文章用 PNR（personal name records）数据进行机器学习方法的验证。PNR 数据，即酒店客人的历史数据，包括销售渠道、购买的酒店服务、入住类型（个人、集体）等。数据来源为 2016 年 1 月至 2018 年 4 月一家酒店的超过 10000 条预订记录，研究采用了随机森林等多种方法，通过比较给出了一个较稳健的预测模型。

如图 7-26，RF 代表随机森林，SVM 代表支持向量机，ANN（GA）代表人工神经网络，C5.0 为一种比较成熟的决策树算法。

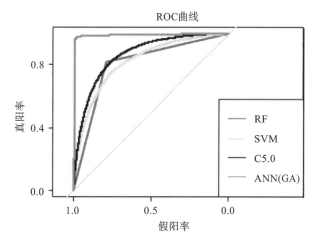

图 7-26　各机器学习方法精度及结果对比 1

	Accuracy	Precision	F1 score	Specificity	Recall	AUC
RF	0.804	0.813	0.806	0.809	0.799	0.804
SVM	0.753	0.733	0.748	0.743	0.764	0.820
C 5.0	0.790	0.818	0.796	0.807	0.774	0.864
ANN (GA)	0.980	0.972	0.979	0.972	0.987	0.989

图 7-27　各机器学习方法精度及结果对比 2

图 7-27 表明，支持向量机技术输出了良好的结果，而基于树的方法进一步提高了精度。虽然 C5.0 算法在 AUC（ROC 曲线下面积）方面输出更好的结果，但随机森林显示出更好的准确性。尽管如此，SVM 在 AUC 方面优于随机森林，但总体精度最低。可以说这三种情况

都取得了良好的效果。当用 GA 优化 ANN 时，该方法提供了所有值高于 0.95 的指标，并具有最佳的总体性能。这在 ROC 曲线中可以看出。另外，在所有情况下，特异性(Specificity)和召回率(Recall)都是平衡的，这意味着所应用的方法可以判断出模型的真阳率与假阳率。因此，训练阶段被认为是正确的。当模型倾向于以高精度预测仅一个类别而非另一个类别时，特异性或召回率会达到更高的值。关于精度度量，它根据其他参数表现，在预测的所有项目中，模型预测的真阳率项目的比率很高。最后，f 分数是精确性和召回率的调和手段，它表达了这些度量的平衡程度。在其他性能度量获得相同值之后，SVM 显示出最低的 f 得分值，其次是树决策技术和具有最高值的 ANN。

这项研究通过提出一种使用人工智能预测酒店预订取消的方法，有助于扩大酒店和住宿业的研究。

Data Mining in Tourism Data Analysis: Inbound Visitors to Japan

Shapoval V，Wang M C，Hara T，Shioya H

《Journal of Travel Research》

2017，57(3)，310-323. doi:10.1177/0047287517696960

这一篇文章将随机森林应用到旅游营销实践中，充分体现了决策树和随机森林的价值。

旅游营销对于目的地变得越来越重要，如何提高游客满意度、增加重游游客是目的地经营的关键。在学术上，目的地不仅仅是一个地点，还是一个包含诸多要素的集合。所以，目的地中的哪些要素能够提高游客满意度，哪些要素能够增加重游，是十分值得探究的。在这篇文章中，基于日本入境游客市场，探索影响旅客满意度和重游度的影响因素，并将这些因素的重要性进行排序，为目的地营销和发展提供支撑。

与游客相关的信息正在以越来越快的速度积累，旅游目的地要保持竞争力和增加市场份额变得越来越困难。目的地管理机构希望保持竞争力、增加重游游客，它们发现数据挖掘的使用越来越重要。通过使用机器学习算法，在大型、杂乱的数据集中找到数据元素之间的关系模式，从而促进以某种形式增强的行动。

本文数据由日本旅游局(JTB)基金会代表日本旅游局于 2010 年获得。JTB 基金会是日本最大的旅行社，也是世界著名的专门从事旅游的旅行社之一。在 6000 个总样本量中，获得了大约 4000 个可用观察值，采用决策树数据挖掘技术进行数据分析。

在本文中，数据挖掘作为一种探索工具，通过一组连接输入集合的规则提取隐藏的知识。从某种意义上说，决策树表示一系列问题，其中一个问题的答案决定了后续问题，从而创建了一个模式。

用决策树的方法来分析日本入境旅游者的行为，由此实现目的地营销的目的。研究证明，旅游者重游的主要动机是对未来旅游体验的预期，而不是过去最近一次旅游的经历。决策树方法在很大程度上排除了主观性的干扰。决策树通过对游客偏好的分组和创建模式进行更深入的理解，从而提供了更高水平的满意度和重游意愿。

此外，对影响满意度的要素及对影响重游度的因素进行排序，见表 7-5。

表 7-5　满意度影响因素重要性排序

变量	重要性
日本美食	1.000
购物	0.927
交通信息的可获取性	0.295
旅游前相关信息资源	0.285
居住国家	0.209
本土性	0.202
机构	0.124
主要参观地	0.117
主要访问目的	0.110
次要参观地	0.091
食宿支出（酒店等）	0.090
过去日本旅游经历	0.090
商务旅游的期望水平	0.083
化妆品和医药支出	0.074
信用卡支付	0.073

表 7-6 表明决策树的结果，有两个不同的群体，即亚洲游客和非亚洲游客，他们对高满意度有不同的偏好。

表 7-6　重游度影响因素重要性排序

变量	重要性
日本美食	1.000
购物	0.930
交通	0.301
旅游前相关信息资源	0.293
你着陆于日本的哪所机场？	0.134
加上此次，你总共前往日本旅游的次数为多少？	0.124
主要参观地	0.094
在日本时获取信息的网络状况	0.090
下一次旅游中参观自然风光的渴望程度	0.081
机票花费	0.077
日本国民	0.075
希望于未来在市中心漫步	0.069
饮食花费	0.064

续表

变量	重要性
化妆品和医药支出	0.062
本土性	0.060

本文基于对数据进行进一步分析,为当地入境市场旅游业发展提供了建议。基于满意度和重游度不同的影响因素,主要将游客分为了两类,即亚洲游客和非亚洲游客,并为这两类游客群体进行了分析。

旅游业作为第三产业的重要组成部分,一直是研究的重要对象。而机器学习的方法也被运用到研究之中,如随机森林。随机森林是对对象进行分类的一门方法,适合许多研究话题。的确,随机森林有其内在的优势,如上述文章所证,可以预测旅游者的行为。但随机森林并不是万能的,也不是最好的。在研究工具的选择上,应该根据研究对象的不同来选择合适的研究方法,不可本末倒置,因小失大。

本章小结

本章主要包括理论基础、实践操作和经典文献导读三个部分。在理论基础部分,对决策树及随机森林的概念、节点选择的方法、过拟合现象及剪枝进行了全面的学习。并且,了解了自助法、Bagging分类、袋外误差多种方法,对构建随机森林的理论基础进行了学习。除此之外,通过具体的数据进行了有关决策树和随机森林的软件操作。最后,本章通过两篇学术文章,带领大家深入到现有的较为成熟的学术研究中。

关键概念

决策树的概念　随机森林的概念　过拟合及剪枝的概念

复习思考题

一、选择题(二维码在线答题)

第七章 决策树与随机森林

二、简答题

1. 对决策树的概念进行解释,并讨论决策树和随机森林之间的关系。
2. 运用 R 语言中固有的数据资料构建决策树或随机森林。
3. 简述不同的节点选择方法对决策树构建的影响。
4. 是否所有的数据都适合决策树和随机森林分析?哪种数据更加适用于本章方法研究?
5. 使用 R 包 AppliedpredictiveModeling 的混凝土数据 concrete[①],进行回归树的估计。其中,响应变量 CompressiveStrength 表示混凝土的抗压强度,而八个特征变量包括 age(混凝土天数)以及其中不同成分的重量。

   (1)使用 set.seed(1),随机选取 730 个观测值作为训练集,用于估计回归树模型(提示:set.seed(123))。

   (2)画出所估计的回归树。

6. 运用第 5 题中的数据 concrete,进行随机森林的估计。

   (1)使用 set.seed(1),随机选取 730 个观测值作为训练集,用于估计随机森林模型(提示:set.seed(123))。

   (2)将变量重要性列表,并画图展示。

   (3)在测试集中进行预测,并计算均方误差。

   (4)通过测试集误差,选择最优调节参数 mtry,并画图展示。

7. 使用 R 包 cba 的蘑菇数据 Mushroom[②],进行随机森林的估计。其中,响应变量为 class(取值水平 edible 或 poisonous,表示可食用或有毒)。特征变量包含 22 个有关蘑菇外形、颜色、种群(population)、栖息地(habitat)的因子变量。

   (1)判断缺失值并对缺失值进行补充(提示:sum(is.na(Mushroom))可用于查找空缺值;na.roughfix()函数可使用中位数或众数对缺失值进行补充)。

   (2)运用 randomForest 命令进行随机森林估计(提示:names(Mushroom)<-make.Names(names(Mushroom))命令可以使变量名合法化)。

   (3)随机预留 1000 个观测值作为测试集,估计随机森林模型(提示:set.seed(1)与 set.seed(123))。

   (4)在测试集中进行预测,展示混淆矩阵,并计算预测准确率。

8. 试想你作为一家旅行社的管理人员,会考虑将哪些要素纳入随机森林模型的制作中?这些要素按重要性又是如何排序的?

---

① 此数据来源于 UCI Machine Learning Repository。
② 此数据来源于 UCI Machine Learning Repository。

第八章

支持向量机

学习目标

支持向量机作为机器学习领域经典的分类算法,在旅游数据识别、归类、评判等环节发挥着重要的作用,量化两类数据的差异是支持向量机算法的核心。本章我们将对支持向量机的关键概念与代码实现展开系统学习,并达成以下目标。

(1)知识目标:全面认识分离超平面、软硬间隔分类器、核函数等重要概念,了解不同概念的相互关系与算法内涵。

(2)能力目标:理解支持向量机算法的运行程序与现实逻辑,并通过R语言代码实操练习掌握支持向量机算法的操作过程。

(3)素养目标:通过对支持向量机算法的学习,提高学生对于旅游大数据分类的认识与实践水平,深入理解数字中国战略的内涵与意义,在旅游业高质量发展的背景下,帮助学生在数据收集、分析与运用领域树立正确价值观。

案例引导

《文化和旅游部关于推动在线旅游市场高质量发展的意见》指出,推动在线旅游经营者深度应用5G、人工智能、大数据、云计算、区块链等新技术,以科技引领行业创新发展。回顾旅游业近几年的奋进历程,高质量发展、企业转型成为行业发展主旋律。近年来,携程、猫途鹰等OTA平台发展迅速,在酒店、景区、旅游交通等领域为受众提供了丰富的评论信息与参考内容。但在海量的评论内容中,我们如何在有限的时间内筛选对我们的消费决策最有价值的信息?不同游客的评论内容都关注了哪些方面?

携程作为中国大型OTA平台之一,为游客提供涵盖酒店、机票、购物、景点等多门类的旅游综合服务。旅游大数据作为其内驱力,推动了旅游动态业务、信息咨询、方案定制等功能的快速发展,使得基于数据分析的产品营销与运营决策成为可能。如今,愈发智能化的OTA平台筛选机制为我们的出行决策提供了便利,携程基于大数据的评论梳理,给予海量评论不同的分类标签,让游客能在短时间内找到自己所需要的内容,结合智能化推荐功能,为游客呈现多样化的方案选择(图8-1)。但这些分类结果是如何实现的?决定产品是否推荐的因素是什么？不同评论的主题是如何被识别和提取的？系统如何判别哪些评论为好评？哪些为差评？

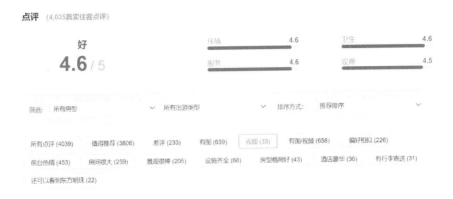

图 8-1　携程网某酒店用户评论界面截取

关注并解决以上问题不仅能为游客的出行决策提供参考，更为旅游业管理者提供运营创新与产品改进的方向。在实际运用方面，支持向量机算法能够完成对旅游领域多类数据的归类与分析，为数据关联性考察及结果预测问题提供良好的前期准备。

前几章介绍了逻辑回归、时间序列分析、固定效应模型等旅游大数据领域常用的数据分析以及建模方法，不同方法凭借各自的数学逻辑，基于原始数据对现实问题给予解答或预测。而本章所介绍的支持向量机则先于上述分析步骤，主要用于数据的预处理以及分类问题，为不同算法的实操环节与后续实践提供基础。

第一节　理　论　基　础

支持向量机（support vector machine，SVM）兴起于 20 世纪 90 年代，在 1995 年由 Cortes 和 Vapnik 正式发表。SVM 的本质是量化两类数据差异的方法，是统计机器学习和数据挖掘中常用的一种分类模型，在自然语言处理、计算机视觉以及生物信息学等领域都有重要应用。

我们先简单了解两个问题：

(1) 如何理解支持向量机实现分类问题的基本逻辑？

(2) 支持向量机算法命名从何而来？

SVM 的基本思想为，在 M 维空间中，设计一个维度为 M－1 的超平面将两类数据区分开来，即在两类数据中寻找一条最佳决策边界线。SVM 在旅游评论文本、OTA 平台数据等旅游研究方面具备广阔的应用空间与实践价值。

我们可以简单地将支持向量机理解为由支持向量主导的机器学习算法，支持向量即落在间隔边界上的数据点，很大程度上决定了 SVM 的分类标准与模型精度，支持向量机算法因此得名。

一、分离超平面

不同的数据有其自身的属性与特征,我们首先从简单的线性可分情况展开讨论,所谓线性可分,直观上理解就是两个集合之间彼此没有交叠的部分。图 8-2 中实线圈和虚线圈代表两类数据,显然可以在二维平面中找到一条直线将两类数据分离。在这种情况下,简单的线性分类器就能胜任数据的分类任务。同理,在三维空间中(样本存在 3 个特征变量),则可以由一个平面分离。因此推广到更高维空间中,则可以寻找一个超平面(hyperplane)分离样本数据,我们将其称为分离超平面(separating hyperplane)(图 8-2)。

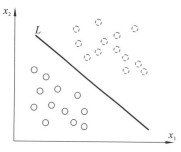

图 8-2 分离超平面示意图

倘若数据样本存在 p 个特征变量,则分离超平面 L 的方程可写为

$$\beta_0 + \beta_1 x_1 + \cdots + \beta_p x_p = \beta_0 + \beta' x = 0$$

因此,可以定义高维上的超平面为 $\sum_{i=1}^{n} \beta_i x_i + b = 0$,上述给出的方程仅仅是采用向量形式来描述的超平面方程。以图 8-2 为例,由于直线 L 能直接将两类数据区分开,因此这条直线就相当于一个超平面,超平面一边所对应的 y 全是 1,另一边所对应的 y 全是 -1。(这里的 y 仅仅只是一个分类标签,面对二分问题时,y 便对应两个值,严格来说这两个值可以任意选取,但当我们使用支持向量机解决二分类问题时,应考虑被超平面分开的函数值符号相反,因此使用 1 和 -1 更为直观明确)。

二、超平面的确立

从图 8-2 展现的数据分布情况不难看出,能够分离两类数据的超平面数量不唯一,图 8-3 中的三个分离超平面 L_1、L_2 与 L_3 都能够有效分离当前的样本数据,那么我们应该如何在众多的分离超平面中确立最佳的分离超平面?

针对分离超平面不唯一的问题,一种解决方法是使分离超平面尽量远离两类数据。具体来说,我们希望在两类数据之间寻找一条"隔离带",并使其宽度最大化,这就是所谓的最大间隔分类器(maximal margin classifier),俗称最宽街道法(widest street approach),即在两类数据间建一条最宽的街道。在二维空间中,也可以理解为寻找一条最佳决策线,使得最近的样本点到决策线的距离最大。

我们希望所有样本点到分离超平面 L 的距离越大越好,通常把所有样本点到分离超平面 L 的最小距离的两倍,称为间隔(图 8-4)。间隔代表了两类数据间的缓冲区,缓冲区越大,则分类器的可信程度越高,间隔距离可以体现两类数据的差异大小(间隔越大,则两类数据的差异越大)。因此,求解两类数据的最优分离超平面(optimal separating hyperplane)问题可以转化为求解两类数据的最大间隔问题,间隔两边便是决策边界(decision boundary)。

求解最大间隔的超平面的约束极值问题为

$$\max_{\beta, \beta_0} \frac{2}{\|\beta\|}$$

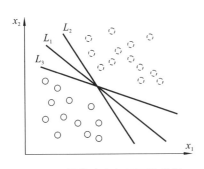

图 8-3　最佳分离超平面的选择

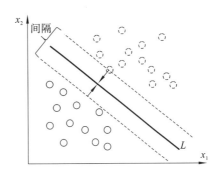

图 8-4　超平面与间隔

$$\text{s.t. } y_i f(x_i) \geqslant 1, i=1,2,\cdots,n$$

如图 8-4 所示,恰好落在间隔边界上的点称为支持向量,它们完全决定了最优分离超平面与最大间隔的位置,这也是支持向量机命名的来由。

进一步,我们称虚线支持向量(正例)所处的间隔为正间隔,其对应的范围为正超平面,记为 $L+$;称实线支持向量(反例)所处的间隔为负间隔,其对应的超平面为负超平面,记为 $L-$(图 8-5)。

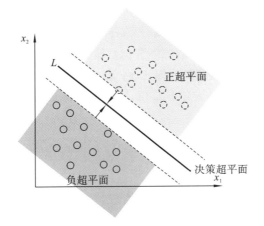

图 8-5　正负超平面

三、软间隔分类器与硬间隔分类器

以上展示的数据只考虑了线性可分的情况,但在实际运用过程中很多数据属于非线性可分的范畴,如图 8-6 所展示的情况。

因此,对于线性不可分的数据,我们可以适当放松对约束条件的要求,即只要求分离超平面将大多数观测值正确分离,而允许少量错误分类(或落入间隔之内)存在。为此,我们引入松弛变量(slack variable) $\theta_i \geqslant 0$,而将约束条件变为 $y_i(\beta_0+\beta') \geqslant 1-\theta_i$;但对于所有观测值的松弛变量之和 $\sum_{i=1}^{n} \theta_i$ 进行惩罚。此最小化问题可写为

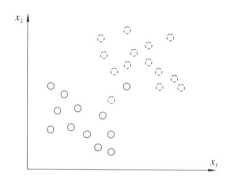

图 8-6 线性不可分数据

$$\min_{\beta,\beta_0,\theta_i} \frac{1}{2}\beta'\beta + C\sum_{i=1}^{n}\theta_i$$

$$\text{s.t.} \ y_i(\beta_0 + \beta'x_i) \geq 1 - \theta_i, \theta_i \geq 0, \forall i$$

其中，$C \geq 0$ 为调节变量（C 表示 cost），用来惩罚过大的松弛变量组合（错误太多）。由于存在松弛变量 $\theta_i \geq 0$，故允许 x_i 落在间隔的错误一边，甚至分离超平面的错误一边，因此称为软间隔分类器(soft margin classifier)，或支持向量分类器(support vector classifier)，如图8-7所示。若惩罚参数 C 无穷大，则意味着算法不容许训练样本中的任何分类错误，这便是最大间隔分类器，也称为硬间隔分类器(hard margin classifier)。

让我们换一种便于理解的方式，软间隔分类器能在间隔距离与错误大小间找到平衡，能够包容一定的异常值，具有一定容错率，即让渡一部分精度以达到更好的分类效果；相反，如图8-8所示，硬间隔分类器则无法容纳异常值，因此更容易受到极端值的影响。

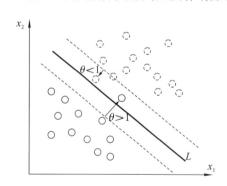

图 8-7 软间隔分类器的松弛变量

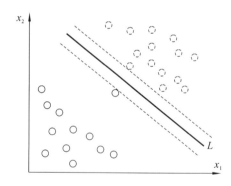

图 8-8 硬间隔分类器易受极端值影响

在支持向量机的实际使用中，很少会有一个超平面将不同类别的数据完全分开，所以对划分边界近似线性的数据使用软间隔的方法，允许数据跨过划分超平面，这样就会导致一些样本分类错误。而通过对分类错误的样本施加惩罚，可在最大间隔和确保划分超平面边缘的正确分类之间寻找一个平衡。

四、核函数与升维转换

在实际运用中，并非所有的问题都是线性可分的，这就需要我们使用不同的核函数

(kernel function)。正是因为核函数的引进才使得支持向量机能够训练出任意形状的超平面。

我们把使用核函数的方式称为核技巧,核技巧可以把需要处理的问题映射到一个更高维度的空间,从而将在低维度不易处理的问题转换到高维度空间中进行处理,进而得到精度更高的分类器,即通过使用核函数实现高维度向量相似度的测量。其作用如图 8-9、图 8-10 所示。

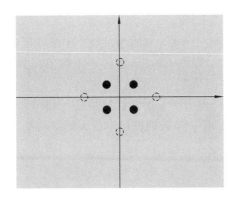

图 8-9　二维空间不可分数据

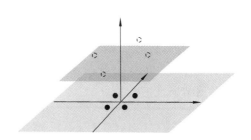

图 8-10　升维转换

从以上两图中不难看出,原本在二维空间中线性不可分的问题,在使用核函数映射到三维空间甚至更高维空间后,变得可分。

在 R 中,常用的核函数包括线性核函数、多项式核函数、径向基核函数、sigmoid 核函数等,它们的形式和参数如表 8-1 所示。

表 8-1　支持向量机常见核函数表达方式

核　函　数	R 包索引	形　　式	参　　数
线性核函数	linear	$u^t v$	无
多项式核函数	polynomial	$\gamma(u^T v + c_0)^d$	γ, c_0, d
径向基核函数	radial basis	$\exp\{-\gamma \lvert u-v \rvert^2\}$	γ
sigmoid 核函数	sigmoid	$\tanh\{\gamma u^T v + c_0\}$	γ, c_0

在 R 中,可使用 e1071 包实现支持向量机的分类、回归、异常值的识别,及其可视化分析等流程步骤,也能够快速查阅上述几种重要核函数的表达式及对应参数。

五、SVM 回归

除了解决分类问题,支持向量机也能够推广到回归问题,即支持向量回归(suport vector regression,SVR)。其基本思想为将支持向量机的合页损失函数移植到回归问题。

记回归函数(超平面)为 $f(x) = \beta_0 + x'\beta$,并以此函数预测连续型想因变量 y。若我们

将 $\frac{1}{2}\beta'\beta$ 视为惩罚项,则 SVR 的目标函数类似于岭回归:

$$\min_{\beta,\beta_0} C \sum_{i=1}^{n} \ell_\varepsilon [y_i - f(x_i)] + \frac{1}{2}\beta'\beta$$

其中,$C > 0$ 为正则化参数,$z_i = y_i - f(x_i)$ 为残差;而 $\ell_\varepsilon(\cdot)$ 为 ε-不敏感损失函数,其定义为

$$\ell_\varepsilon(z_i) = \begin{cases} 0 & \text{当 } |z_i| \leqslant \varepsilon \\ |z_i| - \varepsilon & \text{当 } |z_i| > \varepsilon \end{cases}$$

其中,$\varepsilon > 0$ 也是调节参数。上式意味着,如果残差 $z_i = y_i - f(x_i)$ 的绝对值小于或等于 ε,则损失为 0;故在一个宽度为 2ε 的间隔带中,损失函数对残差不敏感,故名 ε-不敏感损失函数。换言之,支持向量回归假设能够容忍 $f(x)$ 和 y 之间最多有 ε 的偏差,即当 $|f(x)| - y \leqslant \varepsilon$ 时,认为预测是准确的,只有 $f(x)$ 与 y 之差的绝对值大于 ε 时才计算损失。如图 8-11 所示,相当于以 $f(x)$ 为中心,构建了一个宽度为 2ε 的间隔带,若训练样本落入此间隔带,则认为预测结果是正确的。

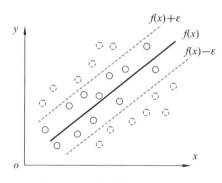

图 8-11 支持向量回归示意图

六、SVM 优缺点解析

支持向量机最大的优点在于比较适用于多变量数据。首先,直观上来看,当特征向量的维度 p 很大时,数据被"打散",使得散布于 p 维空间的样本点比较容易用超平面进行分离。这使得 SVM 在文本分析方面得到广泛的运用,比如文件分析与情感分析。由于语言中的词汇很多,故文本数据通常有很丰富的特征变量。其次,SVM 在数据存储方面较有效率,这是因为在进行预测时,SVM 仅需使用一部分数据(支持向量)即可。另外,由于可以使用核技巧,使得 SVM 具备一定通用性,适用于高维度非线性的决策边界问题。

支持向量机的缺点则包括,部分情况下,对于核函数的参数比较敏感。另外,对于真正的高维数据($p > n$,即变量个数大于样本容量),SVM 可能表现较差。此时,特征空间的维度远超样本容量,故只有相对较少的支持向量来决定更高维度的分离超平面,这使得模型的泛化能力变差。此外,由于 SVM 使用分离超平面进行分类,故无法从概率的角度进行解释,比如,无法算出观测值分类归属的后验概率 $P(y_i = k | x_i)$。其他优缺点总结如表 8-2 所示。

表 8-2　支持向量机优缺点总结

优点	缺点
①可应用于分类和回归问题； ②不会过多受到噪声数据的影响，而且不容易过拟合； ③在分类和回归问题中预测的准确率高，容易使用； ④可应用于无监督的异常值识别	①通常需要测试多种核函数和参数组合才能找到效果较优的模型； ②训练速度慢，尤其是数据量较大时； ③使用核函数会得到一个复杂的黑箱模型，不容易理解

第二节　R 语言实战

一、支持向量机算法实现流程

本部分主要向读者展示用 R 语言构建 SVM 模型的基本流程。这里我们选用 redwine.quality 红酒质量数据集作为案例演示，此数据集很好地契合了 SVM 的使用条件，能够较好地反映支持向量分类器的优势，即对于多特征向量的大样本数据具有较好的分类效果。

这里首先导入 csv 格式数据，将其命名为"mydata"，并查看数据内容。

```
# 使用 choose 函数选择数据集
mydata=read.csv(file.choose(),header =T,sep =";")
# 使用 summary 函数查看数据属性（仅展示部分结果）
summary(mydata)
Call:
fixed.acidity     volatile.acidity   citric.acid
Min.   : 4.60    Min.   :0.1200    Min.   :0.000
1st Qu.: 7.10    1st Qu.:0.3900    1st Qu.:0.090
Median : 7.90    Median :0.5200    Median :0.260
Mean   : 8.32    Mean   :0.5278    Mean   :0.271
3rd Qu.: 9.20    3rd Qu.:0.6400    3rd Qu.:0.420
Max.   :15.90    Max.   :1.5800    Max.   :1.000
```

可以看出 redwine 数据集的特征向量包括酒精含量、酸碱度、密度等，结果给出了相应特征向量的中位数、最大值、最小值等指标，特征向量总计 11 个，且质量分为 6 个等级，并非简单的二元分类情况。

由于 SVM 无法对非因子型变量进一步处理，因此需要将数据集中的连续性数值转化为因子型变量。

```
# 指定 mydata 中的 quality 为指令对象并使用 summary 函数查看转化内容
mydata$ quality <-as.factor(mydata$ quality)
summary(mydata$ quality)
Call:
 3   4   5   6   7   8
10  53 681 638 199  18
```

以上反映了6个质量等级所对应的样本数量。接下来我们首先以7∶3的比例将样本划分为训练集与测试集,将"s"指定为训练集数据,"-s"则表示测试集数据。

```
# 划分训练集与测试集,使用dim与length函数查看数据行列情况
s <- sample(nrow(mydata),nrow(mydata)*0.7,replace =F)
length(s)
call:
[1]1119
trainset <- mydata[s,]
testset <- mydata[-s,]
dim(testset)
Call:
[1]480 12
```

Length函数结果表明训练集数据行数为1119行,dim函数结果显示测试集共有480行、12列。样本划分完成后,我们开始着手构建SVM分类器,首先加载R包e1071,构建模型"fit1"使用svm()函数,将quality指标设置为因变量,其余指标为自变量,用"."表示。

```
# 导入包体"e1071"
library(e1071)
# 选用linear核函数构建分类模型
fit1 <- svm(quality ~.,data =trainset,kernel ="linear")
summary(fit1)
Call:
Parameters:
   SVM-Type:  C-classification
 SVM-Kernel:  linear
       cost:  1

Number of Support Vectors:  962

 ( 426 334 149 36 12 5 )


Number of Classes:  6

Levels:
 3 4 5 6 7 8
```

从分析内容可以看出,模型参数c为1,支持向量个数为962,并显示了不同类别对应的样本数。

接下来我们用predict()函数查看模型"fit1"的预测结果,并使用table()函数查看预测结果的对角矩阵,从对角线的数据情况查看分类效果,并计算预测精度(对角线之和/总行数)。

```
p <- predict(fit1,testset)
t <- table(p,testset$quality)
Call:
p    3   4   5   6   7   8
  3  0   0   0   0   0   0
  4  0   0   0   0   0   0
  5  4  13 155  71   2   0
  6  1   3  39 118  34   3
  7  0   1   4  15  14   3
  8  0   0   0   0   0   0
acc <- sum(diag(t))/nrow(testset)
Call:
[1]0.5979167
```

从模型的预测结果可以看出,模型"fit1"的分类准确度约为 0.59,不尽如人意,因此需要追求更高的模型分类精度,我们需要尝试更换核函数的类型并调整参数设置。

二、支持向量机多模型对比与选择

本部分主要向读者展示如何在基于不同核函数构建的模型中选择最佳的模型以及对应的参数组合。为了方便读者实际操作,我们使用 datasets 软件包中的 iris 数据集,即鸢尾花数据集。该数据集源于 1936 年费希尔发表的论文,收集了三种不同的鸢尾花(setosa、versicolor 和 virginica)的花萼和花瓣数据,包括花萼的长宽以及花瓣的长宽,接下来我们根据这四个特征来构建支持向量机分类模型。

首先我们加载案例所需的 R 包,再导入 iris 数据,为了使读者直观了解数据情况,使用 summary()函数查看数据集相关信息,并将变量因子化。

```
#  导入包体"e1071"及鸢尾花数据集
library(lattice)
library(e1071)
data <- iris
data <- data.frame(data)
summary(data)
#  变量因子化
data$Species <- factor(data$Species)
Call:
 Sepal.Length    Sepal.Width     Petal.Length    Petal.Width
 Min.   :4.300   Min.   :2.000   Min.   :1.000   Min.   :0.100
 1st Qu.:5.100   1st Qu.:2.800   1st Qu.:1.600   1st Qu.:0.300
 Median :5.800   Median :3.000   Median :4.350   Median :1.300
 Mean   :5.843   Mean   :3.057   Mean   :3.758   Mean   :1.199
 3rd Qu.:6.400   3rd Qu.:3.300   3rd Qu.:5.100   3rd Qu.:1.800
 Max.   :7.900   Max.   :4.400   Max.   :6.900   Max.   :2.500
```

可以看到 iris 数据集包含四个样本特征,分别是 Sepal. Length、Sepal. Width、Petal. Length 和 Petal. Width。

接下来,我们分别选取不同的核函数构建分类器并对其预测准确度进行比较。首先选用 linear 函数，设置随机数起点，并使用 tune() 函数进行交叉验证，在设定的参数中，自动选择最优的 cost 成本函数。

```
# 设置随机数
set.seed(123)linear.tune
<-tune.svm(Species ~., data =data,
    kernel ="linear",
    cost =c(0.001, 0.01,0.1, 1, 5, 10))
```

当我们使用数据中的全部特征变量作为模型变量时，可以使用"Species~."其中，"."表示 Species 以外的全部特征变量。进一步，我们通过 summary() 函数查看模型情况，从中筛选出最优模型，将其命名为"best.linear"。

```
summary(linear.tune)
Call:
Parameter tuning of 'svm':

- sampling method: 10-fold cross validation

- best parameters:
 cost
    1

- best performance: 0.03333333

- Detailed performance results:
   cost      error dispersion
1 1e-03 0.70666667 0.21591036
2 1e-02 0.15333333 0.07062333
3 1e-01 0.04666667 0.04499657
4 1e+00 0.03333333 0.03513642
5 5e+00 0.04000000 0.04661373
6 1e+01 0.04000000 0.04661373

    >best.linear <-linear.tune$best.model
>best.linear
Call:
best.svm(x = Species ~ ., data = data, cost = c(0.001,
    0.01, 0.1, 1, 5, 10), kernel = "linear")

Parameters:
   SVM-Type:  C-classification
 SVM-Kernel:  linear
       cost:  1

Number of Support Vectors:  29
```

可以看到，summary() 函数显示了对于所有给定参数的模拟结果，通过查看最优模型，我们可以得到以下信息。其中，SVM-Type 表明该模型的类别为 C 分类器模型，所使用的核函数为线性核函数，cost 值为 1 表明该模型确定的约束违反成本为 1，模型支持向量总数为 29 个。现在，我们对筛选出的最佳线性核函数模型进行检验，并使用 table() 函数查看预测情况。

```
linear.pred <-predict(best.linear, newdata =data)
table(linear.pred, data$Species)
(50+46+49)/150
Call:
linear.pred  setosa versicolor virginica
  setosa         50          0         0
  versicolor      0         46         1
  virginica       0          4        49
(50+46+49)/150
Call:
[1]0.9666667
```

通过上述代码输出我们可以看到,在模型预测时,setosa 类型全部预测正确,而在 versicolor 类型预测时,正确分类的样本数为 46,而将 4 个样本被错误地分类为 virginica,virginica 类型则存在一个分类错误。预测准确度可由对角线之和/样本数得出,因此我们通过重复上述过程便能够计算出依托不同核函数构建的模型分类准确度并选择最佳模型。需要注意的是,不同核函数涉及的参数是不一样的,在编写代码的过程中需要注意替换。

接下来我们使用多项式核函数进行分类器构建,首先选用 polynomial 函数,设置随机数起点,并使用 tune()函数进行交叉验证,在多项式核函数对应的参数中进行自动筛选,并将多项式核函数最优模型命名为"best.poly",由于该核函数涉及的参数不止 1 个,因此其组合较多,此处仅展示前 6 个组合的运算结果。

```
# 设置随机数
set.seed(123)
poly.tune <-tune.svm(Species ~., data =data,
                kernel ="polynomial",
                degree =c(3, 4, 5),
                coef0 =c(0.1, 0.5, 1, 2, 3, 4))
summary(poly.tune)
Call:
Parameter tuning of 'svm':

- sampling method: 10-fold cross validation

- best parameters:
 degree coef0
      3   0.5

- best performance: 0.02666667

- Detailed performance results:
  degree coef0      error dispersion
1      3   0.1 0.05333333 0.06126244
2      4   0.1 0.08000000 0.06885304
3      5   0.1 0.10000000 0.07856742
4      3   0.5 0.02666667 0.03442652
5      4   0.5 0.04000000 0.04661373
6      5   0.5 0.04000000 0.04661373
```

```
best.poly <-poly.tune$best.model
best.poly
Call:
best.svm(x = Species ~ ., data = data, degree = c(3,
    4, 5), coef0 = c(0.1, 0.5, 1, 2, 3, 4), kernel = "polynom
ial")


Parameters:
   SVM-Type:  C-classification
 SVM-Kernel:  polynomial
       cost:  1
     degree:  3
     coef.0:  0.5

Number of Support Vectors:  35
```

根据输出结果我们得知,在最优的多项式核函数模型中,cost 值为 1,即约束违反成本为 1,degree 值为 3,coef0 值为 0.5,支持向量数量为 35。接下来我们重复上述的验证步骤对多项式核函数模型的分类预测结果进行检验。

```
poly.pred <-predict(best.poly, newdata =data)
table(poly.pred, data$Species)
(50+49+48)/150
Call:
poly.pred    setosa versicolor virginica
   setosa        50          0         0
   versicolor     0         49         2
   virginica      0          1        48
(50+49+48)/150
Call:
[1]0.98
```

根据输出结果,当使用多项式核函数建模时,类型为 setosa 的鸢尾花分类正确率为 100%,但错将 1 个 versicolor 样本分类为 virginica,2 个 virginica 样本分类为 versicolor,其预测准确度为 0.98。

对于径向基核函数,我们重复以上步骤,首先选用 radial 函数,设置随机数起点,并使用 tune() 函数进行交叉验证,在径向基核函数对应的参数中进行自动筛选,并将径向基核函数最优模型命名为"best.rbf",代码如下。

```
# 设置随机数
set.seed(123)
rbf.tune <-tune.svm(Species ~., data =data,
                    kernel ="radial",
                    gamma =c(0.1, 0.5, 1, 2, 3, 4))
summary(rbf.tune)
Call:
```

```
Parameter tuning of 'svm':

- sampling method: 10-fold cross validation

- best parameters:
 gamma
   0.1

- best performance: 0.03333333

- Detailed performance results:
  gamma      error    dispersion
1   0.1  0.03333333  0.03513642
2   0.5  0.03333333  0.03513642
3   1.0  0.06000000  0.05837300
4   2.0  0.05333333  0.06126244
5   3.0  0.05333333  0.05258738
6   4.0  0.06666667  0.05443311
```
```
best.rbf <- rbf.tune$best.model
best.rbf
Call:
best.svm(x = Species ~ ., data = data, gamma = c(0.1,
    0.5, 1, 2, 3, 4), kernel = "radial")

Parameters:
   SVM-Type:  C-classification
 SVM-Kernel:  radial
       cost:  1

Number of Support Vectors:  59
```

可以看到,径向基核函数最优模型的 C 值为 1,即约定违反成本为 1,gamma 值为 0.1,支持向量数量为 59。接下来,我们对最优径向基核函数模型的预测精度进行检验。

```
rbf.pred <- predict(best.rbf, newdata = data)
table(rbf.pred, data$Species)
(50+48+49)/150
Call:
 rbf.pred    setosa  versicolor  virginica
   setosa        50           0          0
   versicolor     0          48          1
   virginica      0           2         49
(50+48+49)/150
Call:
[1] 0.98
```

输出结果表明,和多项式核函数一样,类型为 setosa 的鸢尾花全部分类正确,但错将 2 个 versicolor 样本分类为 virginica,1 个 virginica 样本分类为 versicolor,其预测准确度同样为 0.98。

接下来,我们使用 sigmoid 核函数进行分类构建,首先选用 sigmoid 函数,设置随机数起点,并使用 tune() 函数进行交叉验证,在 sigmoid 核函数对应的参数中进行自动筛选,同样只展示前 6 组结果,并将 sigmoid 核函数最优模型命名为"best.sig",代码如下。

```
# 设置随机数
set.seed(123)
sig.tune <-tune.svm(Species ~., data =data,
                    kernel ="sigmoid",
                    gamma =c(0.1, 0.5, 1, 2, 3, 4),
                    coef0 =c(0.1, 0.5, 1, 2, 3, 4))
summary(sig.tune)
Call:

Parameter tuning of 'svm':

- sampling method: 10-fold cross validation

- best parameters:
 gamma coef0
   0.1   0.1

- best performance: 0.04

- Detailed performance results:
   gamma coef0    error dispersion
1    0.1   0.1 0.0400000 0.03442652
2    0.5   0.1 0.2600000 0.09135469
3    1.0   0.1 0.3200000 0.12090196
4    2.0   0.1 0.4000000 0.10423146
5    3.0   0.1 0.4133333 0.08195151
6    4.0   0.1 0.4000000 0.12171612
best.sig <-sig.tune$best.model
best.sig
Call:
best.svm(x = Species ~ ., data = data, gamma = c(0.1,
    0.5, 1, 2, 3, 4), coef0 = c(0.1, 0.5, 1, 2,
    3, 4), kernel = "sigmoid")


Parameters:
   SVM-Type:  C-classification
 SVM-Kernel:  sigmoid
       cost:  1
     coef.0:  0.1

Number of Support Vectors:  69
```

可以看到,sigmoid 核函数最优模型的 C 值为 1,即约定违反成本为 1,gamma 值为 0.1, coef0 值为 0.1,支持向量数量为 69。接下来,我们对最优 sigmoid 核函数模型的预测精度进行检验。

```
sig.pred <-predict(best.sig, newdata =data)
table(sig.pred, data$Species)
(50+48+48)/150
Call:
```

```
sig.pred    setosa versicolor virginica
  setosa      50        0          0
  versicolor   0       48          2
  virginica    0        2         48
(50+48+48)/150
Call：
[1]0.9733333
```

输出结果表明，类别为 setosa 的鸢尾花样本全部预测正确，但 versicolor 与 virginica 各有 2 个样本被错误分类到了对方的类别中，二者的预测正确率均为 96%。模型的整体预测精度为 0.9733333。

至此，我们已经完成了对于不同核函数的模型构建，并从中筛选出了各个函数最佳的分类模型，接下来我们将四个模型的预测精度进行对比。"best. linear"预测准确度为 0.9666667，"best. poly"预测准确度为 0.98，"best. rbf"预测准确度为 0.98，"best. sig"预测准确度为 0.9733333，通过比较我们不难发现，在使用多项式核函数以及径向基核函数时，其模型的预测准确度优于另外两者，在解决实际问题的过程中我们需要结合实际情况进行进一步选择，但观察模型的预测准确度无疑是帮助筛选的重要参考。

三、支持向量机回归

用 R 语言实现支持向量机回归的步骤与支持向量机解决分类问题基本类似，但要注意的是，SVM 对应数据集的因变量为类别，即离散变量，而 SVR 则要求因变量为连续性变量。

这里我们选取 Boston 房价数据为例进行案例演示。首先载入数据包 Boston，将其随机分类为训练集和测试集，并使用 e1071 包的 SVM() 函数进行建模，并查看模型情况。

```
library(MASS)
dim(Boston)
Call：
[1]506 14
set.seed(1)
train <-sample(506,354)
library(e1071)
fit <-svm(medv ~.,data =Boston,subset =train,epsilon =0.1)
fit
Call:
svm(formula = medv ~ ., data = Boston, epsilon = 0.1,
    subset = train)

Parameters:
   SVM-Type:  eps-regression
 SVM-Kernel:  radial
       cost:  1
      gamma:  0.07692308
    epsilon:  0.1

Number of Support Vectors:  231
```

其中,epsilon=0.1 表示 SVR 的调节参数为 $\varepsilon=0.1$,这也是默认设置。模型结果表明,在训练集的 354 个样本中,共有 231 个支持向量,默认的核函数为径向基核函数(radial)。接下来我们针对上述模型进行集中预测并使用 mean() 函数计算其均方误差。

```
pred <-predict(fit,Boston[-train,])
mean((pred-Boston[-train,14])^2)
Call:
[1]18.93242
```

结果表明,均方误差仅为 18.93242。接下来我们使用线性核函数进行 SVR 估计,并计算其均方误差。

```
fit <-svm(medv ~.,data =Boston,subset =train,epsilon =0.1,
        kernel="linear")
pred <-predict(fit,Boston[-train,])
mean((pred-Boston[-train,14])^2)
call:
[1]30.28977
```

结果表明,当使用线性核函数进行回归时,均方误差大幅提升,达到 30.28977。这里我们与 OLS(最小二乘法)的均方误差进行对比。

```
fit <-lm(medv ~.,data =Boston,subset =train)
pred <-predict(fit,Boston[-train,])
mean((pred-Boston[-train,14])^2)
Call:
[1]27.31196
```

可以看出,线性回归的均方误差为 27.31196,与使用线性核函数的 SVR 回归较为接近。由此可见,决定波士顿房价的函数应为非线性,导致线性模型(包括线性回归和线性 SVR)的预测结果较差。使用径向基核函数取得了较好的结果,这也启示我们,SVR 回归同样可以使用核技巧来处理数据中的非线性关系。

第三节 经典文献导读

本节对近几年在旅游研究领域使用 SVM 的高质量期刊进行总结,从中筛选了两篇具有代表性的研究论文进行文献解析,主要目的是带领读者熟悉 SVM 在旅游研究领域的应用场景、应用思路与应用方法。通过对相关研究论文的梳理,在旅游研究领域,SVM 的运用主要存在两种模式。

(1)独立运用型。文章基于实践运用场景,筛选重要的特征向量(模型自变量),随后基于 SVM 构建分类模型,突出其实证价值与指导意义。该模式主要依托 SVM 分类器构建,几乎不涉及神经网络、深度学习等其他配套方法。文章往往层级清晰，容易理解。

（2）混合运用型。此类文章通常将 SVM 视为一种中介方法，例如使用 SVM 确立特定的自变量指标、充当多种分类器构建的选择对象、仅用于将庞大的文本数据归类便于后续研究等。但无论将 SVM 用于旅游研究的哪一环节，都能够体现该方法的运用价值，同时也有助于深化学界对于 SVM 方法的认知以及运用场景的拓展。此类文章逻辑较为复杂，因此我们针对部分文章进行了总结分析，突出 SVM 运用的不同场景与使用方法。

本节在每个类别中各选了一篇具有代表性的论文进行解读，进一步帮助读者熟悉 SVM 在旅游研究领域的使用类型与使用方法。

Modelling a grading scheme for peer-to-peer accommodation: Stars for Airbnb

Eva Martin-Fuentes, Cesar Fernandez, Carles Mateu, Estela Marine-Roig

《International Journal of Hospitality Management》

Volume 69, 2018, Pages 75-83, ISSN 0278-4319

民宿业缺乏成熟的评级体系

针对独立运用型，我们选取了 Cesar 等人于 2018 年发表于 *International Journal of Hospitality Management* 上的文章。

"peer-to-peer" 一般用于形容某种对等关系，也常见于点对点的关系指称情景，这里便指日常生活中常见的民宿业。作者力图打破传统的酒店星级评定标准，基于网络评论数据开创性地构建适用于民宿的等级评定新指标。本研究首先着眼于全球范围内的酒店类别划分现状，试图明确一个问题：酒店类别能否经由负责酒店评定的专业机构未考虑到的特征推断？再者，如果存在此类特征，能否效仿传统酒店的分级方案，构建一种适用于民宿平台的分类体系，从而在信息不对称和信息过载情况下遏制主客间投机行为的不利影响？

文章在上述思路的指导下，使用支持向量机算法基于全球 3.3 万家酒店的特征以及 Booking 评论数据构建了涵盖评论数、价格、评分、心愿单等指标的民宿评级体系，此标准区别于传统的酒店评级体系，充分考虑了互联网时代的人机交互行为与平台属性，并进一步对体系中的指标权重进行了探索研究，开创了民宿评级体系的先河。

构建不同于传统酒店星级标准的民宿评级体系是否必要？

民宿业务是在共享经济的背景下兴起的一种旅游业态，依托于互联技术，点对点的民宿业务既享受了便捷预订、及时互动等平台红利，同时也面临着信息过载、网络信任关系等问题。基于此，文章首先需要阐述了 P2P 民宿领域构建新的分类标准的必要性，影响 P2P 民宿业消费的重要因素即为信任因素，结合互联网背景下存在的信息不对称与信息过载等问题，文章指出：第一，在 P2P 平台交易中，卖方对于房间环境配置以及服务的熟悉程度远超买方，买方在挑选服务的过程中，未知性的阻碍贯穿始终；第二，基于网络共享平台的民宿服务具有牵连性，低水平的民宿服务及相应的负面评价会影响甚至拉低平台商户的整体口碑；第三，在互联网技术驱动下，平台中的海量评论信息难以给予买方直接的指导作用，反而成为买方信息筛选与决策制定的负担，信息成本过高。因此如何在涉及民宿平台特性的基础上，构建一套简单易用且能直接反映民宿类别的分类标准是当下民宿业亟待解决的问题。该体系的构建应能够推动平台交易,并进一步增进主客互信程度,维持民宿主的良好口碑。

共享? 信息? 信任? 什么是现有评级体系的缺憾?

梳理共享经济的底层逻辑,作者发现,如何避免不必要的消费支出以及最大化闲置资源的效价,是共享模式中买卖双方关系依存的关键。而在旅游领域,共享经济的模式仍然存在广阔的应用空间,而信任则是影响其中民宿业务交易的首要因素。文章指出,大量研究已经表明,互联网时代的评论内容已经成为顾客线上消费行为的重要信息参考,而买方的信息源往往比卖方提供的官方信息更具影响力,可以说,信息成为平台经济下左右 P2P 民宿业务交易的重要变量。那么我们回到平台的信息本体,当下民宿平台提供的信息环境又如何呢?

从客观的角度,作者表示,民宿平台买卖双方整体处于信息不对称的生态中,在酒店业务逻辑中,顾客无法事先进行产品体验,因此不能全面掌握产品或服务的相关信息,因此第三方信息源充当了重要的中介作用。文章的综述部分梳理了这样的平衡机制:在信息非对称的民宿业务生态中,顾客的评论、收藏量、网络评分等内容起到了很好的信息补救作用。反观现有的酒店评级体系,并未将网络平台中顾客的主体内容作为参考特征,这也导致传统的评级体系忽视了重要的第三方信息源。而面对海量的顾客评论内容,我们也不应忽视信息过载所导致的顾客决策复杂化的问题,因此针对民宿业的评级体系既要兼顾第三方参考性内容也要确保指标的简要性与代表性,克服现有评级体系的缺陷,更为有效地指导民宿交易中的顾客决策。

基于支持向量机的民宿业评级体系怎么做?

作者首先针对本文的研究对象——Airbnb 进行了案例研究,这家成立于 2008 年的公司通过互联网平台将房东与房客联系起来,将房屋供给与住房需求直接对接,是一种基于用户交互和价值共创的共享经济参与平台。Airbnb 看重平台的信誉机制打造,其推出的"超级房东"认证以及双向评论机制在一定程度上遏制了信息不对称以及信息过载带来的不利影响,可以说 Airbnb 本身的平台性质便已缓解了传统酒店业务交易忽视的问题。

在数据收集阶段,文章选择从 booking.com 搜集相关信息,同时也给出了合理的解释:booking 的评论收发机制与 Airbnb 类似,且其打分项目也与后者部分重合(booking 的 6 个项目为价值、清洁度、位置、服务、舒适度、员工,Airbnb 为价值、清洁度、位置、入住、交流和精确度)。通过比较常规的酒店入住顾客和 P2P 民宿顾客的偏好差异,文章决定将清洁度、位置、价格作为构建分类标准的重要指标。通过 Python 软件,文章于 2016 年对 booking 上的民宿评论数、总分、酒店名称、对应的城市和国家、心愿单(愿望清单)、收藏量、酒店种类以及价格进行了数据收集与归类。文章利用 LIBSVM 模型,将样本类别设定为 5 个等级或表示为 4 个区间(经济型、中低端、中高端、高端),将先前决定采用的特征视为 6 个特征向量,包括(清洁度、价值、位置、评论数、收藏量和价格),并将不同的区域样本划分为 10 个数据集,依据实际样本量调整了训练集与测试集的样本数,最后使用 F 值判断 6 个特征向量的权重,具体研究框架如图 8-12 所示。

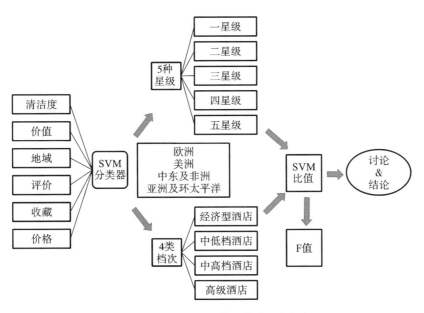

图 8-12　民宿业评级体系构建研究框架

文章依托预测准确度,分析了不同地区的不同星级酒店的模型适用情况,结果表明除欧洲及其他区域的一星与二星酒店外,对其余地区的类别酒店都有较好的预测效果。而在四分类的情况中,中东及非洲地区的经济型酒店的模型分类预测效果最差。通过 F 值的比对,最能影响分类预测结果的特征向量为价格,其次是清洁度,在美国和中东及非洲地区,位置因素也同样重要;同时,基于价格、清洁度和位置的分类模型也适用于 P2P 住宿行业。我们可以看到在独立运用型文章中,聚焦 SVM 的特征变量筛选、分类问题比对以及预测度计算等维度仍然具备丰富的研究内容与可能性。

Exploring the impact of personalized management responses on tourists' satisfaction: A topic matching perspective

Xiaowei Zhang, Shuchen Qiao, Yang Yang, Ziqiong Zhang

《Tourism Management》

Volume 76,2020,103953,ISSN 0261-5177

答非所问?酒店在线评论回复主题匹配度的影响

在支持向量机的混合运用类型中,2020 年在 *Tourism Management* 上见刊的这篇文章较为典型。

现实生活中,顾客发表的在线评论是否得到了恰当的回复?商家真的关注了顾客的评论反馈吗?进入平台经济时代,顾客在线评论作为一种网络声誉管理工具,越来越受到酒店管理者的青睐,酒店的形象维护与网络口碑(eWOM)也同样受到在线评论回复情况的显著影响。众所周知,不同顾客根据自身服务体验所发表的文本评论在主题、情绪、导向方面具有实质的差异性,因此通过个性化响应优化顾客关系管理并非易事。本文作者着眼酒店在

线评论的个性化回复,并探索其与顾客网络评分之间的关系,本文所指的个性化实际指代酒店是否对顾客的在线评论做出了有针对性的回应,而非进行笼统的、模板化的或回避式的回复。研究以 TripAdvisor 收集的得克萨斯州 500 家酒店的面板数据为基础,从主题匹配的角度切入,考察个性化管理回复对评分提升的影响。实证结果表明:①管理响应的主题匹配程度越高,酒店在线评分越高;②较高的效价和较大的现有评分变化削弱了个性化响应的正向影响;③在此关系中,经济型酒店的影响力大于豪华型酒店。最后,文章对研究的实践意义进行了阐释。

该文之所以属于混合运用支持向量机算法的典型,是因为在研究关键的主体匹配度指标方面,SVM 充分发挥了分类与比对的算法价值,使得指标的确立与后续研究的推进更加高效。

恰当的在线评论回复对酒店来说是否重要?

考察管理回复与顾客评价的匹配度组成了该篇文章的总架构,SVM 分类器的引入也正是为了解决回复与评论匹配度的问题。文章在梳理以往研究的基础上指出,酒店管理层对评论的回应能够对顾客满意度产生影响,无论采取道歉、纠正、推进、解释、礼貌还是承诺的形式,都能够在让顾客在感觉被重视的基础上提高酒店口碑,甚至对未来的酒店评价产生积极的影响。2016 年 TripAdvisor 的顾客调查显示,对顾客在线评论的恰当回应能显著挽救酒店形象并建立良好的信任关系。

但长期以来,学界少有关注管理回复的主题匹配度造成的影响。显然,当顾客抱怨酒店早餐时,管理者若仅仅给出"抱歉,我们马上改进"等诸如此类的"标准化"回复,其所起到的作用往往并不显著。研究通过对猫途鹰平台进行数据收集与样本分析后得出——超过一半的酒店存在管理回复与顾客评论主题不匹配的情况,进一步证明了研究探索管理回复的主体匹配度问题的迫切性与必要性。

基于个性化管理回复,文章还关注了哪些方面?

相比标准化的回复,个性化的回复在提升顾客的感知有效性、促进主客信息沟通与关系培养方面发挥着积极作用。无论是正面评价还是负面评价,主体匹配的个性化回复都能在确保顾客获得感与体验感的同时进一步巩固酒店形象或弥补现有的服务缺陷。研究在此基础上提出了第一个假设。

假设 1:与评价主题对应的个性化管理回复对于酒店评分提高产生积极影响。

网络口碑很大程度上影响了顾客对于酒店的心理预期以及消费决策,而这一点对于不同酒店来说是不同的。尽管在互联网时代海量的顾客评价一定程度上削减关键评价对于顾客决策影响的效果,但对于经济型酒店,顾客可能本身期望不高,因此个性化管理回复的出现往往能超出顾客原有的期望产生强大的正面效应。与之相反,高端酒店顾客期望本身较高,这一影响可能会有所限制。因此研究提出以下假设。

假设 2:网络口碑效价对酒店评分提升起负面调节作用。

研究还考察了网络评价的方差对于个性化的影响。对于消费者而言,他们更加倾向于接收态度一致的信息,因此,带有争议性的评论内容可能会影响顾客感知,并且相比正面评价,负面评价会对顾客的不确定性和风险感知产生更大的影响。研究基于此提出了以下假设。

假设 3:网络口碑负向调节个性化管理回复的效用。

依据效用函数,个性管理回复的收益可能呈现边际递减的趋势。考虑到酒店的品牌和声誉,潜在消费者往往将酒店品牌作为主要参考因素,管理人员的反应并非首要影响因素,因此比起高档酒店,管理型策略对于低端酒店而言能够发挥更重要的作用。因此,研究提出后续假设。

假设 4:酒店等级负向调节个性化管理回复的效果。

作为中介方法的 SVM 如何发挥效用?

SVM 运用的第一步便是数据收集,本文的研究样本来自世界最大的旅游网站——tripadvisor,文章使用 Python 软件获取了 500 家酒店的评论内容以及酒店信息,并以每家酒店的星级(1—5)为标准,构建了以月份为单位的面板数据集,由于文章聚焦于管理回复与评论主题的匹配程度,在剔除了无关评论内容后,共涵盖了 221279 条相关评论。在构建分类器时,文章通过提取评论文本的高频特征词进行话题归纳,最终将评价内容分为餐饮、价格、设施、服务和环境五个主题。通过 IG 值与 x^2 值的对比选取了最适合的特征值转化指标——信息增量(information gain),并完成了训练集与预测集的分类。通过预测结果,文章分析了不同类别评论与回复内容的主题匹配度,并梳理了不同主题匹配对应的概率。

在此基础上,文章按照研究框架思路,以样本数据内容为依托,构建了其他的变量指标并使用固定效应模型进行分析,具体内容如图 8-13 所示。

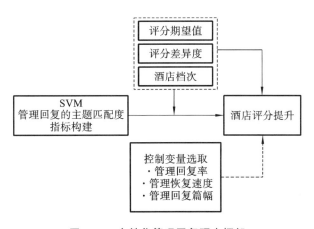

图 8-13 个性化管理回复研究框架

分析结论指出,假设 1—4 都能够得到有效支持。在此篇文章中,SVM 作为一种中介方法,主要用于确定 Topic match degree 这一指标并用于后续的固定效应模型分析,属于利用

SVM 分类器构建自变量指标这一运用类型。此文恰当应用了 SVM 分类器的预测结果进行不同主题匹配概率的计算,基于研究的实际需求,进行特定指标构建,这也启示我们 SVM 并非单一的分类辅助工具,作为一种中介方法,研究者需要结合不同研究性质,选择不同的运用场景与运用方法以最大化发挥支持向量机分类的效用。

本章小结

本章从支持向量机的关键概念引入,帮助读者系统地了解不同概念间的递进关系及作用,理解支持向量机的分类思想。同时,按照数据导入、训练集/测试集构建、效度检验的顺序进行 R 语言代码实操,培养读者在不同的分类环境下熟练运用 SVM 分类算法的能力。最后,回归旅游研究本身,探索支持向量机的运用类型与特征,启发读者在不同的研究背景下探寻 SVM 差异化的运用模式与框架切入,发掘 SVM 分类算法多样的使用场景与应用价值。

关键概念

▶ SVM 分离超平面 核函数 软/硬间隔分类器 升维转换 SVR

复习思考题

一、选择题(二维码在线答题)

二、简答题

1. SVM 的核心思想是什么?如何确定最佳的分离超平面?
2. 软硬间隔分类器的区别是什么?如何理解 Cost 值的含义?
3. 请简述 SVM 涉及的核函数类型,运用不同核函数时需要关注哪些参数?
4. 针对本章第二部分所使用的 Boston 数据集(波士顿郊区的住房价格),将数据集随机划分为训练集和测试集,将房屋的价格变量 medv 划分为高/低两类区间,选用 sigmoid 核函数建立支持向量机分类模型,完成对房屋价格区间的分类预测。
5. 针对 redwine 红酒数据集构建 SVM 分类模型,分别使用 linear、sigmoid、polynomial、radial 核函数进行建模,计算不同模型的预测精度并识别最佳分类模型。

6. 使用 Kaggle 网站的威斯康星州乳腺癌诊断结果数据,运用 SVM 算法实现对乳腺癌数据集的分类模型构建。

7. 经典文献导读的首篇文章,自主收集 OTA 平台酒店设施、服务、好评率、成交量、通勤距离等相关参数,你能否基于以上数据,使用 SVM 分类算法构建不同酒店评级的分类模型?

Bibliography 参考文献

[1] Cox M, Ellsworth D. Managing big data for scientific visualization[J]. ACM Siggraph,1997(5),1-17.

[2] Bello-Orgaz G,Jung J J,Camacho D. Social big data:recent achievements and new challenges[J]. Information Fusion,2016,28,45-59.

[3] Li J J,Xu L Z,Tang L,et al. Big data in tourism research:a literature review[J]. Tourism Management,2018,68(6):301-323.

[4] 刘逸,保继刚,陈凯琪.中国赴澳大利亚游客的情感特征研究——基于大数据的文本分析[J].旅游学刊,2017,32(5):46-58.

[5] Liu Y,Teichert T,Ross M,et al. Big data for big insights:Investigating language-specifific drivers of hotel satisfaction with 412,784 user generated reviews[J]. Tourism Management,2017,59,554-563.

[6] 郭风华,王琨,张建立,等.成都"五朵金花"乡村旅游地形象认知——基于博客游记文本的分析[J].旅游学刊,2015,30(4):84-94.

[7] Schmallegger D,Carson D. Blogs in tourism:Changing approaches to information exchange[J]. Journal of Vacation Marketing,2008.14(2):99-110.

[8] Vu H Q,Li G,Law R,et al. Exploring the travel behaviors of inbound tourists to Hong Kong using geotagged photos[J]. Tourism Management,2015,46,222-232.

[9] Lu X,Wang C,Yang J M,et al. Photo2Trip:generating travel routes from geo-tagged photos for trip planning[C]//Proceedings of the 18th International Conference on Multimedia. Florence,Italy,2010:143-152.

[10] 黄潇婷,朱树未,赵莹.产品跟随行为:旅游时间产品规划方法[J].旅游学刊,2016,31(5):36-44.

[11] 赵莹,张朝枝,金钰涵.基于手机数据可靠性分析的旅游城市功能空间识别研究[J].人文地理,2018,33(3):137-144.

[12] Zheng W M,Huang X T,Li Y. Understanding the tourist mobility using GPS:Where is the next place?[J]. Tourism Management,2017,59,267-280.

[13] Ayscue E P,Boley B B,Mertzlufft C E. Mobile technology & resident attitude research[J]. Tourism Management,2016,52,559-562.

[14] Hozak, K. RFID applications in tourism[J]. International Journal of Leisure and Tourism Marketing, 2012. 3(1): 92-108.

[15] 刘俊,王胜宏,金朦朦,等.基于微博大数据的2010—2018年中国桃花观赏日期时空格局研究[J].地理科学,2019,39(9):1446-1454.

[16] Amelung B, Moreno A. Costing the impact of climate change on tourism in Europe: Results of the PESETA project[J]. Climatic Change, 2012, 112(1): 83-100.

[17] Scott D, Jones B, Konopek J. Implications of climate and environmental change for nature-based tourism in the Canadian Rocky Mountains: A case study of Waterton Lakes National Park[J]. Tourism Management, 2007, 28(2): 570-579.

[18] 邓宁,牛宇.旅游大数据:理论与应用[M].北京:旅游教育出版社,2019.

[19] Song H Y, Qiu R T R, Park J. A Review of Research on Tourism Demand Forecasting[J]. Annals of Tourism Research, 2019, 75, 338-362.

[20] Huang X K, Zhang L F, Ding Y S. The Baidu Index: Uses in predicting tourism flows-A case study of the Forbidden City[J]. Tourism Management, 2017, 58, 301-306.

[21] Volchek K, Liu A, Song H Y, et al. Forecasting tourist arrivals at attractions: Search engine empowered methodologies[J]. Tourism Economics, 2019, 25(3): 425-447.

[22] Fesenmaier D R, Xiang Z, Pan B. et al. A framework of search engine use for travel planning[J]. Journal of Travel Research, 2011, 50(6): 587-601.

[23] 庞璐,李君轶.电子口碑对餐厅在线浏览量影响研究[J].旅游学刊,2014,29(1):111-118.

[24] Ghose A, Ipeirotis P G, Li B B. Designing Ranking Systems for Hotels on Travel Search Engines by Mining User-Generated and Crowdsourced Content[J]. Marketing Science, 2012, 31(3): 493-520.

教学支持说明

高等院校应用型人才培养"十四五"规划旅游管理类系列教材系华中科技大学出版社"十四五"规划重点教材。

为了改善教学效果，提高教材的使用效率，满足高校授课教师的教学需求，本套教材备有与纸质教材配套的教学课件（PPT）和拓展资源（案例库、习题库等）。

为保证本教学课件及相关教学资料仅为教材使用者所得，我们将向使用本套教材的高校授课教师免费赠送教学课件或者相关教学资料，烦请授课教师通过电话、邮件或加入旅游专家俱乐部 QQ 群等方式与我们联系，获取"电子资源申请表"文档并认真准确填写后发给我们，我们的联系方式如下：

地址：湖北省武汉市东湖新技术开发区华工科技园华工园六路

邮编：430223

电话：027-81321911

传真：027-81321917

E-mail：lyzjjlb@163.com

旅游专家俱乐部 QQ 群号：758712998

旅游专家俱乐部 QQ 群二维码：

群名称：旅游专家俱乐部5群
群　号：758712998

电子资源申请表

填表时间：_____年___月___日

						★ 职务	
★姓名		★性别	□男 □女	出生年月		★ 职称	□教授 □副教授 □讲师 □助教
★学校				★院/系			
★教研室				★专业			
★办公电话			家庭电话		★移动电话		
★E-mail（请填写清晰）					★QQ号/微信号		
★联系地址					★邮编		

★现在主授课程情况	学生人数	教材所属出版社	教材满意度
课程一			□满意 □一般 □不满意
课程二			□满意 □一般 □不满意
课程三			□满意 □一般 □不满意
其 他			□满意 □一般 □不满意

教材出版信息		
方向一		□准备写 □写作中 □已成稿 □已出版待修订 □有讲义
方向二		□准备写 □写作中 □已成稿 □已出版待修订 □有讲义
方向三		□准备写 □写作中 □已成稿 □已出版待修订 □有讲义

请教师认真填写表格下列内容，提供索取课件配套教材的相关信息，我社根据每位教师填表信息的完整性、授课情况与索取课件的相关性，以及教材使用的情况赠送教材的配套课件及相关教学资源。

ISBN（书号）	书名	作者	索取课件简要说明	学生人数（如选作教材）
			□教学 □参考	
			□教学 □参考	

★您对与课件配套的纸质教材的意见和建议，希望提供哪些配套教学资源：